感谢国家社科基金"新时代海洋强国建设"重大研究专项项目(18VHQ010)对本书出版的资助!

国家管辖范围外
深海资源共享机制研究

张梓太 沈 灏 吴惟予 著

復旦大學 出版社

自　序

《联合国海洋法公约》生效后，深海海底及其资源被定性为人类共同继承财产。世界许多国家包括一些海洋大国、海洋强国，围绕勘探开发深海海底资源展开了激烈竞争。一些海洋强国，如英、美、日、德、法、澳等通过制定国内立法为勘探和开发深海海底资源作制度上的保障。我国在海洋法研究，特别在海洋立法研究方面尚落后于一些海洋强国，尤其是有关深海海底资源勘探开发的立法在很长一段时间都处于空白状态。

2013年底，本人带领的复旦大学海洋法研究团队受全国人大环资委、国家海洋局的共同委托，承担了《中华人民共和国深海海底区域资源勘探开发法》立法前期研究和条文草拟工作，主要负责深海海底区域资源勘探开发国外立法跟踪研究。2014年5月，受全国人大环资委邀请，本人为全国人大环境与资源保护委员会作"外国深海海底资源勘探开发法重点制度介绍"专题报告，全国人大相关领导出席会议，专题报告受到较高评价。2015年6月我们的研究团队出版专著《深海海底资源勘探开发法研究》，该著作是国内第一本有关深海海底资源勘探开发立法方面的研究著作，对深海资源勘探开发的国际立法的梳理、对国外深海立法的制度和原则的比较研究以及对我国深海法的制定提出的立法建议都具有开拓和创新意义。

复旦大学海洋法研究团队深度参与的《中华人民共和国深海海底区域资源勘探开发法》已于 2016 年 2 月 26 日正式出台，并于 2016 年 5 月 1 日生效。2018 年 8 月，在上述研究基础上，本人作为首席专家，获批主持国家社会科学基金重大项目"国家管辖范围外深海资源共享机制研究"的研究工作，带领团队进一步拓展深海资源开发利用和保育相关理论研究的广度和深度。

本书在前期的研究基础之上，对深海资源的共享机制进行了深入的分析和研究。深海蕴藏着丰富的资源，除了多金属结核、多金属硫化物、富钴结壳等矿产资源，还蕴藏着丰富的生物多样性资源。本书在对深海资源的法律属性加以界定的基础之上，详细梳理、论述了国际层面实现深海资源共享的法律制度支撑，并最终落脚于对中国深海策略与方案的分析与论证。

有关深海资源利用的规则及制度目前还在慢慢形成中，深海国际规则的塑造进程必将直接左右未来海洋秩序的走向，中国在这个过程中不能缺席。作为抛砖引玉，期望本书的出版，能够进一步激发学术界对深海资源共享机制的讨论。

回顾本人所带领的研究团队进入深海法治研究的这十年，我们从走向深海研究，到走进深海研究，并且在这一领域深耕，已经有一系列的优秀成果产出，慢慢成为国内和国际有影响力的研究团队，也培养了一批优秀的学者。衷心感谢复旦大学"双碳"目标法治保障研究基地和复旦大学环境资源与能源法研究中心对本书写作的大力支持，尤其要感谢张人禾院士、李传轩副教授、陶蕾副教授在本书写作过程中的无私帮助及宝贵建议。

2023 年 3 月

目 录

引 言 ··· 001

第一章 国家管辖范围外深海资源的属性定位 ········· 007
  第一节 国家管辖范围外深海矿产资源的法律
       属性 ································· 009
    一、人类共同继承财产原则的提出 ··········· 009
      （一）避免"公地的悲剧" ················· 009
      （二）马耳他代表之提议 ················· 014
    二、《关于各国管辖范围以外海洋底床与下层
       土壤之原则宣言》 ····················· 018
    三、人类共同继承财产原则在《公约》第十一部分的
       确立 ································· 021
  第二节 国家管辖范围外深海生物资源属性之探讨
                                             024
    一、人类共同财产 ······················· 026
    二、人类共同关切事项 ··················· 027
    三、法律地位的确认：在公海自由与人类共同
       继承财产之间调适 ····················· 030

第二章　构建国家管辖范围外深海资源共享机制的制度支撑 …… 035

第一节　一体：构建共享机制的核心是资源利益的公平分配 …… 037

一、发达国家与发展中国家之间利益的公平分配 …… 040

二、当代人与未来世代之间的利益公平分配 …… 044

第二节　两翼：共享两类深海资源的制度支撑 …… 046

一、共享深海矿产资源的国际层面制度支撑 …… 047

（一）《公约》对国际海底管理局制定勘探开发规章之授权 …… 047

（二）探矿制度 …… 064

（三）基于合同的许可制度 …… 066

（四）勘探活动中承包者的权利与义务 …… 070

（五）开发活动中承包者的权利与义务 …… 083

（六）深海海底资源勘探开发中的海洋环境保护 …… 089

（七）争端解决机制 …… 125

（八）安全保障制度 …… 128

（九）监督检查制度 …… 131

二、共享深海生物多样性资源的国际层面制度支撑 …… 135

（一）获取制度 …… 136

（二）国际海底区域海洋遗传资源惠益分享制度 …… 150

（三）国际海底区域生物多样性保护的划区

　　　　　管理工具 …………………………………… 163
　　　（四）国际海底区域生物多样性保护的规则
　　　　　管理工具 …………………………………… 174

第三章　国家管辖范围外深海资源共享机制的具体内容 …… 196
　第一节　共享原则 ………………………………………… 197
　　一、人类共同继承财产原则 …………………………… 197
　　　（一）人类共同继承财产原则的法律属性 ……… 198
　　　（二）人类共同继承财产原则的要素 …………… 199
　　　（三）人类共同继承财产原则中环境保护要素之
　　　　　内涵 ………………………………………… 202
　　二、预防原则 …………………………………………… 204
　　　（一）环境问题因应中的预防原则 ……………… 204
　　　（二）国际法上的预防原则 ……………………… 206
　　　（三）强性与弱性预防原则 ……………………… 207
　　　（四）超越预防原则（Beyond the
　　　　　Precautionary Principle）………………… 209
　　　（五）国家管辖范围外深海资源共享中的预防
　　　　　原则 ………………………………………… 211
　　三、可持续发展原则 …………………………………… 215
　　　（一）可持续发展原则之提出 …………………… 215
　　　（二）可持续发展原则之含义 …………………… 216
　　　（三）国家管辖范围外深海资源共享中的
　　　　　可持续发展原则 …………………………… 220
　第二节　共享主体 ………………………………………… 222
　第三节　共享客体 ………………………………………… 228

一、经济利益共享 …………………………………… 229
　（一）深海采矿中的经济利益共享 ………… 229
　（二）国家管辖范围外深海生物多样性资源的
　　　　经济利益共享 ……………………… 238
二、信息共享 ………………………………………… 239
三、技术共享 ………………………………………… 244

第四章　国家管辖范围外深海资源共享机制的中国方案 …… 250

第一节　深海矿产资源勘探开发之中国法律体系构建与法律规范 …………………………… 251

一、《中华人民共和国深海海底区域资源勘探
　　开发法》 ……………………………………… 254
　（一）《深海法》的制度亮点之一：许可证制度
　　　　 ……………………………………………… 256
　（二）《深海法》的制度亮点之二：海洋环境
　　　　保护制度 ……………………………… 264
二、构建中国深海海底资源勘探开发法律体系 …… 269
　（一）构建中国深海海底资源勘探开发法律
　　　　体系之必要性 ………………………… 269
　（二）构建中国深海海底资源勘探开发法律
　　　　体系的总体思路 ……………………… 276
　（三）构建中国深海海底资源勘探开发法律
　　　　体系的基本原则 ……………………… 278
　（四）中国深海海底资源勘探开发法律体系的
　　　　具体内容 ……………………………… 281

第二节　深海生物多样性资源利用与保育之中国

立场与行动 ·················· 305
一、中国参与国际海底区域生物多样性开发
　　与保护的情况 ················ 306
　（一）中国的主要实践与贡献 ········· 307
　（二）中国的海洋规制思维及其发展 ····· 310
　（三）国家利益诉求：生态安全与国际海底
　　　　区域资源开发权利的考量 ······· 315
二、中国需克服的国际挑战与障碍 ········ 318
　（一）有限的科学认知及不确定性的影响 ··· 318
　（二）达成共识的困境与中国的"两难"处境
　　　　······················ 322
　（三）全球合作规制的路径障碍 ········ 327
三、中国应对国际海底区域生物多样性法律规制的
　　策略 ····················· 329
　（一）"新时代"中国的自身立场与角色定位 ·· 330
　（二）积极参与国际法律规制体系建设 ···· 332
　（三）透过内生制度创新引领和推动国际海底
　　　　区域生物多样性规则发展 ······· 338
　（四）加强深海科学研究，依靠但不依赖科学
　　　　技术 ·················· 339
　（五）探索多样化的替代解决机制 ······· 342

第五章　总结与展望 ·············· 345

参考文献 ···················· 350

引 言

海洋是个蓝色的聚宝盆,是人类可持续发展的宝贵财富。①海洋对中华民族的生存发展至关重要。海洋问题是国家发展的战略问题,实施海洋强国战略,促进中国从海洋大国向海洋强国转变,是实现新时代中国特色社会主义发展战略安排的重要一环。②深海海底区域是中国未来战略新疆域的重中之重,在民族伟大复兴过程中将发挥重要作用。

1965 年约翰·L. 梅洛(John L. Mero)在著作《海洋的矿物资源》(*The Mineral Resources of the Seas*)③中详细介绍了当时科学界对国际海底资源"锰结核"所了解的所有信息,锰结核大部分分布在太平洋以及其他公海海域的海底。④ 早在 1873 年一艘名叫"挑战者"号的远洋探险号就发现了海底存在有锰结核这种矿物,

---

① 海洋生物资源有 23 万种之多,其中鱼类 1.9 万种,包括重要的捕捞对象 800 多种,可捕量 2 亿—3 亿吨。全球海洋石油可采储量约 1 350 亿吨,海洋天然气约 140 万亿立方米。海洋可再生能资源约 70 亿千瓦,是目前全世界发电能力的十几倍。海洋中还有盐、钾、碘、溴、金、铀等多种固体矿物资源。
② 贾宇:《关于海洋强国战略的思考》,载《太平洋学报》2018 年第 1 期。
③ John L. Mero, *The Mineral Resources of the Seas*, Oceanography Series 1, Elsevier, 1965.
④ Hao Shen, International Deep Seabed Mining and China's Legislative Commitment to Marine Environmental Protection, *Journal of East Asia and International Law*, 2017, 10(2), 489-509.

到第二次世界大战之后,随着科学技术的发展,勘探和商业性开采此种海底资源在技术上存在一定的可能性。[①] 此种锰结核中存有大量的矿物,包括铜、钴、锰和镍。在《海洋的矿物资源》一书中,梅洛对海底锰结核矿产量以及其中所富含的金属矿物做出了大概的估值,这也促使国际社会普遍认为一旦在将来可以商业性开采此种资源,如此巨大的矿物含量将具有巨大的经济利益。

本书所称的深海海底区域,是指国家管辖范围以外的海床、洋底和底土。该区域约占海洋总面积的65%、地球表面积的49%。本书中所使用的"国际海底""深海海底"与"区域"这三个概念都是指国家管辖范围以外的海床和洋底及其底土,即各国专属经济区和大陆架以外的海底及其底土深海海底。区域内蕴藏着极其丰富的资源,主要有上文提及的多金属结核、富钴结壳、多金属硫化物这三种矿藏,以及天然气水合物和深海生物基因资源等。其中,天然气水合物又称"可燃冰",资源总量约等于全球煤炭、石油、天然气总储量的两倍,是一种潜力极大的新型清洁能源。此外,深海海底区域还具有巨大的科研和军事价值,已成为大国争夺的重点海域。因此,国家管辖范围外深海资源对我国有重要的战略意义,如何构建利用这些资源的共享机制是国际社会目前所亟待应对的重要议题。

目前国际国内有关国家管辖范围外深海资源利用与保育的研究主要包括两大部分:一是国家管辖范围外深海海底矿产资源勘探开发,二是国家管辖范围外深海生物多样性资源的利用与保育。

有关矿产资源的勘探开发,论者主要集中于国家担保义务、深

---

① The Contemporary Seabed Mining Regime: A Critical Analysis of the Mining Regulations Promulgated by the International Seabed Authority, *Colorado Journal of International Environmental Law and Policy*, 2005, 16, 30-31.

海环境保护以及有关深海海底资源勘探开发的国别法进行了相关的研究,这些研究是基于国际层面深海海底资源勘探制度构建和担保国国内的制度建设进行的,为国际层面和国内层面的制度构建提供了诸多建议,并且有些研究成果被运用到后期的制度构建中,这是非常值得肯定的。但是,目前这些研究的缺陷也是非常明显的。国家管辖范围外深海矿产资源的制度在飞速发展中,国际海底管理局已经出台了三个勘探资源的规章,目前其工作重点是尽快制定有关资源开发的规章。国际海底管理局于2015年3月、2016年7月向各缔约国、承包者和利益相关者公布了草案的框架,并征求各方意见。国际海底管理局在此后的数届年会中都就开发规章的具体条文进行讨论,并形成最终草案。

国际管辖范围外深海矿产资源的勘探开发法律制度在不断地发展和完善,国际上深海海底资源勘探开发活动也在如火如荼地进行。根据国际海底管理局于2021年公布的最新数据,截至2021年5月1日,31份勘探合同(19份多金属结核勘探合同、7份多金属硫化物勘探合同和5份富钴铁锰结壳勘探合同)已经生效。[1]

我国目前在国际海底区域已经有五块资源勘探的海域,其中三块是中国大洋协会作为承包者同管理局就多金属结核、多金属硫化物、富钴铁锰结壳这三种资源签订的勘探合同。2014年4月29日,中国大洋矿产资源研究开发协会(以下简称"中国大洋协会")与国际海底管理局在北京签订国际海底富钴结壳矿区勘探合同,意味着我国继2001年在东北太平洋获得7.5万平方公里多金属结核矿区、2011年在西南印度洋获得1万平方公里多金属硫化

---

[1] Jonna Dingwall, *International Law and Corporate Actors in Deep Seabed Mining*, Oxford University Press, 2021, p. 65.

物矿区后获得第三块具有专属勘探权和优先开采权的富钴结壳矿区。2015年7月20日,在牙买加首都金斯敦举行的国际海底管理局第21届会议上,中国五矿集团公司提交的多金属结核勘探工作计划获得批准。这是我国获得的第四块位于国际海底区域的专属矿区,也是发展中国家以企业名义获得的第一块矿区。2017年5月12日,中国五矿集团与国际海底管理局在北京举行了多金属结核勘探合同签署仪式。2019年10月18日,北京先驱高技术开发公司与国际海底管理局在北京签订了多金属结核勘探合同。[①]随着第一批勘探资源的合同陆续的到期,深海活动开始由勘探阶段转向开发阶段,商业性开发深海海底区域资源指日可待。

目前国内外的相关研究者大多数是针对国家管辖范围外深海矿产资源勘探阶段的一些相关议题进行了较为细致的研究。但是有关开发阶段的制度研究却是远远不够的,而开发阶段的相关制度才是共享国际海底矿产资源的核心机制。国际海底管理局近几年会正式出台有关资源的开发规章,届时国家管辖范围外深海矿产资源的商业开发将会真正到来。因此,有诸多亟待解决的问题浮现出来:申请者在国际层面申请开发合同以及在国内层面申请开发许可证(或国家担保证书)需要提交何种材料?开发阶段承包者承担何种的义务?尤其是在开发阶段,承包者在深海环境保护上的义务同勘探阶段其环境保护义务有何不同?需要采取哪些额外的环境保护措施?国际海底管理局作为国际层面的管理者在事前核准申请者申请以及事中监管承包者时需要采取何种措施?各担保国作为国内的监管者在事前核准申请人的申请以及事中监管被担保者需要采取何种措施?这些措施同勘探阶段的相关管制措

---

① 北京先驱高技术开发公司与国际海底管理局签订多金属结核勘探合同:http://www.comra.org/2019-10/20/content_40927434.htm 最后访问:2020年2月1日。

施有何区别？承包者在开发过程中获得的矿产资源利益如何分配，以符合"人类共同继承财产"之原则？这些都是极为重要、亟待解决的问题。

　　类似地，有关国家管辖范围外生物多样性资源（Biological Diversity of Areas Beyond National Jurisdiction，以下简称BBNJ）的养护和可持续利用法律文书的未来谈判也面临一系列待解决问题。2017年根据联合国大会决定成立的筹备委员会召开了数次会议，并最终形成了有关报告，报告向联合国大会建议了制定具有法律约束力的管制国家管辖范围外生物多样性资源的利用与保育的法律文书的框架。其中包含一系列在未来几年亟待解决的问题，包括如何构建一套系统性的核心治理原则，如何在国家管辖外海域建立全球性统一管理框架和机制，国家管辖外海域生物遗传资源的法律地位等，这些机制的构建将是决定国际社会能否共享国家管辖范围外生物多样性资源的关键，因此也将是本书研究的重点。

　　国际层面有关国家管辖范围外深海资源共享机制的谈判一直在不断推进中，本书中所搜集的相关信息和数据是截至2022年9月1日所能公开获取的。需要强调的是，本书将着重从法律和政策、实体和程序等方面去论述国家管辖范围外深海资源共享机制的构建，其中所探讨的资源包括两大类：一类是国际海底矿产资源，一类是国家管辖范围外深海生物多样性资源。并且将从国际法层面和国内法层面两个角度去研究深海资源共享机制。

　　首先，为了实现对这两类资源的共享，国际社会以《联合国海洋法公约》（以下简称《公约》）及其附件为基础，设立了国际海底管理局等国际组织，进行了长期的谈判，构建了诸多有关国际海底资源勘探开发以及生物多样性资源保育与利用的制度。这些国际层面的制度为国际社会共享深海资源提供了有力的支撑,本书的一个重点就是去研究、分析已经构建以及将要构建的制度,这是从国际法角度进行的研究。

其次,从国内法角度来说,我国作为发展中深海大国、资源勘探大国、资源利用大国,应当积极参与到全球海洋治理,为构建人类海洋命运共同体贡献中国智慧,提出中国方案。我国国内应当积极出台深海专项法律和政策,就国际海底矿产资源的勘探开发和生物多样性资源的利用与保育制定中国方案,贡献中国智慧。我国国内的深海专项法律和政策应当也是以促进国家管辖范围外深海资源共享为目的的。国内深海法律和政策同国际层面的勘探开发规章所构建的法律制度是平行共存的两套制度,这两套制度之间应该是彼此衔接,浑然一体,有机结合的,两套制度的目的都是为了更好地实现全人类对国家管辖范围外深海资源的共享。

因此,本书论述的逻辑框架实际上可以总结为"二+二"的模式:第一个"二"是指国家管辖范围外深海矿产资源和生物多样性资源这两种资源,第二个"二"是指国际法和国内法这两个角度。而本书所欲论述的这些内容都以国家管辖范围外深海资源可以被"共享"为前提,因此对深海资源的定性成为构建具体共享机制的逻辑起点。

第一章
国家管辖范围外深海资源的属性定位

构建国家管辖范围外深海资源的共享机制,首先要厘清的问题是深海资源的属性,尤其是国家管辖范围外生物多样性资源的属性。从下文的讨论中我们将会看出,国家管辖范围外深海海底矿产资源是人类共同继承财产,这一点国际社会已经达成共识,并且通过数年的谈判和妥协,国际社会就如何勘探开发国家管辖范围外深海矿产资源已经形成较为成熟的制度,《公约》授权国际海底管理局就区域资源的勘探开发进行管控。

《公约》将区域资源定义为:区域内在海床及其下原来位置的一切固体、液体或气体矿物资源,其中包括多金属结核。[1]《公约》规定,任何国家不应对区域的任何部分或其资源主张或行使主权或主权权利,任何国家或自然人或法人,也不应将区域或其资源的任何部分据为己有。任何对这种主权和主权权利的主张或行使,或据为己有的行为,均应不予承认。区域内资源的一切权利属于全人类,由国际海底管理局代表全人类行使。这种资源不得让渡。[2]

---

[1]《公约》第133条。
[2]《公约》第137条。

囿于《公约》，谈判时各国就国家管辖范围外生物多样性资源的属性没有作出明确界定，随着人类对海洋科学认知的加深，深海中的活生物体可能拥有商业上有前途的遗传信息引发了各国关于谁应该获得这些所谓的"海洋遗传资源"（Marine Genetic Resource，MGR）以及如何分享利益的辩论。① 辩论的一部分集中在是否应将这些海洋遗传资源视为区域的一部分，从而将其视为人类共同继承财产。②

有学者认为，如果国际社会在联合国第三次海洋法会议谈判时已经知道海洋遗传资源的经济潜力，那么海洋遗传资源将被包括在《公约》第十一部分的"资源"定义中。③ 亦有学者持反对意见，认为，对《公约》所构建的国际海底制度只适用于《公约》第133条所规定的"固体、液体或气体矿物资源"，而其他的资源（包括深海生物多样性资源）都应当适用于《公约》所确立的公海自由原则。

本书将国家管辖范围外深海资源分为两大类：一类是《公约》第十一部分国际海底制度所管控的矿产资源；另一类是国家管辖

---

① See Robin Warner, *Protecting the Oceans Beyond National Jurisdiction: Strengthening the International Law Framework*, Martinus Nijhoff Publishers, 2009, Chapter 7; Nele Matz, Marine Biological Resources: Some Reflections on Concepts for the Protection and Sustainable Use of Biological Resources in the Deep Sea, *Non-State Actors and International Law*, 2002, 2, 279-300.
② BBNJ Working Group, UN Doc A/67/95 (13 June 2012), paragraph 15-19.
③ See Frida Armas-Pfirter, How can Life in the Deep Sea be Protected?, *The International Journal of Marine and Coastal Law*, 24(2), 2009, 281-307; Louise Angélique de La Fayette, "Institutional Arrangements for the Legal Regime Governing Areas Beyond National Jurisdiction—Commentary on Tullio Scovazzi" in Alex G. Oude Elferink and Erik Jaap Molenaar (eds), *The International Legal Regime of Areas beyond National Jurisdiction: Current and Future Developments*, Martinus Nijhoff Publishers, 2010, 77-79; Fernanda Millicay, "A Legal Regime for the Biodiversity of the Area" in Myron H. Nordquist et al. (eds) *Law, Science and Ocean Management*, Martinus Nijhoff Publishers, 2007, 739-850; BBNJ Working Group, UN Doc A/61/65 (20 March 2006), paragraph 71.

范围外海域生物多样性资源,有关这部分资源利用和保育的政府间会议(Inter-governmental Conference,IGC)正在紧锣密鼓地进行,缔约国有望通过谈判形成新的国际文书对这部分资源的保育和利用作出安排。[①]

构建国家管辖范围外深海资源共享机制的基础和前提是对国家管辖范围外深海资源性质的界定。鉴于以上的国际社会对国家管辖范围外生物多样性资源的属性之分歧,有必要对构建国家管辖范围外深海资源共享机制的基础理论进行研究。本章主要结合人类共同继承财产原则、人类共同财产原则和人类共同关切事项原则这三个方面对国家管辖范围外深海资源的属性进行理论层面的研究,并联系国家管辖范围外深海资源的特性,对该种资源的法律属性作出界定。

第一节 国家管辖范围外深海矿产资源的法律属性

一、人类共同继承财产原则的提出

(一)避免"公地的悲剧"

在1967年第22届联合国大会上,马耳他声称,考虑到科学技术的发展,公海区域的资源将会被越来越多的国家使用,这种大规模资源的使用将会导致海底对全人类都有益的资源的减少甚至枯竭,因此马耳他认为应当把海底资源作为人类共同继承财产,并且应当立即采取措施,制定相关国际条约,构建专门国际管制机

[①] A/RES/69/292, available at https://undocs.org/en/A/RES/69/292, last visited 2020/2/5.

构作为全人类管理海底资源的托管人,管制、监督和控制在海底从事的深海活动,以确保在深海从事的活动遵守相关原则以及条约的规定。因此,在第 22 届联合国大会上,马耳他提出对一个附加事项的讨论:国家管辖以外对海底资源以和平目的并为人类利益使用之特殊保留的宣言和条约(Declaration and treaty concerning the reservation exclusively for peaceful purposes of the seabed and of the ocean floor, underlying the seas beyond the limits of present national jurisdiction, and the use of their resources in the interests of mankind)。

马耳他代表的担忧实际上正是担心因为各国对公海资源的瓜分而导致的"公地的悲剧"。在哈丁提出的"公地的悲剧"[1]中,在自由获取没有任何所有权机制调整的牧场上,每个理性的牧羊人所追求的是在牧场上增加自己所饲养的羊的数量,但是若是将这一理念最大化,在一个资源有限的世界中,导致的结果便是资源的不合理利用,甚至是资源的枯竭。[2] 换句话说,"公地的悲剧"是在一个资源有限的世界中个体在自由获取的资源中追求自我利益的最大化的过程中发生,而作为个体索取资源的这块公地,在这个过程中得到的照料是最少的。现代社会都面临的环境问题(如气候变化问题)实际上就是典型的公地的悲剧。当每个个体都在通过索取公共环境资源来最大化自己的利益却没有对公共资源采取"照料"的措施时,他的行为实际上带来了极大的负外部性,而这一负外部性给整个环境带来的成本都是由整个社会来承担的,而环

---

[1] Garrett Hardin, The Tragedy of the Commons, *Science*, 1968, 162, 1243-1248.
[2] 美国学者丹尼尔·科尔在其《污染与财产权》一书中批判了哈丁的"公地的悲剧"一说,指出应当是"自由获取的土地的悲剧"。相反,公有制反而能成为解决环境问题的一个手段。所有权制度,无论是私有制,还有公有制,抑或是混合所有制,都有可能成为解决环境问题的手段。

境管制的一个核心要素就是将此种负外部性内部化。

环境是公共资源,政府作为这种公共资源的管理者,试图通过立法建立各种制度来应对工业文明发展过程中所产生的各种环境问题和生态问题。从 20 世纪 50—70 年代的以命令和控制为主要管理方式到 90 年代以所有权自由市场主义的管理方式,两种管理模式都是从外部性出发,两种管理方式都是通过制度设计来治理环境,并且取得了一定的成效。

传统的福利经济学将环境问题解释为由外部性导致的市场失灵的症状,而外部性的存在也给政府干预提供了正当的理由。[①] 在他们看来,政府对环境外部性的一切方面有统一融贯的知识,能够将外部性内在化。命令与控制型政策工具是指政府作为公民的代理人选择法律或者行政的方法制定环境质量标准,通过法规或禁令来限制危害环境的活动,对违法者进行法律制裁。[②]

国家通过制定各种环境标准管理环境:排放标准是政府设定的企业排污量的上限,技术标准是要求市场活动者采用规定的生产工艺、技术或措施。各国通过排放限额、用能和排放标准、供电配额等方式对二氧化碳排放或者能源利用水平进行直接控制。比如欧盟对高耗能企业的二氧化碳排放进行管制,美国有些州对供电商实行了可再生能源发电额配置制度(Renewable Energy Portfolio Standard)。

美国在制定 1970 年的《清洁空气法》时,缺乏有关美国大气污染的严重程度以及达到足以保护人体健康的空气质量标准所需要

[①] 参见[美]丹尼尔·科尔:《污染与财产权》,严厚福、王社坤译,北京大学出版社,2009 年,第 94 页。

[②] 参见[美]丹尼尔·史普博:《管制与市场》,余辉等译,上海三联书店,1999 年,第 56 页。

削减的排放量的信息,国会在制定该法时应将其注意力集中在尽快提高空气质量上而非花更多时间辩论如何提高空气质量或者在多大程度上提高空气质量。① 这也是命令控制式的管理方式的优势,即在信息很不充分的情况下,政府直接制定法律,强制企业安装并运行污染控制设备,就可以确保某种程度上的排放量削减,即使无法精确地测量到到底减少了多少。也正因为如此,美国的1970年《清洁空气法》引入了命令控制型管理制度。

同福利经济学者一样,自由市场环境保护主义者也认为环境问题是市场失灵所导致的,但是他们进一步认为,环境市场失灵源自对环境物品的财产权没有特定化。政府采取命令与管制措施主动介入虽然可以解决环境外部性的问题,但是无法矫正市场失灵背后的原因,而环境物品的私有化既可以避免市场失灵,又可以避免试图矫正市场失灵的误导性政府行为,也能够解决从木材资源不当管理到全球变暖的所有问题。②

科斯在1960年的论文《社会成本问题》中提出,在产权可以清晰界定、交易成本为零的情况下,交易双方可以通过谈判的方法来实现资源的有效配置,实现外部行为内部化。因此,在科斯看来,市场可以调配资源的配置,达到资源配置的最优,而政府(立法部门)所需要做的就是通过法律的规定,保障交易者的合法的产权。科斯的这一理论为排污权(排放权)市场的建立提供了基础,尤其是目前正在如火如荼地进行的碳交易市场。该制度中,政府规定一个排放污染物的上限,并按照上限的排放量分配排放份额,此为所谓的总量管制,在一定期限内,没有用完分配到的排放量的排放

---

① 参见[美]丹尼尔·科尔:《污染与财产权》,严厚福、王社坤译,北京大学出版社,2009年,第80页。
② 同上书,第101页。

源,可以出售其剩余的排放份额给需要排放额的排放源。尤其是在需要排放额的企业减排的成本高于购买排放份额情况下,购买其他企业多出来的排放份额是一种尤为经济的方式。

同传统的命令与管制式的政府管制相比,排放交易制度在行政效率以及经济效益都有其优越性。[1] 从行政效率角度来说,传统的政府管制要求政府确定适当的减排技术以及减排标准,这一过程不仅消耗时间和大量的政府资源,而且需要政府掌握专业技术和知识,而通常情况下,企业自身具备相关的技术和知识。相比之下,排放交易制度中,政府只需要规定排放上限,并分配排放份额,至于如何减排,由企业自己决定,如此便大大减轻了政府的负担。从经济的角度来说,这里的经济是从减排费用的角度考虑的。传统的政府管理机制要求每个排污企业安装减排装置,但是某些企业减排的成本低于安装减排装置的成本,这种情况下,从经济效益上来说,对该企业是非常不利的。相反,排放交易制度中,减排成本高的企业可以购买排放份额履行自己的减排义务,减排成本低的企业,可以通过减排并出售多余的排放份额,从而获取一定的收益。因此,对参与到排放交易制度中的企业来说,减排的成本会降低。

产生公地悲剧的原因就是公共地的产权是非排他性的,或者缺乏一套有效使用公共地的有效规则。上文从政府干预和市场调控这两个角度对公地的悲剧作出了回应。针对"公地的悲剧",哈丁提出了两种限制自由获取和使用的路径。第一个路径是私有

---

[1] Alice Kaswan, "Reconciling Justice and Efficiency: Integrating Environmental Justice into Domestic Cap-and-Trade Programs for Controlling Greenhouse Gases" in *Ethics and Global Climate Change*, Denis G. Arnold (ed), Cambridge University Press, 2011, p.232.

化,将自由获取的牧场进行产权划分,变成私人所有;第二种因应模式是管制,包括政府部门的外部管制以及使用者的内部管制。①政府制定法律限制民众的行为,属于法律保留,对民众财产和自由的限制只能通过立法作出规制。这两种模式实际上都是基于财产权的解决途径。②

在国际海底资源勘探开发的语境中,深海海底资源是一种公共的资源,这些资源所赖以存在的海洋环境亦是一种公共的资源,国际社会所需要思考的问题是构建何种获取国际海底资源并且兼顾保护海洋环境的制度,以避免产生国际海底资源的"公地的悲剧",并最终实现资源的公平和可持续的分配和利用。而国内层面应对公地的悲剧所采取的制度,对国际社会构建深海海底资源勘探开发制度具有一定的启发,如何构建一个国际层面的"行政管制机关"来具体实施对深海海底资源勘探开发的管制以及海洋环境的保护,是否可以以及如何利用市场机制来实现对资源的公平分配,这些问题都是国际社会在第三次海洋法会议期间以及现如今需要解决的问题。

(二)马耳他代表之提议

考虑到国际海底资源勘探开发这一议题对国际政治和国际安全面向的影响,马耳他向联合国大会提议此议题应当在联合国大会第一委员会③会议中进行讨论。美国支持马耳他的提议,因为

---

① Garrett Hardin, The Tragedy of the Commons, Science, 1968, 162, 1247-1248.
② [美] 丹尼尔·科尔:《污染与财产权》,严厚福、王社坤译,北京大学出版社,2009年,第7页。
③ First Committee, the political committee of General Assembly. 第一委员会处理裁军、威胁和平的国际挑战等国际安全事务,并应对国际安全制度中的挑战。第一委员会在《联合国宪章》以及联合国相关机构的授权范围内处理裁军和国际安全事务,遵循维护国际和平与安全的合作原则、管理裁军问题和军备管制的原则,并提倡通过减少军备促进和平稳定的合作方式。

随着科学技术的发展，海底资源必将对全人类带来巨大的经济利益，各国应当在合作的基础上开发和利用海底资源，避免在资源利用过程中产生争端。虽然议题的其他面向的讨论也在第六委员会①和第二委员会②的讨论中涉及，部分拉丁美洲国家提出对海底资源利用议题的讨论主要还是涉及国际海底法律制度的构建，但是马耳他提出了有关对军事力量（armament）的管制的问题，强调该议题是审议各国现有管辖范围外公海之海洋底床与下层土壤专供和平用途，及其资源用于谋求人类福利之问题（Examination of the question of the reservation exclusively for peaceful purposes of the seabed and the ocean floor, and the subsoil thereof, underlying the high seas beyond the limits of present national jurisdiction, and the use of their resources in the interests of mankind.）。联合国大会最终采纳马耳他的意见，在大会第一委员会加入了对该问题的讨论。

在第一委员会中，马耳他的大使帕多（Arvid Pardo）描述了相关地理、经济和技术方面的事项，强调了随着以上各种因素的发展和变动，位于各国管辖区以外的国际海底区域可能面临被军事化的危险（the danger of militarization），技术发达的国家依靠其技术上的优势优先占有海底区域，唯有建立有效的国际管制机制才有可能避免上述争端情形的发生，只有在这种情况下，对海底资源的开发和利用才能对全人类有益。但是出于实际操作层面的考虑，帕多认为联合国不是一个合适的管制深海采矿的机构，国际社会应当成立一个新的国际机构代表全人类的利益管制国际海底区

---

① 第六委员会主要涉及法律问题的讨论。
② 第二委员会主要讨论有关自然资源的事项。

域及其资源,该管制机构将作为受托人(trustee)①而不是主权人(sovereign),管制机构将有比较广泛的权力监管和控制各国在公海以及公海海底进行的活动。帕多大使督促联合国大会通过决议承认公海海底区域的资源属于人类共同继承财产,应当为全人类利益以和平方式开发利用,制定国际条约并成立相关国际机构保证在深海区域从事的活动符合条约的原则和内容。

最终,联合国大会第一委员会一致通过 A/RES/22/2340 决议②。在该决议中,大会承认了人类对公海海底资源具有共同的利益,对海洋海底与下层土壤之探测与利用,应当遵照联合国宪章的原则,以维持国际和平与安全,并谋求全人类的福利。决议决定设立研究各国现有管辖以外公海之海洋海底专供和平用途特设委员会(Ad Hoc Committee to Study the Peaceful Uses of the Sea-Bed and the Ocean Floor beyond the Limits of National Jurisdiction),特设委员会与秘书长合作,编制研究报告,以供第 23 届联合国大会审议,报告内容包括:① 联合国、各专门机关、国际原子能总署及其他政府间机构关于海洋海底之过去及现有活动,以及关于此种地区之现行国际协定之调查;② 关于本项目科学、技术、经济、法律及其他方面之报告;③ 综合考虑各会员国与第 22 届大会审议本项目时所提出的意见和建议,指明在探测、保全及使用本项目标题所称海洋海底与下层土壤及其资源方面推进

---

① UNGA, UN Doc A/C.1./PV.1516, 1 November 1967, paragraph 8, available at https://www.un.org/depts/los/convention_agreements/texts/pardo_ga1967.pdf, last visited 2019/11/10.
② A/RES/2340(XXII): Examination of the question of the reservation exclusively for peaceful purposes of the sea-bed and the ocean floor, and the subsoil thereof, underlying the high seas beyond the limits of present national jurisdiction, and the use of their resources in the interest of mankind, available at https://undocs.org/en/A/RES/2340(XXII), last visited 2019/1/10.

国际合作之实际方法。

1968年第23届联合国大会的第一委员会在其数次会议中考量了特设委员会提交的报告，数份有关设立常设委员会（standing committee）决议草案和修正案。其中56个国家发表了它们对人类共同继承财产原则的看法和观点，秘书处将这些观点制作成工作报告。成员国普遍认为深海海底资源的开采应当遵循人类共同继承财产的原则，成员国也认为应当成立常设委员会从事相关原则的研究，为将来实现海底资源为人类共享的具体制度安排和协议打下基础。深海海底资源勘探和开发的法律原则应当在平等的基础之上促进国际合作，同时保障各国的合法权益并应当考虑到发展中国家的特殊需求。

在大会中，成员国提出，国际社会对以下几点达成共识并承认其重要性：① 海底资源是人类共同继承财产；② 应当为全人类的利益从事海底资源的勘探、使用和开发等活动；③ 应当尽快制定有关勘探和开发国际海底资源的管制措施。成员国向大会提交了五份有关管制利用各国管辖范围外公海之海洋底床与下层土壤之活动的草案决议。

经过第23届联合国大会第一委员会的讨论后，联合国大会于1968年12月21日通过决议2467 A（XXIII）[①]，决议决定成立各国管辖范围以外海底和平使用委员会（Committee on the Peaceful Uses of the Seabed and the Ocean Floor beyond the Limits of National Jurisdiction），简称海底委员会（Seabed Committee），由42个成员国组成。

该决议的第二段指出，海底委员会应当研究如何详细拟定法

[①] A/RES/2467(XXIII), available at https://undocs.org/zh/A/RES/2467(XXIII), last visited 2020/2/15.

律原则和标准,以促进各国在探测和利用各国管辖范围以外的海洋海底与下层土壤方面之国际合作,确保此种地区资源之开发,用以谋取人类共同利益,以及此种制度满足全人类利益起见所应具备之经济及其他条件;研究促进开发并利用此种地区资源以及为此目的进行国际合作之方法,顾及可预测之技术发展及该项开发工作所涉及经济问题,并注意该项开发工作应造福全体人类;审查有关海底勘探的研究,加强国际合作、鼓励各方交流、扩大相关科学知识的广泛传播;审查各方所提的合作措施,以防止在勘探和开采过程中所造成的海洋环境污染。

在联合国大会通过的 2467 C(XXIII)决议[1]中,联合国大会要求联合国秘书长研究于适当时机成立适当国际机构,以促进此种地区资源之探测与开发,不论各国之地理位置何在,利用此等资源以为全人类谋取利益,同时应当特别考虑发展中国家的利益与需要,并就此事项向各国管辖范围以外海底和平使用委员会(即海底委员会)提交报告,供该委员会在 1969 年的任何一届会议审议。如此,人类共同继承财产原则在马耳他代表提议后,进入了联合国大会正式讨论的范围,如下文所示,该原则最终以文字形式确立下来,并写入了《公约》。

二、《关于各国管辖范围以外海洋底床与下层土壤之原则宣言》

如前文所述,随着发达国家对国际海底区域丰富矿物资源的勘探和发现,发展中国家强烈要求确立该区域的法律地位,并建立相应的国际管理制度。作为对这种要求的回应,联合国大会先后

---

[1] A/RES/2467(XXIII), available at https://undocs.org/zh/A/RES/2467(XXIII), last visited 2020/2/15.

于1969年和1970年通过有关这一国际区域的决议。其中,1969年决议①规定,对国际海底资源的开发应在包括适当的国际机构在内的国际管制制度下进行,在该制度尚未建立之前,各国不得对国际海底及其资源据为己有。② 1970年12月17日,联合国大会通过了2749(XXV)决议③,公布了《关于各国管辖范围以外海洋底床与下层土壤之原则宣言》(以下简称《原则宣言》)。

《原则宣言》肯定了人类共同继承财产之原则,并郑重宣告:

> 各国管辖范围以外海洋底床与下层土壤(以下简称该地域),以及该地域之资源,为全人类共同继承财产。
>
> 国家或个人,不论自然人还是法人,均不得以任何方式将该地域据为己有,任何国家不得对该地域之任何部分主张或行使主权或主权权利。
>
> 任何国家和个人,不论自然人还是法人,均不得对该地域或其资源主张、行使或取得与行将建立之国际制度及本宣言各项原则抵触之权利。
>
> 所有关于探测和开发该地域资源之活动以及其他有关活动,均应受到将建立之国际制度的管制。
>
> 该地域应予以开放,由所有国家,不论沿海或陆锁国,无所歧视,依据行将建立之国际制度,专为和平用途而使用。
>
> 各国在该地域之活动,应当遵照适用之国际法原则及规则,包括联合国宪章以及1970年10月24日大会所通过关于

---

① A/RES/2574(XXIV),available at https://undocs.org/zh/A/RES/2574(XXIV),last visited 2020/2/1.
② 古祖雪:《联合国与国际法结构的现代变迁》,载《政法论坛》2015年第6期。
③ 该决议获得108票支持,0票反对,14票弃权。A/RES/2749(XXV),available at https://legal.un.org/diplomaticconferences/1973_los/docs/english/res/a_res_2749_xxv.pdf,last visited 2023/2/22.

各国依照联合国宪章建立友好关系及合作之国际法原则宣言,以期维持国际和平与安全,并增进国际合作与相互了解。

该地域之勘探及其资源之开发,应以全人类之福利为前提,不论国家之地理位置为陆锁国还是沿海国,同时应该特别考虑发展中国家的特殊要求和利益。

该地域应保留专供和平用途,但不妨碍国际裁军谈判已经或可能协议采取而且可能对更广泛范围之适用之任何措施。现应尽快制定一项或多项国际协定,以期有效实施本原则,同时作为不使海洋底床和下层土壤发生军备竞赛的一个措施。

依据本宣言之各项原则,应即以一项普遍协议之世界性国际条约建立适用该地域及其资源之国际制度,包括负责实施其各项规定之国际机构。此项制度除其他事项外,应规定该地域及其资源之循序安全发展与合理管理,及扩大其使用机会,并应确保各国公允分享由此而带来之各种利益,同时特别顾忌发展中国家之利益与需要,不论是陆锁国或是沿海国。

各国应该以下列方法促进国际合作,进行专为和平用途之科学研究:① 参加国际方案,并鼓励各国人员合作从事科学研究,② 借国际途径切实公布研究方案,并传播研究成果,③ 合作实行加强发展中国家研究能力之措施,包括由此等国家国民之参加研究方案中。

关于该地域之活动,各国依照行将建立的国际制度行动时,应采取适当措施,并应互相合作,制定并实施相关国际规则、标准与程序,以实现以下之目的:① 防止污染及沾染以及其他对海洋环境包括海岸在内之危害,防止干涉海洋环境之生态平衡;②保护与养护该地域之天然资源,防止对海洋环境中动植物之损害。

各国在该地域有所活动时,包括与该地域资源相关之活动,应当妥为顾及此种活动所在区域沿海各国以及所有其他可能受此活动影响之国家之权利和合法利益。凡勘探该地域及开发其资源之活动,应与有关沿海国保持会商,以免侵害此种权益。

《原则宣言》的第14条规定,每一个国家都有责任,确保该地域之活动,包括与资源相关之活动,无论是由政府机关从事,或由其管辖下非政府团体或个人自行或代表国家办理均应依照行将建立之国际制度进行之。国际组织及其会员国对于该国际组织所从事或以其名义从事之活动,亦应当负同样责任。对此种活动造成之损害,应负有赔偿责任。

《原则宣言》中列出的这些要素为将来国际社会建制深海活动法律体系奠定了基础。实际上,以上大部分原则都规定在《公约》的第十一部分("区域"部分)了,尤其是第136条至149条。

三、人类共同继承财产原则在《公约》第十一部分的确立

如上文所述,1970年12月17日,联合国大会通过了《关于各国管辖范围以外海洋底床与下层土壤之原则宣言》,其中所规定的人类共同继承财产原则最终在第三次海洋法会议通过的《公约》第136条中加以确立,成为《公约》的重要原则。①

人类共同继承财产原则在《公约》的谈判过程中的争议是

---

① 除了《联合国海洋法公约》第十一部分适用人类共同继承财产原则,该原则亦适用于《月球条约》。

很大的①,但是经过与会各国代表谈判和妥协,该原则成为《公约》非常重要的一部分,是构建国家管辖范围外深海矿产资源勘探开发的基本原则。《公约》成立了国际海底管理局,并授权国际海底管理局为人类托管区域的资源,国际海底管理局的一个重要职能便是去落实和执行人类共同继承财产原则。人类共同继承财产原则为国际海底管理局、各缔约国、各利益相关方解释和适用《公约》第十一部分提供了指引。并且《公约》第 311 条第 6 款规定:"缔约国同意对第 136 条所载关于人类共同继承财产的基本原则不应有任何修正,并同意它们不应参加任何减损该原则的协定。"《公约》正文中并没有对该原则作出实质性的定义,但是《公约》(尤其是第十一部分)中有诸多条文都体现了人类共同继承财产原则的内涵。

(1)海洋环境保护。《公约》第 145 条要求国际海底管理局有义务采取必要措施,以确保切实保护海洋环境,不受深海海底资源勘探开发活动可能产生的有害影响。防止、减少和控制对包括海岸在内的海洋环境的污染和其他危害;保护和养护区域的自然资源,并防止对海洋环境中动植物的损害。②

(2)惠益分享。区域内活动为全人类的利益而进行,并特别

---

① See K. Baslar, *The Concept of the Common Heritage of Mankind in International Law*, Martinus Nijhoff Publishers, The Hague, 1998. J. Frakes, The Common Heritage of Mankind Principle and the Deep Seabed, Outer Space, and Antarctica: Will Developed and Developing Nations Reach a Compromise?, *Wisconsin International Law Journal*, 2003, 21, 409-434. E. Egede, *Africa and the Deep Seabed Regime: Politics and International Law of the Common Heritage of Mankind*, Springer, Berlin, Heidelberg, 2011.
② 《公约》第 145 条一般被认为是《公约》对国际海底管理局采取环境保护管制措施的一般性授权条款。Aline Jaeckel, An Environmental Management Strategy for the International Seabed Authority? The Legal Basis, *The International Journal of Marine and Coastal Law*, 2015, 30, 93-119.

考虑到发展中国家的利益和需要。① 国际海底管理局应当为区域活动所获得的财政和经济利益构建公平分配的机制。其他分配机制(distributive mechanism)包括成员国平等参与、技术转让、对发展中国家的优惠待遇以及防止陆源采矿受到深海采矿的负面影响的措施。②

(3) 海洋科学研究。区域内的海洋科学研究应专为和平目的并为谋全人类的利益进行。③ 国际海底管理局及其成员国应当支持发展中国家的研究能力,支持有关深海采矿技术和科学信息的转让,并为发展中国家有效参与深海采矿机制提供机会。④

(4) 和平目的使用。《公约》第 141 条规定区域应开放给所有国家,不论是沿海国或内陆国,专为和平目的利用。

(5) 不得据为己有。任何国家不应对区域的任何部分或其资源主张或行使主权或主权权利,任何国家或自然人或法人,也不应将区域或其资源的任何部分据为己有。⑤

(6) 共同管理。区域内活动应由国际海底管理局代表全人类,按照《公约》第 137 条以及有关附件的其他有关规定,和管理局的规则、规章和程序,予以安排、进行和控制。管理局制定的规则、规章和程序对所有成员国具有约束力。⑥

(7) 缔约国"确保"义务。缔约国应有责任确保区域内活动,一律依照《公约》第十一部分进行。缔约国应对由于没有履行其义

---

① 《公约》第 140 条第 1 款。
② 《公约》第 144、148 条。
③ 《公约》第 143 条。
④ 《公约》第 144、148 条;《关于执行 1982 年 12 月 10 日〈联合国海洋法公约〉第十一部分的协定》附件第 5 部分。
⑤ 《公约》第 137 条第 1 款。
⑥ 《公约》第 137 条第 2 款,第 153 条第 1 款,第 156—185 条。

务而造成的损害负有赔偿责任。①

《公约》要求缔约国确保"切实保护"(effective protection)海洋环境，避免或减少区域活动可能产生的"有害影响"(harmful effects)，②然而《公约》并没有对"切实保护"和"有害影响"作出具体定义。但是，根据《公约》《关于执行1982年12月10日〈联合国海洋法公约〉第十一部分的协定》(以下按行文需求简称《1994年执行协定》)以及国际海底管理局制定的相关规章规定，若采矿活动有对海洋环境造成"严重损害"的风险，国际海底管理局有权：① 禁止由承包者开发某些区域；② 停止或调整作业；③ 拒绝新的从事区域活动的申请；④ 要求承包者和其担保国对其造成的海洋环境损害承担责任。③ 因此，人类共同继承财产原则要求国际海底管理局充当"区域"的监护人或帕多大使所称的"受托人"④，并确保为今世后代公平分享任何利益。⑤

第二节 国家管辖范围外深海生物 资源属性之探讨

有关区域资源的属性，目前国际上已经基本形成共识，这部分资源属于人类共同继承财产。然而有关国家管辖范围外生物资源

---

① 《公约》第139条。
② 《公约》第145条。
③ 《公约》第139条，第162条第2款(w)项和(x)项，第165条第2款(k)项和(l)项；《公约》附件三第18条；《多金属结核规章》第21条；《多金属硫化物规章》第23条；《富钴铁锰结壳规章》第23条。
④ UNGA, UN Doc A/C.1./PV.1516, 1 November 1967, paragraph 8.
⑤ J. Frakes, The Common Heritage of Mankind Principle and the Deep Seabed, Outer Space, and Antarctica: Will Developed and Developing Nations Reach a Compromise? *Wisconsin International Law Journal*, 21, 2003, 413. A. Kiss, The Common Heritage of Mankind: Utopia or Reality? *International Journal*, 1985, 40, 423-441.

的属性尚存在不一致的观点。生物资源是国际海底区域资源的重要组成部分,通过长时间繁衍之后在国际海底区域内形成了丰富且独特的生物多样性。国际海底区域生物资源的存在形式可分别体现在物种层面和遗传基因层面。近年来由于近海与陆地资源的匮乏,人类加大了对国际海底区域生物资源的开发与研究力度,包括对物种的直接利用与通过生物技术提取遗传资源等。然而,国际公约对国际海底区域生物资源法律属性的界定却十分模糊,易使得有关资源开发利用与科学研究陷入无序状态,同时也不利于国际社会对国际海底区域生物多样性的保护。《公约》中第十一部分规定的国际海底区域资源是指:国际海底区域内在海床及其下原来位置的一切固体、液体或气体矿物资源,其中包括多金属结核;同时,国际海底区域及其资源是人类的共同继承财产。从中可看出,无论是国际海底区域生命体还是遗传基因,这些生物资源均不在《公约》的明确规制范围内。而《生物多样性公约》作为直接规制生物资源与生物多样性的国际公约,并未将国际海底区域生物资源的法律属性与开发利用问题纳入其管辖范围。相应地,目前也没有国际机构或国际组织有能力对国际海底区域生物资源的保护与利用进行法律监管。

概而言之,国际社会对于国际海底区域生物资源的法律属性存在以下不同的观点:一是支持国际海底区域生物资源适用公海自由原则;二是认为国际海底区域生物资源同此处矿产资源一样属于人类共同继承财产;三是排除单独选择以上现有机制,主张坚持预警原则和生态系统方式,通过制定新的制度协定完善当前国际法律规制框架。此外,还有一种观点也在国家管辖范围外生物多样性资源的谈判中浮现出来:有发展中国家提出国家管辖范围外生物多样性资源属于人类共同关切事项。明确国家管辖范围外生物多样性资源的法律归属,不仅是确立国际海底区域生物资源开发利用活动各方主体权利与义务的起点,也是如今国家管辖范围外生物多样性资源谈判中面临的最基本、最核心与最富争议的焦点问题,决定着未来如何建立相关制度。有鉴于此,下文试图对上述概念进行辨析,来进一步导出对国家管辖范围外生物多样性资源属性的讨论。

一、人类共同财产

人类共同财产是指该资源不属于任何国家主权范围,所有国家都可以自由进行开发、利用。在传统海洋法中,公海及其资源被视为人类共同财产,各国对其中的资源可以自由获取。

公海自由原则包括消极与积极两方面的规定。积极方面是指公海应开放给全体人类使用。消极方面则是指:各国不得依国际法中领土取得方式或其他理由,取得公海的全部或部分。各国不得占领公海全部或部分。各国不得使用其他任何方法,防阻公海使用。

雨果·格劳秀斯(Hugo Grotius)在《论海洋自由》中主张海洋是自由的,应当向全世界开放,在本质上不受任何国家主权的控制,他将公海捕鱼自由和公海航行自由结合起来,并认为鱼类是不会枯竭的资源。[①] 但事实上,可再生的渔业资源并非取之不尽、用之不竭,公海自由原则也须受到一定限制。[②] 比较典型的例子是对捕鱼自由的限制,在《公约》框架下,包括《执行1982年12月10

[①] 雨果·格劳秀斯:《论海洋自由》,马忠法译,张乃根校,上海人民出版社,2020年,第34页。
[②] David Freestone, Advisory Opinion of the Seabed Disputes Chamber of International Tribunal for the Law of the Sea on "Responsibilities and Obligations of States Sponsoring Persons and Entities with Respect to Activities in the Area", *American Society of International Law*, 2011, 15(7).

日《联合国海洋法公约》有关养护和管理跨界鱼类种群和高度洄游鱼类种群的规定的协定》在内的很多国际公约都增设了养护和可持续性利用渔业资源的规定,对公海捕鱼活动进行了一定限制。但在公海自由原则支配下,目前这些限制仍较为局限,不能有效地保护公海渔业资源。

在第三次联合国海洋会议上,发达国家和发展中国家就国际海底制度的构建产生了巨大的分歧。基于人类共同财产原则,发达国家认为国际海底是公海的一部分,应当遵循公海自由这一国际习惯法,由各国自由进行勘探和开发。海洋自由作为一种理念,最早由荷兰学者雨果·格劳秀斯提出,以此对大航海时代的海洋秩序提出挑战。刚开始海洋自由主要表现为公海自由。然而,随着大陆架制度以及公海鱼类保育制度(如《捕鱼与养护公海生物资源公约》《鱼类种群协定》的通过)的提出,公海自由原则实际上已经被相对地限缩了。但是即使在"公海自由相对化"的规范模式下,公海上"公地的悲剧"仍然在愈演愈烈。公海生物资源并没有得到有效地养护,现有法律规范下,行为体的养护义务呈现出模糊不清和碎片化的特征,公海自由原则在一定程度上成为有效保护海洋及其资源的主要障碍。国家管辖范围外生物多样性资源谈判的产生和发展,体现的正是国际社会对现有公海治理规范的反思和修正。而国家管辖范围外生物多样性资源的立法目的,体现的正是全球治理背景下,国际社会的"主流意识"实际上是进一步朝向限缩公海自由的方向发展,公海的资源并不是当年格劳秀斯所称的"取之不竭,用之不尽"。

二、人类共同关切事项

人类共同关切事项的提出是为了处理与全球责任相关的问

题,这个概念首次出现在 1988 年联合国大会《关于为人类今世后代保护气候变化》的 43/53 号决议中:"气候变化是人类共同关切之事项,因为其后是维持地球上生命的关键条件。"①之后这一概念在《生物多样性公约》中得到了确认和加强,"生物多样性保护是人类共同关切之事项",并作为整个《公约》谈判过程中的基本指导原则。

人类共同关切事项与上述两个原则不同之处在于它所涉及的资源及活动部分或全部位于国家管辖范围内,但国际社会对其具有共同利益、正当关心的权利并负有共同的责任。对于该概念的内涵,尚未形成统一认识。著名国际环境法学者亚历山大·基斯指出,共同关切首先是承认该事项的全球性价值,在此基础上通过每个国家的独立行动和国际社会的国家间合作保护该事项。② 国内有学者在德国国际环境法学者弗兰克·比尔曼观点的基础上总结出人类共同关切事项的数个要素。③

第一,各国对该事项享有主权,这点也是与人类共同继承财产原则的根本性区别,人类共同继承财产原则禁止任何国家提出主权主张,其与国家主权概念并不兼容,而人类共同关切事项并不意图将资源"公共化",也不全然否认国家主权的干预,而是在承认国家主权的基础之上,基于维护人类共同利益的目的,对国家行使主权权利进行必要的限制。

第二,各国对该事项承担共同但有区别的责任。共同但有区

---

① A/RES/43/53, available at https://documents-dds-ny.un.org/doc/RESOLUTION/GEN/NR0/528/01/IMG/NR052801.pdf? OpenElement, last visited 2020/1/20.
② Alexandre Kiss, The Common Concern of Mankind, *Environment Policy and Law*, vol. 27, 1997.
③ 秦天宝:《国际法的新概念"人类共同关切事项"初探——以〈生物多样性公约〉为例的考察》,载《法学评论》2006 年第 5 期。

别的原则最早出现在 1992 年的《联合国气候变化框架公约》(以下简称《框架公约》)中。《框架公约》第 3 条规定:"各缔约方应当在公平的基础上,并根据它们共同但有区别的责任和各自的能力,为人类当代和后代的利益保护气候系统。因此,发达国家缔约方应当率先对付气候变化及其不利影响。"《框架公约》附件一列出的国家是发达国家。1995 年的第一次缔约方大会通过的《柏林授权》中对"共同但有区别的原则"解释为:① 附件一中的发达国家在一段时间内承担减排义务;② 发展中国家无须承担减排责任。从此历届气候大会中都存在发达国家和发展中国家之分,他们承担的责任各不相同。也正是因为如此,美国拒绝签署《京都议定书》。美国声称,非附件一的国家中至少有 50 个国家的 GDP 比附件一中最贫穷的国家的 GDP 还要高,承认共同但有区分原则的直接结果是全球一半的排放将来自没有受减排约束的国家,这本身也违背了气候正义。[①] 共同但有区别的原则包含两层含义:一是"共同",即各个主权国家无论发展的程度如何均有义务为了人类共同关切事项而作出国内的回应并参与到国际的合作中;二是"有区别",即考虑到人类关切事项形成的历史和现实原因,如在应对气候变化中,因为发达国家的历史排放远远超过发展中国家,发达国家应当比发展中国家承担更大的责任去"照料"人类共同关切事项,发达国家在资金和技术上给予发展中国家帮助,甚至有学者指出可以根据发达国家的历史排放来构建气候变化的责任承担机制。

第三,发达国家在此方面负有团结协助的义务。这一要素要

[①] Robert N. Stavins, An Unambiguous Consequence of the Durban Climate Talks (March 9, 2012). FEEM (Fondazione Eni Enrico Mattei), Review of Environment, Energy and Economics (Re3), March 2012.

求发达国家向发展中国家提供资金、技术上的支持,帮助发展中国家进行能力建设,提高其保护人类共同关切事项的能力。《联合国气候变化框架公约》以及历届缔约方大会通过的文件中有关资金和技术的规定正是此种协助义务的具体体现。

三、法律地位的确认:在公海自由与人类共同继承财产之间调适

如前所述,在《联合国海洋法公约》及其现有协定制定之时,国际社会对于可能存在于国家管辖范围外海洋底床的生物多样性尚缺乏足够的了解,而这种关键认识的缺失使得国际海底区域生物多样性在深海海底采矿和生物技术研究不断推进的背景下愈发陷入监管危机,同时也引发了各国基于自身利益获取而对国际海底区域资源展开的新竞争。可以说,国际海底区域生物资源的法律属性不仅决定了国际海底区域生物多样性应当适用何种规制原则,而且根据《联合国海洋法公约》和《生物多样性公约》(Convention on Biodiversity,CBD)对生物多样性保护采用"生态系统方法"的法律框架设定,该问题也将进一步映射出整个未来国家管辖范围外生物多样性资源总体适用原则和制度构建的走向。此外,有关公海自由和人类共同继承财产的选择也几乎直接决定了国家管辖范围外生物多样性资源谈判中诸如划区管理工具(含公海保护区)、遗传资源惠益分享等多个具体议题的设计思路。

从国家管辖范围外地域的海洋生物分布来分析,它们既有生活在公海之中的,也有生活在国际海底区域内(或称深海定居底栖生物),还有的在不同生境间变换生存场地。这便使得我们很难一概而论地将深海生物分别划归至公海与国际海底区域之中。这不

仅在理论上存在困难，而且在实践中也将面临许多操作问题，例如如何判断所获取深海生物的实际来源。目前，国际社会就国际海底区域生物资源进行谈判的重点之一是国际海底区域与其上覆水域——"公海"应共同选择适用何种制度。其中，以77国联盟为代表的大多数发展中国家提倡将人类共同继承财产原则的适用范围进一步扩大，即在国际海底区域生物资源法律属性上选择人类共同继承财产原则，使得国际海底区域资源在世界各国平等分享，并引入诸如通知、非货币和货币利益共享以及获取知识产权等要求。而部分具备开发这些资源的技术和财务能力的国家，如俄罗斯、美国、日本和韩国则支持公海自由竞争，这意味着任何国家都可以自由获取并拥有任何发现的特定资源，如此也不涉及上述惠益分享的问题，但也可能会阻碍国际社会对这部分资源及其环境的监管。当然，还有一些国家则认为这两项原则可以共同发挥作用，即分而治之，例如根据深海生物资源所处地理位置的不同来判断应具体适用何种规制原则，在公海范围内获取的生物资源适用公海自由原则，而在国际海底区域发现的生物资源则适用人类共同继承财产原则。但最后的做法可能会人为地割裂本来相互连接在一起的深海空间与生境，不利于海洋生态系统的整体保护。如果国际社会达成共识，认定国际海底区域生物资源亦属于人类共同继承财产，[①]则今后该类"有生资源"的开发利用将与当前国际海底区域矿产资源适用类似的规则，而国际海底区域生物多样性的保护也将完全适用人类共同继承财产原则；同时，在与国际海底区域相连

[①] 这种假设有其合理性，一是因为国际海底区域生物因其固着特性与其依附的海底在生态学上具有不可分性；二是国际海底区域矿产资源开发及其配套的环境保护措施系以人类共同继承财产原则为基础，国际海底区域生物资源的制度基础需与之保持一致，否则无法整体实现国际海底区域生物多样性的保护与可持续利用。

通的上覆水域——公海,虽然鱼类及其他生物资源的法律属性仍被置于公海自由原则所主导的"共有物"理论之下,但其中包含的海洋遗传资源要素作为国家管辖范围外海域生物多样性的规制内容应适用何种原则仍是当下谈判的未决重点。① 从生态系统的视角观之,其在很大限度上将受到国际海底区域生物资源制度及其生物多样性规制原则的影响。例如,新文书同国际海底区域制度保持一致,整体基于人类共同继承财产原则构建,或者通过进一步限制公海自由原则以加强对国家管辖范围外海域生物多样性的养护。

不过,无论是选择"公海自由"还是"人类共同继承财产",综观这两项原则的初衷,它们都侧重于人类的海洋开发利用权利,而不是重点关注《公约》第十二部分所要求的海洋环境保护与保全的责任(以及世界海洋健康状况下降的事实),因此必须作出相应的调整与改变以适应当前国际海底区域生物多样性保护的需求。具体而言,就是按照人类对国际海底区域生物资源的开发活动采行分阶段规制,同时将国际海底区域生物资源的开发利益分配与保护问题适当分离,亦即无论采取何种适用原则,均不应影响对国际海底区域生物多样性的保护。因物种与生境的特点,目前国际海底区域生物资源的可利用形式以遗传资源为主,与公海着重渔业捕捞有所差别,这便决定了人类的国际海底区域生物资源开发行为将主要是科研、生物勘探以及基因提取等。鉴此,这些行为的前置步骤基本上为样本采集作业,因此一般情况下出现滥捕与破坏性利用的情况较少,其具体作业过程中对深海海底生物的生境可能造成的诸如温度、光、噪声等要素变化影响相比海底矿产开采而言

---

① 在政府间大会谈判中,已有代表提出应区分鱼类和其他生物资源作为传统商品和海洋遗传资源时的不同法律属性。

要小许多。这一过程与商业捕捞具有一定相似性,对生物多样性造成的影响也较相似,在这些生物体进入下一利用阶段之前——提取基因资源或直接成为交易,实际上从人类开发行为方式上不易将采集与捕捞相区分。既然如此,处于捕捞或采集阶段的国际海底区域生物资源符合公海自由原则的适用条件;如果后续需从这些生物体中提取基因资源则应当将其视作人类共同继承财产,相关利益由全人类共同享有,此时惠益分享和技术转让等制度则显得十分必要。①

展开来说,一方面,由于这些国际海底区域生物资源处于国家管辖范围外海域,根据国际社会在国家管辖范围外生物多样性资源的政府间会议上所确立的不损害现有海洋法框架的协商要求,《公约》对捕捞与采集作业下公海生物资源所适用的原则已有明确规定,即适用公海自由原则,并且已经形成了相应的配套利用与养护制度。为了不割裂海洋生物多样性与生态系统,采集国际海底区域生物资源时同现有制度保持一致适用公海自由原则,能够促进未来新旧制度间的协调。而且国际海底区域生物资源勘探和开发行为对时间、资金和技术的要求非常高,适用公海自由原则可以减少各国受到的程序性限制,提升生物勘探与开发主体的开发动力,加快国际海底区域遗传资源的研究与开发进程,在造福人类的

---

① 有学者质疑如何能够限制与区分海洋生物资源的获取与遗传资源的获取,以及海洋生物的流动性问题。对此,应当看到生物的遗传基因序列信息不仅具有开发利用价值,而且也具有物种的身份识别功能。通常,物种的种群分布都有其特定环境习性,而开发行为主体在利用遗传资源获益阶段会申请相关专利。为了解决上述质疑,目前需要做的是协调世界知识产权组织(WIPO)要求行为主体在申请该类型专利时附带提交样本获取地点,并借助分布习性与基因序列进行核对。胡学东:《国家管辖范围以外区域海洋生物多样性政府间会议谈判前瞻及有关建议》,载胡学东、郑苗壮编:《国家管辖范围以外区域海洋生物多样性问题研究》,中国书籍出版社 2019 年版,第 16 页。

同时,也能借此进一步增强人类对国际海底区域生物的了解。另一方面,各国从生物体中提取的遗传信息是数万年来人类生活在地球上所积累的共同财富,应由全世界共享。这些遗传基因作为特殊的生物资源不能被少数拥有技术与资金优势的国家独占和垄断,①而应通过建立科学合理的信息与技术的分享机制,如以技术转让、货币或非货币的利益分享等方式,帮助发展中国家真正从国际海底区域生物资源中获益并提升其自主开发的能力,使各国能够自由使用这些人类共同继承财产,缩小发达国家与发展中国家之间的差距,增进国际海底区域生物资源在制药、工业、化妆品等多领域给全人类带来的共同福祉。此外,由国际海底区域生物资源所衍生的生物制品应当排除在申请专利许可的范围之外,取而代之的是通过建立全球基因资源库等方式提供给国家自由使用。②

---

① 目前,国家及其相关企业一旦从深海生物中获取了有价值的遗传基因往往都会及时申请专利。而按照《与贸易有关的知识产权协定》(Agreement on Trade-Related Aspects of Intellectual Property Right,IRIPS)的现行规定,无论是该提取出的遗传基因还是其获取过程均可被授予专利。如此,这一制度设计不仅阻碍了遗传基因资源通过惠益分享的方式转移给其他国家,而且也在相关领域形成了垄断现象。
② 例如,建立的基因库可以存储原料(如微生物的样品)、生物材料有关的数据,但不存储实物样品。而相关配套的共享遗传资源的制度需符合《公约》第 244 条不论是否有专利保护都可通过适当途径公布和传播有关微生物的研究结果的规定。

第二章
构建国家管辖范围外深海资源共享机制的制度支撑

第一章对国家管辖范围外深海资源的属性定位进行了论证,指出根据《公约》的规定,国家管辖范围外深海海底矿产资源是人类共同继承之财产,国际社会已经形成一个日渐成熟的勘探开发的管控框架并配套具体的管制规范。而区域范围内的海底的海洋生物多样性资源亦应当被归属为人类共同继承财产。目前正在谈判的国家管辖范围外生物多样性资源的国际文书将是继《关于执行1982年12月10日〈联合国海洋法公约〉第十一部分的协定》即《1994年执行协定》和《执行1982年12月10日〈联合国海洋法公约〉有关养护和管理跨界鱼类种群和高度洄游鱼类种群的规定的协定》之后的第三份执行协定。该国际文书将是国际社会利用和保育国家管辖范围外生物多样性资源的国际法律依据。

本章重点讨论的问题是如何实现国家管辖范围外深海资源的共享,即需要通过什么样的配套制度才能保证这些资源可以被人类共享。具体而言,在国际层面,国际海底管理局从创立到如今,运行了近30年之久。国际海底管理局以《公约》及其附件以及《1994年执行协定》为基础,经过多年的努力,就有关深海海底资源勘探开发构建了日趋完善的勘探开发制度,这些制度为深海矿产资源的共享提供了制度支撑。国际海底管理局在这近30年的不断探索中,活跃在国际法的制定和实践中,有关勘探活动的相关制度已较为成熟。各国勘探深海资源的活动也在有条不紊地进行,已经有诸多主体同国际海底管理局签订了勘探海底资源的合同。如引言部分所示,截至2021年5月1日,国际海底管理局已经同相关主体签署的31份深海海底资源勘探合同已经生效,其中包括19份多金属结核勘探合同、7份多金属硫化物勘探合同和5份富钴铁锰结壳勘探合同。有关深海资源开发的规章是近几年管理局年会的重点讨论事项,管理局已经公布的《开发规章》(草案)蕴含了大量的具体制度。在近几年的谈判中这些制度更为完善,为国际社会共享深海海底矿产资源提供制度支撑。

与此同时,目前尚处于谈判阶段的有关深海生物多样性资源保育和可持续利用的制度为国家管辖范围外生物多样性资源的共享提供了制度支撑。在国家管辖范围外生物多样性资源的国际文书拟订的公开评论阶段,各国都抓住机会提出有利于本国利益之建议。[1] 国家管辖范围外生物多样性资源的政府间会议工作组于2020年4月15日公布了包含各国所提意见的国家管辖范围外生物多样性资源的国际文书草案,可以看出国际社会对国家管辖范围外生物多样性资源的国际文书中所蕴含的制度细节尚存在诸多分歧。

国际社会正在努力构建的有关国家管辖范围外深海矿产资源勘探开发和生物多样性资源的保育与利用相关制度将为全人类共

---

[1] Article-by-article compilation of textual proposals for consideration at the fourth session dated 15 April 2020, available at https://www.un.org/bbnj/sites/www.un.org.bbnj/files/textual_proposals_compilation_article-by-article_-_15_april_2020.pdf, last visited 2020/4/21.

享这些资源提供制度上的支撑。这两方面的制度支撑是国家管辖范围外深海资源共享制度的两个面向,本书将这两个面向称为"两翼"。而这"两翼"可以确保深海资源共享、权利公平分配这一核心目的的实现。本书将"深海利益的公平分配"这一核心目的称为"一体"。下文将围绕这"一体两翼"的框架结构来论述国际层面有关国家管辖范围外深海资源共享机制的具体制度。

第一节 一体:构建共享机制的核心是资源利益的公平分配

构建国家管辖范围外深海资源共享机制的基础和前提是资源具有共享性。《公约》确立了深海海底矿产资源是人类共同继承财产,建立了以国际海底管理局为主导的资源分配制度,由国际海底管理局代表全人类控制区域内的勘探和开发活动,按照公平分享的标准将海底矿产资源利益分配给各缔约国。

以磋商谈判为主要途径形成的国际制度,其权威性源于受规制主体的认同和共识。国际法应是国家甘愿接受的规范,并在国家间形成一套共同的信念和文化。[①] 观念、身份和文化上的认同在国际规范的形成过程中发挥着重要作用。美国之所以至今没有批准加入《公约》,其中一个重要的原因就是美国对建立国际海底秩序的根本理念的不认同。人类共同继承财产原则是对主权国家利用海底资源的一种约束,意味着以国家为主体自由勘探和开发海底资源是违反国际法的。美国却从自由竞争理念出发解读"人类共同继承财产"原则。尼克松政府时期,美国就对会议表明,美国支持"人

---

① 何志鹏:《在政治与伦理之间:本体维度的国际法》,《浙江大学学报(人文社会科学版)》2012 年第 5 期。

类共同继承财产"原则,但这不代表美国自愿放弃在海底资源上的既得利益。① 相反,它坚持勘探和开发海底资源属于"公海自由",即所有国家均应平等地分享利用公海及底土资源的权利。

美国于1980年通过了其国内的《深海海底硬矿物资源法》,目的就是建立一个有序的企业、个人和政府开发利用深海海底资源的法律秩序。《深海海底硬矿物资源法》对管控深海海底资源勘探开发的行政机关、许可证制度,以及海洋环境保护等事项都作了具体的制度安排。如根据《深海海底硬矿物资源法》的规定,负责管理深海勘探开发的机构是国家海洋和大气管理局(National Oceanic and Atmospheric Administration, NOAA)。但是美国国家海洋和大气管理局在批准申请人提出的有关颁发或转让任何勘探许可证或者商业开采执照的申请之前,以及在颁发或转让这种许可证或执照之前,应当同法定职责内的计划或活动可能会受到申请颁发或转让许可证或执照的申请中所提出的活动影响的其他联邦机构或部门,进行充分的协商和合作。② 根据该法第一章第2条的规定,美国的深海立法中所管制的对象包括勘探和商业开采,是由国家海洋和大气管理局批准并发放勘探许可证(license)和开采执照(permit)。

美国1980年的《深海海底硬矿物资源法》也强调了在深海资源勘探开发中海洋环境保护的重要性,并规定了诸多预防性的环境保护措施。③ 如国家海洋和大气管理局应扩大并加速关于勘探和商业开采活动对环境影响的评价规划,包括关于海上加工及其废弃物在海上处置对环境影响的评价规划。国家海洋和大气管理局亦应进

---

① 沈雅梅:《美国与〈联合国海洋法公约〉的较量》,载《美国问题研究》2014年第1期。
② 美国《深海海底硬矿物资源法》第一章第3条第5款。参见:张梓太、沈灏、张闻昭:《深海海底资源勘探开发法研究》,复旦大学出版社,2015年,第91页。
③ 美国《深海海底硬矿物资源法》第一章第9条。参见张梓太、沈灏等:《深海海底资源勘探开发法研究》,复旦大学出版社,2015年,第159页。

行海洋调研的持续性规划，以支持在《深海海底硬矿物资源法》准许进行勘探和商业开采的整个期间的环境评价活动。许可证和执照中应当载明受证人和执照人在从事勘探和商业开采活动，为保护环境采取必要的措施。当根据新执照和现有执照从事深海活动会对安全、健康和环境产生重大影响时，国家海洋和大气管理局局长应要求持证人在根据新执照从事的一切活动中和在可能时根据现有执照从事的活动中，使用现有最佳技术，以保障安全、健康和环境，但是如果使用此种技术所带来的成本远远高于其所能带来的利益除外。

可以看出，美国的《深海海底硬矿物资源法》为美国主体从事深海海底资源勘探开发作出了"程序性"的规定，为相关主体从事深海活动提供了法律基础，为美国获取深海海底矿产资源提供了法律和秩序上的保障。在国际法缺位、深海海底矿产资源的勘探开发尚未形成有序市场时，国内立法是实现效率价值最大化的必要手段和关键选择。该法为从事勘探开发活动的主体提供了按照特定的法律规则实现资源配置的法律基础，这比强取豪夺或无秩序地占有更能实现经济效率。[1]

美国的此种态度实际上是主张海底区域的原始竞争秩序，支持国家对深海海底资源开采享有管辖权的立场，与广大发展中国家所认同的"人类共同继承财产"概念背道而驰。[2] 本质上，这是美国对海底资源利益分配制度的不认同。国际政治关系就是国际社会中各国利益全局关系的协调与控制的活动。美国对海底利益分配制度的不认同，是发达国家与发展中国家有关深海海底资源分配中利益冲突的一个缩影。这只是国际政治中发达国家与发展

---

[1] 孙雪妍：《国际海底矿产资源法的价值追求与制度模式》，载《中国政法大学学报》2019年第3期。
[2] 沈雅梅：《美国与〈联合国海洋法公约〉的较量》，载《美国问题研究》2014年第1期。

国家之间利益矛盾的一个侧影。构建国家管辖范围外深海资源共享机制核心的就是深海资源利益的公平分配。本书认为利益的公平分配至少包括两个方面：一是发达国家与发展中国家之间的利益公平分配，二是当代人与未来世代之间的利益分配。

一、发达国家与发展中国家之间利益的公平分配

构建国家管辖范围外深海资源共享机制的核心是利益的公平分配，此种利益的公平分配首先体现在发达国家与发展中国家之间的利益分配。以深海海底资源勘探开发法律制度为例，《公约》第十一部分和附件以及《1994年执行协定》所搭建的国际海底制度实际上是发达国家与发展中国家之间经过多年谈判、不断妥协的产物。

在联合国海洋法会议召开之时，技术先进的发达国家开始就海底资源的勘探开发进行单方面的立法，并且发达国家之间签订了互惠协议，在各自的国内立法中通过对互惠国的认定以及对互惠国相互权利和义务的规定，来达到相互承认和相互支持的目的。技术发达的国家通过此种国内立法以及几国之间的互惠协议保护这些国家已经在海底开发的投资。在1980年到1985年之间，六个国家通过了有关海底资源开采的国内法，并且它们互相承认各自国家在区域部分对海底资源的勘探开发权利。[1] 其中1980年美

---

[1] The legislation of France, Italy, the Federal Republic of Germany, Japan, the United Kingdom and the United States has been carried in I.L.M. The French legislation appears at 21 I.L.M. 808 (1982); the German at 20 I.L.M. 393 (1981) and 21 I.L.M. 832 (1982); the Japanese at 22 I.L.M. 102 (1983); the British at 20 I.L.M. 1217 (1981); and the American at 19 I.L.M. 1003 (1980), 20 I.L.M. 1228 (1981) and 21 I.L.M. 867 (1982).The Provisional Understanding regarding Deep Seabed Mining, entered into by Belgium, France, the Federal Republic of Germany, Italy, Japan, the Netherlands, the United Kingdom and the United States on August 3, 1984, appears at 23 I.L.M. 1354 (1984).

国通过了《深海海底硬矿物资源法》（1980 Deep Seabed Hard Mineral Resources Act），1981 年英国通过了《深海开采法（临时条款）》[Deep Sea Mining（Temporary Provisions）Act 1981]，1981 年法国通过了《深海资源开发和开采法》（Law on the Exploration and Exploitation of Mineral Resources of the Deep Seabed），1980 年德国通过了《联邦德国深海开采临时管理法》（Federal Republic of Germany's Act on the Interim Regulation of Deep Seabed Mining 1980）。比利时、法国、联邦德国、意大利、日本、荷兰、英国、美国通过了有关深海开采之谅解协议（Belgium，France，the Federal Republic of Germany，Italy，Japan，the Netherlands，the United Kingdom and the United States：The Provisional Understanding regarding Deep Seabed Mining），该谅解协议以政府间协定的形式，确认了六家西方工业财团就申请采矿区域的重叠达成调整协议，临时谅解协议规定，各协议国不得对六家国际财团自愿解决冲突的协议所涉及的区域颁发批准书，也不得在该区域从事深海海底作业。① 此外，1982 年，美、德、英、法缔结了《关于深海海底多金属结核暂行安排的协定》，该协定的内容限于解决因不同国家的申请人所申请的矿址发生重叠的现象所引起的争端。

发达国家声称上述国内立法和互相签订的多边协议都是临时的，目的是在《公约》生效之前对海底活动进行临时管制，并且这些活动是它们根据公海自由这一古老的国际法原则所实施的行为，这些法律的规定都不会涉及对公海区域或者区域中资源的主权的主张，它们也都承认《公约》对这些资源的定性：此部分财产是人

---

① 肖峰：《〈联合国海洋法公约〉第十一部分及其修改问题》，载《甘肃政法学院学报》1996 年第 2 期。

类共同继承之财产。

以上法律为发达国家从事深海活动的申请人提供了较为宽松的申请勘探、开发之条件,并且通过谅解协议的达成,各国也都承认其他国家给其本国企业所颁发的执照和证书。与《公约》不同的是,这些法律中没有任何关于生产政策以及技术转移之规定,但是这些法律对作业者的尽职义务作出了相关的规定,如要求作业人定期为勘探行为作出合理的投资。这些法律中也有关于税收的规定[1],但是明显低于《公约》中规定的税收比例。[2] 另一个特点是,这些发达国家通过达成多边协议来解决因各国之间深海活动区域可能重叠而导致冲突的问题。

发达国家的以上举动本质上就是为了瓜分公海海底的矿产资源利益。由于发达国家与发展中国家在意识形态、政治背景、国家结构、经济发展程度等方面存在各种差异,因此发达国家对《公约》中的诸多条款持不同的意见。1982年的《公约》虽然有159个国家签字,并有60个国家递交了批准书,但是批准的大多数是发展中国家,唯一的发达国家是冰岛。美国、英国、德国等发达国家均未签字。如果发达国家及一些大国不批准加入,则《公约》的普遍性很难确定,其原则就得不到普遍确认。[3] 为了缓解发达国家上发展中国家在议题讨论上的冲突和矛盾,在联合国秘书长的主持下,成员国就《公约》中有关深海采矿的规定所涉及的未解决的问题展开了一系列讨论。这些协商于1990年至1994年举行,一共召开了15次会议。经过与会者的共同努力,非正式协商会议于

---

[1] 如英国1981年《深海开采法(临时条款)》的第9条。
[2] 张梓太、沈灏、张闻昭:《深海海底资源勘探开发法研究》,复旦大学出版社,2015年,第36—37页。
[3] 蒋少华、屠敏琮、邵江涛:《国际海底区域制度的新发展——"关于执行〈海洋法公约〉第十一部分的协定"》,载《政治与法律》1995年第6期。

1994年7月完成《公约》第十一部分的修改文件，最终以《1994年执行协定》的文本形式展示在世人面前。①

《1994年执行协定》对《公约》及其附件中所规定的缔约国的费用承担问题、管理局的决策机制、有关企业部的规定、生产政策、技术转让、补偿机制、合同的财政条款等事项作出了修改。《公约》中所规定的有利于发展中国家从"人类共同继承财产"原则中获益的诸多条款和机制都有所侵蚀。目前国际社会正在抓紧深海海底资源开发规章的拟订，惠益分享作为落实人类共同继承财产原则之重要机制尚在讨论中。

国家管辖范围外生物多样性资源国际文书谈判中一个核心要素是海洋遗传资源包括惠益分享。国家管辖范围以外区域海洋遗传资源对于人类具有巨大的实际或潜在的价值。国家管辖范围外生物多样性资源的国际文书的有关制度安排应有利于促进科研和鼓励创新，公平公正地分享养护和可持续利用国家管辖范围以外区域海洋遗传资源所产生的惠益，提升人类共同福祉。国家管辖范围以外区域海洋遗传资源的采样、研发和商业化具有技术要求高、时间消耗长、资金投入大、结果不确定等特点。有关海洋遗传资源惠益分享机制应总体有利于国家管辖范围外生物多样性资源的养护和可持续利用，鼓励海洋科学研究，促进全人类对海洋遗传资源的惠益分享。构建BBNJ惠益分享的机制应当在充分照顾发展中国家关切和需求的前提下，优先考虑样本的便利获取、信息交流、技术转让和能力建设等非货币化惠益分享机制。②

---

① 肖峰：《再论〈联合国海洋法公约〉第十一部分及其修改问题》，载《甘肃政法学院学报》1996年第4期。
② 中华人民共和国政府关于国家管辖范围以外区域海洋生物多样性养护和可持续利用问题国际文书草案要素的书面意见，参见：https://www.un.org/depts/los/biodiversity/prepcom_files/streamlined/China.pdf，最后访问：2020年1月15日。

二、当代人与未来世代之间的利益公平分配

利益公平分配的第二个方面就是当代人与未来世代之间的利益公平分配。代际的利益公平分配是人类共同继承财产原则和可持续发展原则所要求的。

代际公平的实现要求当代人在享用资源的同时兼顾后代人的利益,代际公平是可持续发展战略的一种资源分配思想,要求不同代际公平使用自然资源。基本要求是:① 每一代人都有保存和选择自然和文化多样性的权利,对于当代人来说,有义务为后代保存好自然和文化资源;② 每一代人都有享有健康、较好生活质量的权利。每一代人都应该保证地球的质量。当代人在利用自然资源时,应同时考虑后代人利用资源的机会和可能获取的资源数量。

为了实现当代人与未来世代之间的利益公平分配,资源利用过程中的海洋环境保护是关键。国家管辖范围外海域诸多资源的存在都是有赖于其生存的环境,因此,为了实现代际在资源分配上的公平,国际社会构建了诸多海洋环境保护制度,将环境价值保护融入相关决策之中,在开发和利用深海资源的同时兼顾海洋环境的保护。本章第二节有专门篇幅来论述、分析和检讨目前资源勘探开发过程中的环境保护制度,包括国际海底管理局根据《公约》和附件以及勘探开发规章所构建的诸多环境保护制度,以及正在谈判中的国家管辖范围外生物多样性资源利用与保育中所需要采取的环境保护措施。

平衡当代人与未来世代之间的深海资源利益之分配同可持续发展原则是一脉相承的。可持续发展要求当代人在发展过程中对资源环境的利用既能满足我们现今的需求,又不损害子孙后代的需求。可持续发展综合了经济、社会、生态环境三大目标,将自然

环境与社会环境结合起来讨论发展,充分体现了时空上的整体性。它强调资源、环境与经济的一体化发展,三者不可偏废其一;强调人类在时间和空间上的共同发展,而不是某时段、某几代人的发展;强调可持续发展是全人类的共同选择,而不是某些国家和地区所追求的目标。

可持续发展中所蕴含的公平原则是指机会选择的平等性。公平性原则包括代内公平①和代际公平,以及公平分配有限资源三个方面。可持续发展认为人类若要真正实现发展与进步,一定要在当代人之间实现公平,同时也要在当代人与未来各代人之间实现公平,向所有人提供实现美好生活愿望的机会。可持续发展要把消除资源浪费和消除贫困结合,给当代各国、各民族、各地区、各群体以公平的分配权和发展权。这是可持续发展与传统发展模式的根本区别之一。而目前,发达国家仅占世界人口的四分之一,却消耗了全球能源年耗量的75%、木材年耗量的85%、钢材年耗量的72%,这种有限资源的不公平分配现状,是人类发展与进步的巨大障碍。同时,人类不应为了眼前的利益而损害后代人同样享有公平利用自然资源的权利,不能"吃祖宗饭,断子孙路"。

平衡当代人与未来世代之间的深海资源利益之分配也是人类共同继承财产原则所要求的。人类共同继承财产这一术语中的"人类"包含当代人和未来世代。为了落实人类共同继承财产原则,当代人在开发利用国家管辖范围外的深海资源的过程中,亦应当注重未来世代对这部分财产的"继承"。为了达到这一目的,各国需要采取的一个重要的措施就是海洋环境保护。只有保护海洋环境,深海资源所赖以生存的环境才可以保存,如此未来世代才有

---

① 实际上发达国家和发展中国家之间的深海资源利益公平分配可以理解成代内公平。

可能共享这部分深海资源。

早在《公约》的谈判中,海洋环境保护这一议题就一直在大会的议程上,最终通过的《公约》第十二部分设立专章对海洋环境的保护作出专门的规定。《公约》授权国际海底管理局作为管控深海海底矿产资源的国际组织。宏观来看,国际海底管理局的职能实际上包括两大部分:一是以《公约》及其附件和《1994年执行协定》为基础,出台资源的勘探开发规章,从国际层面实现有效管控勘探开发深海矿产资源;二是履行深海海底矿产资源勘探开发过程中的海洋环境保护义务。国际海底管理局履行这两大职能的最终目的是为了落实人类共同继承财产原则,实现深海矿产资源在当代人之间(如发达国家与发展中国家)以及当代人与未来世代之间的公平共享。

第二节　两翼:共享两类深海资源的制度支撑

《联合国海洋法公约》是构建现代海洋秩序的"大宪章",被誉为"海洋宪章",我国政府主管部门对《公约》的基本评价是它确立了现代海洋秩序的基本法律框架。[①]《公约》的第十一部分为深海海底矿产资源勘探开发提供了法律框架。根据人类共同继承财产原则,国际海底管理局负责制定矿产资源的勘探开发规则、规章和程序,出台相关的指南。自国际海底管理局成立至今,已经近30年,在长期的实践和探索中,国际海底管理局的运作不断成熟,一直活跃在深海矿产资源勘探开发的国际法制定中,并且形成了大

---

① 黄惠康:《国际海洋法前沿值得关注的十大问题》,载《边界与海洋研究》2019年第1期。

量的深海矿产资源勘探开发相关制度。

国际海底管理局出台相关国际法律规范、构建具体的勘探开发制度，其目的正是落实人类共同继承财产原则和为构建深海矿产资源共享机制提供坚实的制度支撑，因此本节第一部分将会对国际海底管理局制定规章的授权以及勘探和开发中的具体制度进行深入的剖析和检讨。

有关国家管辖范围外的生物多样性资源的谈判亦如火如荼地进行着。国家管辖范围外生物多样性资源的"国际文书"是在《公约》框架下制定的国际法律文件，应符合《公约》的目的和宗旨，它是对《公约》的补充和完善，不能偏离《公约》的原则和精神，不能损害《公约》建立的制度框架，不能损害《公约》的完整性和平衡性。国家管辖范围外生物多样性资源的"国际文书"不能与现行国际法以及现有的全球、区域和部门的海洋机制相抵触，不能损害现有相关法律文书或框架以及相关全球、区域和部门机构，特别是不能干预联合国粮农组织、区域渔业管理组织、国际海事组织、国际海底管理局等机构的职权。国家管辖范围外生物多样性资源的国际文书的讨论集中于海洋遗传资源（惠益分享）、划区管理工具（如海洋保护区、环境影响评价、能力建设和海洋技术转让这四大要素）。最终形成的国际文书所包含的具体制度为国际社会共享国家管辖范围外的生物多样性资源提供了制度上的支撑。本节的第二部分将会结合国家管辖范围外生物多样性资源谈判的历程，梳理、分析和检讨其中所涉及的具体制度的内涵。

一、共享深海矿产资源的国际层面制度支撑

（一）《公约》对国际海底管理局制定勘探开发规章之授权

人类共同继承财产原则中的一个要素就是共同管理。在

《公约》第十一部分和《1994年执行协定》所构建的国际海底制度中,《公约》授权国际海底管理局构建具体的国际海底制度,负责深海海底资源勘探开发活动的管控。国际海底管理局构建国际海底制度主要是通过出台勘探开发深海海底资源的规则、规章和程序来落实。实际上,在《公约》谈判期间,美国于1970年提交了一份名为《联合国国际海底区域公约》(草案)(Draft United Nations Convention on the International Sea-Bed Area)的文件,其中提到:"国际海底资源管理局(International Seabed Resource Authority)将制定出台规则、规章和程序来确保海洋环境不受勘探和开发活动影响。"①

根据这些早期的建议,《公约》要求国际海底管理局就深海海底资源勘探开发所涉及的各个方面制定相关的规则、规章和程序。此外,国际海底管理局也需要制定有关其财务管理和内部行政以及公平分享采矿经济利益的规则、规章和程序。② 这些规则、规章和程序是对《公约》以及《1994年执行协定》所构架的海底制度的细化,具有法律约束力。根据《公约》的规定,国际海底管理局出台的规章、规则中所包含的环境保护标准是各国管控其国家管辖范围内海底资源勘探开发的环境保护之基准。

国际海底管理局在制订这些规则、规章和程序时,首要目标应当是让自己能够更好地执行《公约》中有关区域内活动的规定。这些规则、规章和程序是《公约》的补充,是国际海底管理局管控深海海底资源勘探开发活动日常工作中所依赖的法律基础。③

---

① UNGA, UN Doc A/Ac.138/25 (3 August 1970), article 23.
②《公约》第82条,第160条第2款第f项,第162条第2款第o项。
③ Preparatory Commission for the ISA and ITLOS, LOS/PCN/SCN.3/WP.1 (8 March 1984), paragraph 2.

在深海海底资源勘探方面,国际海底管理局在实践中主要出台两大类规范:一是具有法律约束力的规章(legally binding regulations),如《区域内多金属结核探矿和勘探规章》;另一类是不具有法律约束力的建议(non-binding recommendations)。国际海底管理局所出台的勘探开发规章具有法律约束力,意味着所有的缔约国都需要严格遵守勘探开发规章的规定。此种法律上的约束力来源于《公约》的第137条和153条的授权:

> 对区域内资源的一切权利属于全人类,由管理局代表全人类行使。这种资源不得让渡。但从区域内回收的矿物,只可按照本部分和管理局的规则、规章和程序予以让渡。[①]
>
> 区域内活动应由管理局代表全人类,按照本条以及本部分和有关附件的其他有关规定,和管理局的规则、规章和程序,予以安排、进行和控制。[②]

《公约》的这两个条款直接授权管理局制定约束和规范管理局、担保国以及承包者(申请人)的规则、规章和程序。与其他国际组织不同的是,国际海底管理局所制定的这些规范对缔约国具有约束力是无须缔约国事前同意的,也禁止缔约国对这些规范提出保留。[③] 此外,管理局所制定的这些法律规范无须经过成员国国内立法机关的批准程序就对其具有约束力。若缔约国为承包者从事国际海底资源勘探开发活动提供担保,那么该缔约国有义务确保其所担保的承包者遵守相关国际法,并履行其义务。此种担保

[①] 《公约》第137条第2款。
[②] 《公约》第153条第1款。
[③] Aline Jaeckel, *The International Seabed Authority and the Precautionary Principle: Balancing Deep Seabed Mineral Mining and Marine Environmental Protection*, Brill Nijhoff, 2017, p. 147.

国的确保义务是一种"尽职"(due diligence)义务,缔约国可以通过制定国内法或采取相应的行政措施来履行该"尽职"义务。但是缔约国制定国内法不是受到该国担保的承包者从事国际海底勘探开发活动的前提,在承包者违反国际法义务时,担保国可以以采取了立法或者行政措施作为负责之抗辩。①

我们需要结合人类共同继承财产这一原则来理解国际海底管理局的此种特殊的立法权力。根据《公约》设立的国际海底管理局是国家管辖范围外深海海底资源的"受托人",这个国际组织运作的目的是为了全人类的利益来开发利用国际海底资源,因此管理局代表的不仅仅是各缔约国,而且还代表全人类。管理局所制定的这些规章、规则和标准正是为了实现全人类共享这部分资源,因此若允许缔约国对其规定提出保留,将会影响人类共同继承财产利益之实现。②

1. 具有法律约束力的规章(regulations)

目前国际海底管理局出台了三个具有法律约束力的勘探规章,分别是:《区域内多金属结核探矿和勘探规章》③(以下简称《多金属结核规章》)、《区域内多金属硫化物探矿和勘探规章》④(以下

---

① Hao Shen, International Deep Seabed Mining and China's Legislative Commitment to Marine Environmental Protection, *Journal of East Asia and International Law*, 2017, 10(2), 489-509.

② Aline Jaeckel, *The International Seabed Authority and the Precautionary Principle: Balancing Deep Seabed Mineral Mining and Marine Environmental Protection*, Brill Nijhoff, 2017, p.149.

③ Regulations on Prospecting and Exploration for Polymetallic Nodules in the Area, ISBA/6/A/18 (13 July 2000), amended by ISBA/19/C/17 (22 July 2013), ISBA/19/A/12 (25 July 2013), and ISBA/20/A/9 (24 July 2014) (Nodules Exploration Regulations).

④ Regulations on Prospecting and Exploration for Polymetallic Sulphides in the Area, ISBA/16/A/12/Rev.1 (15 November 2010), amended by ISBA/19/A/12 (25 July 2013) and ISBA/20/A/10 (24 July 2014) (Sulphides Exploration Regulations).

简称《多金属硫化物规章》)、《区域内富钴铁锰结壳探矿和勘探规章》①(以下简称《富钴铁锰结壳规章》)。

这三部规章的框架和结构都类似,所规定的内容亦有诸多相同之处,部分条款根据不同资源的属性和特征作出有区别的规定。框架结构上,规章第一部分定义了规章中使用的术语,第二部分则规定了有关探矿的规则。第三部分介绍了勘探合同的申请过程,并提出了申请要求和评估要求。第四部分是有关勘探合同的规定。第五部分对保护和保护海洋环境作出了规定。规章的其余部分涉及机密性问题(第六部分)、一般程序(第七部分)、争端解决(第八部分)、规章所关注的资源以外的资源勘探权的规定(第九部分),以及规章审查事项(第十部分)。

"勘探合同"和"勘探合同的标准条款"附在勘探规章之后。这些基本条款适用于根据规章获得勘探合同的所有承包者。但是,不同承包者的义务是有区别的。值得注意的是,申请勘探合同时承包者提交的五年活动计划由每个承包商单独制定并作为合同的附件,该计划要列出承包者在接下来的五年中将开展的具体活动,并且每五年会修订一次,每个勘探合同为期 15 年,包括三个活动计划。② 不同时期的承包者签署的勘探合同所包含的条款可能是不同的。因为,如果勘探规章被修改了,那么修改后的勘探规章并不会适用于现存的(existing)承包者,③该承包者是受到他所签署的勘探合同约束,这一合同中所包含的是修改前的勘探规章的规定,勘探合同只有在双方合意的前提下被修改。

---

① Regulations on Prospecting and Exploration for Cobalt-rich Ferromanganese Crusts in the Area,ISBA/18/A/11 (27 July 2012),amended by ISBA/19/A/12 (25 July 2013) (Crusts Exploration Regulations).
② 《多金属结核规章》第 28 条;《多金属硫化物规章》第 30 条。
③ 《公约》第 153 条第 6 款。

国际海底管理局可以根据《公约》第 165 条第 2 款(g)项修订勘探规章；法律和技术委员会则有权经常审查规则、规章和程序，并随时向理事会建议其认为必要或适宜的修正。理事会每五年需要对勘探规章进行审查，或者如果在知识增加或技术改进的情况下，勘探规章显然不敷使用，则任何缔约国、法律和技术委员会或任何承包者通过其担保国可随时要求理事会考虑在理事会下届常会上修订勘探规章。① 从这里可以看出，国际海底管理局所构建的勘探开发制度是循序渐进发展的，是随着人类对海洋的科学认知和技术的发展而不断更新的。

2. 不具有法律约束力的建议(recommendations)

根据《公约》的授权，国际海底管理局除了出台具有约束力的规章，还可以发布不具有法律约束力的建议，具体的起草和发布工作主要由理事会下设的法律和技术委员会承担。管理局所发布的规章和建议这两种规范的不同之处在于，承包者需要遵守（comply with）勘探规章，但是只需要在合理可行范围内遵从（observe）法律和技术委员会随时公布的建议。②

管理局发布的不具有法律约束力的建议一般具有技术或行政性质，为承包者提供履行其义务更加细节的信息，例如指定承包者要收集的数据，以履行其在潜在矿场建立环境基准的义务，因此这些建议有助于承包者具体落实管理局发布的规章。③

尽管这些建议不具有法律上的约束力，但它们对承包者的深海活动提供了重要的指导。考虑到发布建议的机构是法律和技术委员会，且法律和技术委员会还决定是否建议批准申请人提出的

---

① 《多金属结核规章》第 42 条。
② 《多金属结核规章》附件五勘探合同的标准条款 13.2。
③ 《多金属结核规章》第 39 条第 1 款。

勘探、开发工作计划,因此承包者一般都会最大可能地去遵守法律和技术委员会发布的相关建议。

值得注意的是,发布建议的权力是法律和技术委员会专属。一旦一项建议被法律和技术委员会采纳,法律和技术委员会需要向理事会汇报,理事会没有撤销或者修改建议的权力。若理事会认为建议同相关规章的目的或意图不一致,理事会仅仅有权请求法律和技术委员会修改或撤销建议。① 但是有学者指出,一旦理事会提出类似的请求,该建议的权威性会大打折扣。②

法律和技术委员会于 2002 年发布了第一个建议,主要是关于评估多金属结核勘探工作可能对环境造成的影响,③于 2010 年对该建议进行了修改,④将其内容扩大至包括三种资源的勘探工作可能对环境造成的影响。最终法律和技术委员会于 2013 年发布了《有关承包者评估区域内海洋矿物勘探活动可能对环境造成的影响的建议》(Recommendations for the guidance of contractors for the assessment of the possible environmental impacts arising from exploration for marine minerals in the Area,以下简称《环境影响评估建议》)。⑤《环境影响评估建议》定义了承包者必须取样和测量以建立环境基准的生物、化学、地质和物理组成部分,并确定需要环境影响评估的活动和不需要环境影响评

---

① 《多金属结核规章》第 39 条第 2 款。
② James Harrison, *Making the Law of the Sea: A Study in the Development of International Law*, Cambridge University Press, 2011, p.142.
③ ISBA/7/LTC/1/Rev.1 ** (13 February 2002).
④ ISBA/16/LTC/7 (2 November 2010).
⑤ ISBA/19/LTC/8 (1 March 2013), Recommendations for the guidance of contractors for the assessment of the possible environmental impacts arising from exploration for marine minerals in the Area. Available at https://ran-s3.s3.amazonaws.com/isa.org.jm/s3fs-public/files/documents/isba-19ltc-8_0.pdf, last visited 2020/2/11.

估的活动。

除了《环境影响评估建议》外,法律和技术委员会还于2015年发布了《就年度报告内容、格式、结构向承包者提供的指导建议》(Recommendations for the guidance of contractors on the content, format and structure of annual reports)①。该建议就承包者年度报告的内容、格式、结构提供指导,其中就年度报告提出一般指导,还就多金属结核、多金属硫化物、富钴铁锰壳合同勘探的报告程序提供具体指导。此外,法律和技术委员会就承包者提供培训计划②和财务支出年度报告③的义务这两个事项分别发布了具体的建议。

3.《开发规章》的制定

目前,深海海底区域迎来资源勘探开发新阶段,发达国家积极推动深海海底资源勘探开发活动,有关深海海底资源开发的《区域内矿产资源开发规章》(以下简称《开发规章》)正在紧锣密鼓地谈判。国际海底管理局于2011年就启动了草拟《开发规章》的前提研究工作,④公

---

① ISBA/21/LTC/15(4 August 2015), Recommendations for the guidance of contractors on the content, format and structure of annual reports, available at https://ran-s3.s3.amazonaws.com/isa.org.jm/s3fs-public/files/documents/isba-21ltc-15_1.pdf, last visited 2020/1/15.

② ISBA/19/LTC/14(12 July 2013), Recommendations for the guidance of contractors and sponsoring States relating to training programmes under plans of work for exploration, available at https://ran-s3.s3.amazonaws.com/isa.org.jm/s3fs-public/files/documents/isba-19ltc-14_0.pdf, last visited 2020/2/11.

③ ISBA/21/LTC/11(14 April 2015), Recommendations for the guidance of contractors for the reporting of actual and direct exploration expenditure, available at https://ran-s3.s3.amazonaws.com/isa.org.jm/s3fs-public/files/documents/isba-21ltc-11_1.pdf, last visited 2020/2/10.

④ ISBA/17/C/21(21 July 2011), Statement of the President of the Council of the International Seabed Authority on the work of the Council during the seventeenth session, paragraph 20, available at https://ran-s3.s3.amazonaws.com/isa.org.jm/s3fs-public/files/documents/isba-17c-21_0.pdf, last visited 2020/3/1.

布了制定《开发规章》的工作计划,①并且委托相关机构比较研究陆地资源勘探开发的相关制度。② 2014 年国际海底管理局首次请求利益相关方发表有关起草《开发规章》的意见,③并于 2015 年 3 月在结合利益相关方的意见的基础上发布了开发规章框架的草案④。经过利益相关方的评论,管理局于 2015 年 7 月发布了修改后的开发规章框架草案。⑤ 在较为成熟的规章框架基础上,国际海底管理局于 2016 年 7 月正式发布了《开发规章》草案的第一稿。⑥

国际海底管理局随后于 2017、2018、2019 年发布了三稿开发规章的草案,⑦经过各成员国和利益相关方评论和大会的讨论,开发规章草案日趋完善。国际海底管理局最初的目标是在 2020 年底前完成开采规章的制定,但是 2020 年爆发的新冠肺炎疫情

---

① ISBA/18/C/4 (25 April 2012), Workplan for the formulation of regulations for the exploitation of polymetallic nodules in the Area. Report of the Secretary-General, available at https://ran-s3.s3.amazonaws.com/isa.org.jm/s3fs-public/files/documents/isba-18c-4_0.pdf, last visited 2020/3/5.
② Allen L. Clark, Jennifer Cook Clark, and Sam Pintz, Towards the Development of a Regulatory Framework for Polymetallic Nodule Exploitation in the Area (Technical Study No. 11) (ISA, 2013).
③ ISA, Developing a Regulatory Framework for Mineral Exploitation in the Area: Stakeholder Engagement (February 2014) available at http://www.isa.org.jm/files/documents/EN/Survey/ISA-SSurvey.pdf, last visited 2020/2/10.
④ ISBA/Cons/2015/1 (March 2015), available at https://ran-s3.s3.amazonaws.com/isa.org.jm/s3fs-public/centerbiodiversity.pdf, last visited 2020/1/10.
⑤ ISA, Developing a Regulatory Framework for Deep Sea Mineral Exploitation in the Area: Draft Framework, High Level Issues and Action Plan, Version II, (15 July 2015), available at https://www.isa.org.jm/files/documents/EN/OffDocs/Rev_RegFramework_ActionPlan_14072015.pdf, last visited 2020/2/25.
⑥ ISA, Developing a Regulatory Framework for Mineral Exploitation in the Area: Report to Members of the Authority and All Stakeholders (July 2016) available at https://www.isa.org.jm/files/documents/EN/Regs/DraftExpl/Draft_ExplReg_SCT.pdf, last visited 2020/2/27.
⑦ 这三份开发规章的草案分别是:ISBA/23/LTC/CPR.3 * (8 August 2017);ISBA/24/LTC/WP.1/Rev.1(9 July 2018);ISBA/25/C/WP.1,(22 March 2019)。

延缓了这一进程。然而,国际海底管理局公布了 2022—2023 年的工作计划,旨在于 2023 年 7 月 9 日之前完成《开发规章》的制定工作。①

2021 年 6 月 25 日,瑙鲁要求国际海底管理局完成有关资源开发的规则、条例和程序。瑙鲁声称,由其提供国家担保的瑙鲁海洋资源公司(NORI)将向国际海底管理局提交有关资源开发的工作计划。②瑙鲁的这一请求是根据关于《1994 年执行协定》附件第 1 节第 15 段提出的。第 15 段规定,如果准备提交工作计划供批准的缔约国要求国际海底管理局完成所有相关的规则、规章和程序之拟订,国际海底管理局必须在提出要求后两年内完成。如果在两年内还没有制定开发规章,国际海底管理局应根据当时存在的任何开发规章(草案)暂时批准工作计划。瑙鲁所触发的"两年规则"(two-year rule)给国际海底管理局制定有关资源开发的规章带来了时间上的紧迫感,但是也有《公约》的缔约国对瑙鲁的这一做法持谨慎态度,非洲集团在提交给理事会的文件中说,"在公平分享海底采矿所产生的利益的机制方面仍然存在关键问题",而且鉴于今后仍有大量工作,"在两年内就这一框架达成令人满意的协议似乎不太可能"。③

---

① Status of the draft regulations on exploitation of mineral resources in the Area and a proposed roadmap for 2022 and 2023, https://isa.org.jm/files/files/documents/ISBA_26_C_44.pdf, last visited 2022/2/20.
② Catherine Blanchard, "Nauru and Deep-Sea Minerals Exploitation: A Legal Exploration of the 2-Year Rule" (September 17, 2021), on-line: Catherine Blanchard_170921_NCLOS blog, last visited 2022/2/21.
③ Submission of members of the Council of the International Seabed Authority from the African Group in relation to the request made by Nauru pursuant to section 1, paragraph 15, of the Agreement relating to the implementation of Part XI of the United Nations Convention on the Law of the Sea of 10 December 1982, https://isa.org.jm/files/files/documents/ISBA_26_C_40-2110120E.pdf, last visited 2022/2/21.

《开发规章》是落实"人类共同继承财产"原则的重要规则,攸关国际社会整体利益,意义重大。《开发规章》的制定应当兼顾以下几点考量。

(1) 应当全面、完整、准确和严格地遵守《公约》及其附件以及执行的规定和精神,不得与之相违背。应当与国际海底管理局此前制定的《多金属结核规章》《多金属硫化物规章》以及《富钴铁锰结壳规章》的内容相衔接,确保《公约》及其附件以及《1994年执行协定》所确立的区域内资源勘探和开发制度得以遵循和实施。

(2) 应当积极考虑国际海洋法法庭海底争端分庭就区域内活动担保国责任问题发表的咨询意见。

(3) 应当考虑拟议中的"国家管辖范围以外区域海洋生物多样性养护和可持续利用(BBNJ)国际文书"的相关进展,同时借鉴各国在陆上或国家管辖海域内开采矿产资源的惯常实践和有益经验。

(4) 应当以鼓励和促进区域内矿产资源的开发为导向,同时按照《公约》及其附件以及《1994年执行协定》的规定,切实保护海洋环境不受区域内开发活动可能产生的有害影响。

(5)《开发规章》应当明确、清晰地界定区域内资源开发活动中有关各方的权利、义务和责任。一要确保管理局、缔约国和承包者三者的权利、义务和责任符合《公约》及其附件以及《1994年执行协定》所作定位;二要确保承包者自身权利和义务的平衡。开发规章的正文不仅要全面规定承包者应承担的各项义务,也要全面规定承包者所享有的各项权利,包括勘探合同承包者的优先开发权。

(6)《开发规章》应当规定具体和可操作的惠益分享机制。区域内开发活动所产生的惠益,包括财政和其他经济利益,应当按照

《公约》及其附件以及《1994年执行协定》所确立的原则和规则予以分配,切实体现区域及其资源是人类共同继承财产的原则。

(7)《开发规章》设立的争端解决机制应当在遵循《公约》及其附件以及《1994年执行协定》有关规定的基础上,允许和鼓励争端当事方优先通过谈判和磋商来解决争端。如有关争端无法通过谈判和磋商得到解决,可考虑诉诸当事方明示同意的第三方争端解决程序。开发规章应当与现阶段人类在区域的活动及认识水平相适应,其制订工作应当从当前社会、经济、科技、法律等方面的实际出发,基于客观事实和科学证据,循序推进。

除了《开发规章》主体以外,理事会根据《开发规章》授权所制定的标准和指南亦是有关资源开发的规章、规则和程序的重要组成部分。根据《开发规章》第94条的规定,法律和技术委员会应考虑到公认专家和相关利益相关方的意见以及相关现有国际公认标准,就通过和修改与"区域"内开发活动有关的标准向理事会提出建议,其中包括涉及业务安全、资源的养护、海洋环境保护等方面。理事会应根据法律和技术委员会的建议审议并核准上述标准,但这些标准须与海底管理局规则的意图和宗旨相符。如果理事会不核准这些标准,则应将其交回法律和技术委员会,以便后者根据理事会提出的意见予以重新审议。理事会通过的标准对承包者和海底管理局应具有法律约束力,并且可根据改进的知识或技术,自通过或修改之日起每5年进行至少一次修改。相关标准一般是由法律和技术委员会启动并制定,而后利益相关方开展磋商并提出评论意见,法律和技术委员会酌情纳入评论意见并提出最终版本,同时提交关于反馈意见和决定理由的汇总报告,理事会通过该标准并暂时适用,最终由大会核准该标准,并正式发布生效。国际海底管理局所制定的标准一般包括流程标准、绩效标准、环境质量标

第二章　构建国家管辖范围外深海资源共享机制的制度支撑　059

准等。

此外,根据《开发规章》第 95 条的规定,法律和技术委员会或秘书长应在考虑到相关利益相关方的观点的基础上,不时发布技术或行政性指南。指南将从行政和技术角度支持《开发规章》的实施。此类指南的全文应向理事会报告。如果理事会认为某项准则与国际海底管理局的规则的意图和宗旨不符,可要求予以修改或撤销。法律和技术委员会或秘书长应不断根据改进的知识或信息审查此类指南。指南的制定一般是由法律和技术委员会或秘书长启动,利益相关方开展磋商并提出评论意见,随后法律和技术委员以及秘书长酌情纳入评论意见、发布指南,并向理事会提交关于反馈意见和决定理由的汇总报告。

可以看出,标准和指南的制定程序有一定程度的不同,指南的最终发布并未经过"大会通过"这一民主程序,也正因如此,指南制定的正当性基础弱于标准的制定。指南同标准的不同之处在于,指南并不具有法律拘束力,仅仅具有建议性质。但是考虑到制定指南的主体也是核准申请人勘探开发合同(工作计划)的主体,因此,在实际的执行中,指南中所规定的事项对承包者仍然具有一定的约束力。

综上所述,《公约》第十一部分、《1994 年执行协定》、管理局制定颁布的区域资源的勘探规章以及将来要出台的《开发规章》和管理局发布的相关标准和指南,构建了深海海底资源勘探开发的国际法律制度。国际海底管理局作为全人类的"受托人"管理这块属于全人类共同继承的财产,以实现人类对深海海底资源的共享。根据《公约》的授权,国际海底管理局有出台勘探开发规章和发布建议的权力,管理局所发布的三种资源的勘探规章以及正在草拟的开发规章都蕴含了诸多的制度。可以说正是国际海底管理局通过出台勘探开发规章,不断地细化、丰富《公约》和《1994年执行协定》所搭建的国际海底制度,为全人类共享这部分资源提供了制度上的支撑。深海活动一般包括探矿、勘探和开发三个阶段,下文将要对这三个阶段的深海活动所涉及的具体制度以及深海活动主体在不同阶段的权利和义务进行梳理和分析。

4. 适应性的规范体系构建

从上文可以看出,国际海底管理局根据《公约》的授权,落实和执行人类共同继承财产原则,通过制定有关资源的勘探开发规章、出台相关的建议、指南和标准来不断丰富国际海底法律制度。在制度的构建过程中,国际海底管理局邀请了缔约国、利益相关方等多方参与到谈判和协商中,强化制度构建过程中的"程序价值",是公众参与原则的具体体现,这也是人类共同继承财产原则所要求的。

有关资源的勘探开发是随着科学技术的发展而不断推进的,国际海底管理局不断充实和丰富的海底制度也保持着一种"开发"和"灵活"的发展模式,来不断适应科学技术的发展而带来的新挑战。具体而言,管理局通过三种方式来实现此种适应性的规范体系构建和灵活的管理。

第一,管理局必须定期审查其法规,并根据新的挑战及时修改有关资源勘探开发的规章。这里需要指出的是,在管理局和承包者签订合同之后,有关资源勘探开发的规章是该合同的一部分,因此规章修改之后,在未经过承包者同意的情况下,承包者仍然只受到旧的规章的约束。这时候就会出现一种情况:根据新规章签署合同的承包者和根据旧规章签署合同的承包者是受到不同的规范约束。如2013年,当国际海底管理局通过在勘探合同中插入新的标准条款规定年度管理费(annul overhead fee)时,为了将这一费用适用于已经签署（existing）的勘探合同，国际海底管理局必须在承包方同意的基础上来修订相关合同。①

虽然勘探规章强调承包者同意修订后的规章条款的重要性，但海洋法法庭暗示，应根据国际海底管理局的管制规范的发展来解释以前的规章。在比较《多金属结核规章》的原始版本（2000 年通过）和《多金属硫化物规章》（2010 年通过，加强了环境保护标准）时，海底争端分庭表示，"在没有相反的具体理由的情况下，可以认为《多金属结核规章》应根据海底制度的发展来解释"，也就是说应该按照《多金属硫化物规章》的最新规定来解释和运用《多金属结核规章》。②

相比之下，目前版本的《开发规章》（草案）针对国际海底管理局后续可能出台的规章、规则和程序采取了一种统一适用的方式：附件十《开发合同的标准条款》第 3.3（a）节规定，承包者遵守经不时修改的规章和国际海底管理局的其他规则及国际海底管理局有关机构的决定。一些利益相关者批评了《开发规章》（草案）中的这种做法，认为这将削弱采矿合同的稳定性。瑙鲁海洋资源公司（Nauru Ocean Resources）就提出："此节的规定侵蚀了合同的稳定性，因为它迫使承包者遵守管理局在合同签署后随时可能生效的未知规章、规则和程序。"③虽然目前此规定还存在争议，但是可

---

① Jonna Dingwall, *International Law and Corporate Actors in Deep Seabed Mining*, Oxford University Press, 2021, pp. 216-217.
② 实际上，国际海底管理局已于 2013 年修订了《多金属硫化物规章》，以确保三规章环保等方面的规定是统一的。
③ NORI, "Comments by Nauru Ocean Resources Inc on the Draft Regulations on Exploitation of Mineral Resources in the Area issued by the LTC in 2019" (October 2019), available at https://isa.org.jm/files/ files/documents/2019－10－15% 20NORI% 20Comments% 20on% 20Draft% 20Exploitation% 20Regs. Pdf, last visted 2022/5/1.

以从中窥探出管理局就深海规范体系的构建是持一种开放的、灵活的模式,是一种适应性的管理模式。

第二,国际海底管理局通过出台勘探阶段的不具法律约束力的建议和开发阶段的标准和指南(其中标准具有法律约束力,指南不具有法律约束力)来不断发展和完善深海采矿制度。虽然建议和指南不具备法律约束力,但是考虑到出台建议和指南的机构是法律和技术委员会,这个机构也是审查申请人工作计划的实质审查机关,因此承包者一般都会高度尊重和遵守建议和指南。相比而言,标准是具有法律约束力的,如前文所述,理事会根据法律和技术委员会的建议批准标准,同时也会考虑到专家、利益相关者的意见和"相关的现有国际公认标准"。标准的制定是国际海底管理局用于应对不断发展的海洋科学和不断出现的新挑战的重要手段。考虑到标准具有法律上的约束力,其本质上是同国际海底管理局出台的规章是一致的,但是它的制定过程却远远没有勘探开发的规章制定那么繁琐。因此,有利益相关方就提出:"标准的制定应当同样经过较为严格的审查过程,邀请承包者参与其中,以确保制定的标准在商业上是可行的,以及在实务中是可以实现的。"①国际海底管理局意识到一方面需要保证海底制度在发展过程中的灵活性和适应性,另一方面不能给承包者带来过多的管制上的不确定性,在未来的工作中,国际海底管理局将继续同利益相关方就标准和指南的制定进行协商。

第三,合同(工作计划)的审查和修订。除了以上两个机制以

---

① GSR, "Comments by Global Sea Mineral Resources to the Draft Regulations on Exploitation of Mineral Resources in the Area — ISBA/25/C/WP.1" (October 2019), available at https://isa.org.jm/files/files/documents/1510-2019-GSR-Comments_to_ISBA-25-C-WP.1.pdf, last visited 2022/5/1.

外,国际海底管理局还可以通过对承包者的合同(工作计划)进行定期审查,以确保工作计划是符合最新的海洋科学层面的发展。《勘探规章》规定了承包者工作计划执行情况的定期审查(periodic review)程序。《勘探规章》规定秘书长和承包者每五年联合对承包者的工作计划"共同"定期审查。根据此种联合审查的结果,承包者应当说明其下一个五年期的工作方案,并对先前的活动方案进行必要的调整。秘书长在审查后需要将审查结果(包括承包者环境保护义务的履行等情况)向理事会和法律和技术委员会汇报。[1]《开发规章》(草案)中也有类似的规定:秘书长和承包者共同审查各项活动,并讨论"是否有必要或适宜对工作计划进行任何修改"。[2] 在这一审查过程的基础上,承包者可修改其工作计划。虽然定期审查是一个联合过程,要求对承包者的工作计划的调整要"经双方同意",但这一过程确实使采矿合同具有一定的灵活性,为根据不断变化的情况进行调整提供了机会。除了此种每五年的定期审查工作计划以确保工作计划符合深海采矿的最新进展,勘探开发合同的延期也为承包者修改其合同提供了机会。

综上可以看出,国际海底管理局所构建的海底制度不是一个封闭的、静止的规范体系。相反,这个规范体系是随着深海科技的发展和其他因素的变化而不断演进和充实的,这是一个动态的、循序渐进的过程。国际海底管理局通过以下方式实现对深海资源勘探开发的适应性管理:① 定期修改勘探开发规章;② 出台建议、标准和指南;③ 审查和修订承包者工作计划等。

---

[1]《多金属结核规章》第28(3)条;《多金属硫化物规章》第30(3)条;《富钴铁锰结壳规章》第30(3)条。
[2]《开发规章》(草案)第58条。

(二)探矿制度

"探矿"(prospecting)一词见于《联合国海洋法公约》附件三,但《公约》以及《1994年执行协定》对探矿未进行定义。《多金属结核规章》第1条将"探矿"定义为:"在'区域'内对多金属结核矿床的搜寻,包括对多金属结核矿床的构成、大小和分布及其经济价值的估计,但不具有专属权。"《多金属硫化物规章》和《富钴铁锰结壳规章》也沿用了这一定义。为《公约》和《1994年执行协定》的目的,探矿被视为勘探的预备阶段,与勘探截然分明。探矿没有时间和地域限制,管理局和探矿者之间也不需要签订合同。但另一方面,探矿者不享有专属权利和资源权利,探矿者可回收试验所需的合理数量的矿物,但不得用于商业用途。除此之外,探矿者也不能将争议诉诸国际海洋法庭海底争端分庭。《公约》《1994年执行协定》和管理局规章对探矿者的权利和义务的规定如下。

1. 探矿者的权利

《公约》附件三唯一赋予探矿者的权利就是探矿者有权"回收合理数量的矿物供试验之用"。① 但是,探矿与《公约》第143条规定的海洋科学研究,以及第256条规定的区域内的海洋科学研究之间有密切的联系。大多数在区域内的探矿可以在海洋科学研究的基础上进行,而根据《公约》第87条的规定,海洋科学研究是一项《公约》赋予的公海自由。也就是说,探矿者可在海洋科学研究的形式下,在《公约》第六部分大陆架和第十三部分海洋科学研究的限制下行使探矿的权利。

管理局关于探矿者的权利主要规定在三规章第二部分第2条,包括:探矿者可回收试验所需的合理数量的矿物,但不得用于

---

① 《公约》附件三第2条第2款。

商业用途;探矿没有时间限制,但是探矿者如收到秘书长的书面通知,表示已就某一特定区域核准勘探工作计划,则应停止在该区域的探矿活动;一个以上的探矿者可在同一个或几个区域内同时进行探矿。

2. 探矿者的义务

《公约》规定探矿者的义务是将准备进行探矿的一个或多个区域的大约面积通知管理局,并书面承诺遵守《公约》和管理局关于某些具体事项的规则、规章和程序。① 除此之外,附件三第 2 条明确鼓励探矿。

这样一来,管理局各规章对探矿设定的条件就较为宽松。根据三规章的规定,探矿者的义务有以下几点。

(1) 在探矿过程中保护和保全海洋环境

各探矿者应采用预防做法和最佳环境做法,在合理的可能范围内采取必要措施,防止、减少和控制探矿活动对海洋环境的污染及其他危害。各探矿者尤应尽量减少或消除:① 探矿活动对环境的不良影响;② 对正在进行或计划进行的海洋科学研究活动造成的实际或潜在冲突或干扰,并在这方面依照今后的相关准则行事。

探矿者应同管理局合作,制订并实施方案,监测和评价多金属硫化物的勘探和开发可能对海洋环境造成的影响。探矿活动引发的任何事故如已经、正在或可能对海洋环境造成严重损害,探矿者应采用最有效的手段,立即以书面形式通知秘书长。

(2) 提交年度报告,说明探矿一般情况

探矿者应在每一日历年结束后 90 天内,向管理局提出有关探

---

① 《公约》附件三第 2 条第 1 款。

矿情况的报告。秘书长应将报告提交法律和技术委员会。每份报告应载列：① 关于探矿情况和所获得结果的一般性说明；② 探矿者根据规章所述承诺遵守情况的资料；③ 关于这方面的相关准则的遵守情况的资料。如果探矿者打算把探矿所涉费用申报为开始商业生产前的部分开发成本，探矿者应就探矿者在进行探矿期间所支付的实际和直接费用，提交符合国际公认会计原则并由合格的公共会计师事务所核证的年度报表。

(3) 程序性要求

探矿者需要履行的程序方面的要求主要规定在三规章第二部分第 3 条，探矿者应将探矿的意向通知管理局，说明探矿者的基本信息、预定探矿区域、探矿方案，并承诺遵守《公约》和管理局规定，保护海洋环境，接受管理局核查。

(4) 如发现考古或历史文物，立即通知秘书长

三规章的第二部分第 8 条规定："在'区域'内发现任何实际或可能的考古或历史文物，探矿者应立即将该事及发现的地点以书面方式通知秘书长。秘书长应将这些资料转交联合国教育、科学及文化组织总干事。"

(5) 禁止性规定

探矿者需要遵守的禁止性规定主要在三规章第二部分第 2 条，包括：实质证据显示可能对海洋环境造成严重损害时，不得进行探矿；不得在一项核准的钴结壳勘探工作计划所包括的区域或在保留区内进行探矿；亦不得在国际海底管理局理事会因有对海洋环境造成严重损害的危险而不核准开发的区域内进行探矿。

(三) 基于合同的许可制度

根据《公约》的授权，国际海底管理局除了有权力制定有关

勘探和开发的规章、规则和程序以外,还有权力通过授予申请人勘探开发合同来实现对这一人类共同继承财产进行管理,有学者称此为一种"基于合同的许可制度"(contract-based licensing system)。①《公约》的第153条规定了此种合同制度的具体内容:在"区域"内的活动可由企业部在其正式运作后进行(第153条第2款a项),或由《公约》缔约国或"拥有缔约国国籍或由缔约国或其国民有效控制(effectively controlled)的国有企业或自然人或法人在这些国家的担保下进行"(第153条第2款b项)。潜在承包者(prospective contractors)向国际海底管理局提交正式书面工作计划,获得管理局的批准后,同管理局签署资源勘探的合同。最初《公约》没有规定采矿(包括勘探和开发)合同的固定期限。后来,《1994年执行协定》规定了勘探合同的期限为15年,并且可以申请延期。国际海底管理局随后制定的有关三种资源的勘探规章中有具体规定申请人在合同到期前可以向国际海底管理局申请延长合同期限,每次延长期限为5年。根据《开发规章》(草案),有关资源开发的合同期限为30年,申请人可以申请合同延期,每次延长期限为10年。②

《公约》规定了一套"严格和精心设计的决策程序"来指引国际海底管理局处理有关资源的勘探开发合同,相关规范散见于《公约》附件三、《1994年执行协议》以及国际海底管理局出台的规章、规则和程序。申请人必须满足某些财务和技术方面的要求,同时申请人在以前与国际海底管理局签订的合同的表现也将作为管理

---

① Jonna Dingwall, *International Law and Corporate Actors in Deep Seabed Mining*, Oxford University Press, 2021, p.121.
②《开发规章》(草案)第20条。

局是否核准新的工作计划的考量因素,他们还必须提供某些承诺(undertakings)。① 鉴于深海海底采矿活动涉及巨大的成本和技术能力的要求,确保申请人满足这些技术和财务上面的要求至关重要。每份申请书都必须包含"具体而充分的资料,使理事会能够确定申请者在财政上和技术上是否有能力执行所提出的勘探工作计划并履行其对管理局的财政义务"。② 因此,资质审查是基于合同的许可制度的重要一环,是国际海底管理局核准申请人工作计划的一个重要制度,此种制度也为全人类可以共享深海矿产资源提供了强有力的制度支撑。下文分别就勘探阶段和开发阶段国际海底管理局对申请人的资质审查进行论述和分析。

1. 勘探活动申请人资质审查③

国际海底管理局应按收到申请人勘探合同申请的先后次序审查申请书,在审查过程中应确定申请人是否满足以下条件:遵守了勘探规章的规定;具备执行提议的勘探工作计划的财务和技术能力,并提供了详细资料说明其迅速执行紧急命令的能力;已令人满意地履行了以前同国际海底管理局订立的任何合同的有关义务。

管理局应根据勘探规章及其程序所列的要求,确定提议的勘探工作计划是否符合以下条件:有效地保护人体健康和安全;有效地保护和保全海洋环境,包括但不限于对生物多样性的影响;并确保设施不坐落在可能干扰国际航行必经的公认航道的地点或坐落在捕鱼活动集中的区域。

---

① 《公约》附件三第 4(2)、(6)条。
② 《多金属结核规章》第 12(1)条;《多金属硫化物规章》第 13(1)条;《富钴铁锰结壳规章》第 13(1)条。
③ 《多金属结核规章》第 21 条。

如果申请人提议的勘探工作计划所涉区域的一部分或全部有下列情况之一,管理局不应批准勘探许可申请:① 包括在一项国际海底管理局已核准的矿产资源工作计划内;② 包括在一项国际海底管理局已核准的其他资源勘探或开发工作计划内,如果申请人提议的工作计划可能不当地干扰根据该项已核准的其他资源工作计划所进行的活动;③ 位于国际海底管理局因有实质证据显示存在对海洋环境造成严重损害的危险而不核准开发的一个区域内。

国际海底管理局在审议提议的勘探工作计划时,应考虑到《公约》第十一部分和附件三以及《1994年执行协定》所规定的有关区域内活动的原则、政策和目标。

2. 开发活动申请人资质审查①

国际海底管理局在审查开发活动申请人的申请时,应确定申请人是否具有或可表明将具有执行工作计划和履行开发合同所规定全部义务的财务和技术能力,并已经展示了采矿项目的经济可行性。

管理局在考虑申请人的财务能力时,应依照准则确定:① 申请人融资计划是否适合拟议开发活动;② 申请人是否有能力承担或筹集足够的资金资源,以支付拟议工作计划载列的开发活动估计费用,以及符合开发合同条款的所有其他相关费用。这些费用包括:① 实施环境管理和监测计划及关闭计划的估计费用;② 足够的资金资源,用于迅速执行和实施应急和应变计划;③ 用于获得适当的保险产品,以便依照良好行业做法进行风险融资。

管理局在考虑申请人的技术能力时,应依照准则确定申请人

---

① 《开发规章》(草案)第13条。

是否已经或将会：① 具有必要的技术和作业能力，能够使用具有合适资质且受到适当监督的人员，根据良好行业做法执行拟议工作计划；② 拥有为符合环境管理和监测计划及关闭计划条款而必需的技术和流程，包括具有监测关键环境参数和酌情修改管理和操作程序的技术能力；③ 建立必要的风险评估和风险管理制度，按照良好行业做法、最佳可得技术和最佳环保做法和本规章有效实施拟议工作计划，包括采用技术和流程，以便工作计划中的拟议活动符合健康、安全和环境要求；④ 有能力按照应急和应变计划有效应对事故；⑤ 有能力利用并运用最佳可得技术。

管理局应确定拟议开发工作计划是否：① 技术上可实现，经济上可行；② 反映项目的经济寿命期；③ 规定有效保护从事开发活动的个人的健康和安全；④ 规定在实施开发活动时应合理顾及海洋环境中的其他活动，包括《公约》第 87 条所述航行、铺设海底电缆和管道、捕鱼和海洋科学研究；⑤ 在环境计划下，规定依国际海底管理局通过的规则、规章和程序，对海洋环境予以有效保护。

（四）勘探活动中承包者的权利与义务

如某一国家或实体欲申请在特定区域勘探某种矿产资源，它应当首先向管理局申请核准其勘探工作计划。如果该申请获得理事会核准，则应在管理局与申请者之间签订承包合同，此后承包者方能从事勘探活动。可以向管理局申请核准勘探工作计划的合格主体为管理局企业部、缔约国、国营企业，或具有缔约国国籍或在这些国家或其国民有效控制下并由这些国家担保的自然人或法人，或符合规章规定的上述各方的任何组合。《公约》及其附件、《1994 年执行协定》和管理局规章对承包者的权利、义务和责任作出了如下的规定。

1. 勘探承包者的权利

根据《公约》和附件三,以及管理局各规章对标准合同中承包者权利的相关规定(《多金属结核规章》第24条,《多金属硫化物规章》《富钴铁锰结壳规章》第26条),承包者享有以下权利。

(1) 专属勘探权

《公约》第153条第6款规定,与管理局的合同在期限内持续有效。除非按照附件三第18条和第19条的规定,否则不得修改、暂停或终止这种合同。也就是说,承包者在合同期限内享有持续有效的保证。作为这一规定的延伸,《公约》附件三第3条第4款(c)项授予承包者在工作计划所包括的区域内勘探和开发指明类别资源的专属权利。此外,附件三第16条确保了没有任何其他实体在同一区域内,以承包者的业务可能有所干扰的方式,就另一类资料进行作业。承包者有权在合同期限内获得持续有效的保证。

管理局规章也因此保证了承包者对工作计划所涉区域享有专属勘探权,管理局应确保其他实体在同一区域就其他资源进行作业的方式不致干扰承包者的作业。①

(2) 开发优先权

持有一项已核准的勘探工作计划的承包者,只应在那些就同一区域和资源提出开发工作计划的各申请者中享有优惠和优先。在理事会对承包者发出书面通知,指出承包者未遵循经核准的勘探工作计划的具体要求后,如果承包者未能在通知规定的时限内依照要求行事,理事会可撤销这种优惠或优先。通知内规定的时限应当为合理的时限。在最后决定撤销这种优惠或优先以前,承包者应有合理机会提出意见。理事会应说明建议撤销优惠或优先

---

① 《多金属结核规章》第24条第1款。

的理由,并应考虑承包者的回应。理事会的决定应考虑承包者的回应并应以实质证据为基础。

(3) 司法救济权

承包者依据《公约》第十一部分第 5 节享有司法救济权。管理局在行使处罚权之前,除按照第 162 条第 2 款(w)项的规定在遇到紧急情况时发布命令的情形以外,不得对承包者执行处罚,承包者可行使司法救济权。此外,根据《公约》附件三第 13 条第 15 款的规定,如果发生有关第 13 条关于合同的财政条款的解释或适用的争端,承包者可将争端提交商业仲裁解决。

管理局规章也规定在理事会撤销优惠或优先①的决定正式生效以前,承包者应有合理机会用尽《公约》第十一部分第 5 节所规定的司法救济。②

2. 勘探承包者的义务

(1) 遵守相关法规和措施

《公约》第 139 条针对两个问题,作出明确规定:一是确保区域内活动遵守第十一部分规定的义务;二是规定,没有履行第十一部分规定的义务而造成损害的,要承担赔偿责任。该条款是对缔约国科以义务和责任。首先,各缔约国有责任确保承包者在区域内活动,一律依照第十一部分的规定进行;其次,如果缔约国已对其担保的承包者"采取了一切必要和适当的措施",以确保其切实遵守规定,但该承包者没有遵守第十一部分的规定而造成损害,缔约国无须对此损害承担赔偿责任。换句话说,承包者的义务就在于遵守第 139 条所指的规定,以及遵守其国籍国所采取的措施。

---

① 持有一项已核准的勘探工作计划的承包者,在同一区域和资源提出开发工作计划的各申请者中享有优惠和优先权。
②《多金属结核规章》第 24 条第 3 款。

《公约》附件三第4条第4款规定,担保国在其法律制度范围内,确保承包者要遵守同管理局签订的合同,以及《公约》所规定的义务。根据附件三第4条第4款的规定,如果缔约国已经制定了被"合理地认为"足以确保承包者遵守勘探开发的国际法律和规章并采取了行政措施时,则免除其损害赔偿责任。

(2)承包者在深海活动中发现考古和历史文物时的义务

《公约》第149条规定,区域内发现的考古和历史文物,其主要受益人是"全人类",但应受来源国,或文化上的发源国,或历史和考古上的来源国的优先权利的限制。然而,第149条并没有就实施为全人类的利益保护和处置考古和历史文物这一要求给包括管理局在内的任何实体指定责任。① 所以,当承包者在区域内发现上述考古和历史文物时,如何为全人类的利益保护或处置此类物品,《公约》和《1994年执行协定》未能给出明确答案。但是,根据管理局的规定,承包者有义务将任何在区域内对此类物品的发现及其位置通知管理局秘书长。不仅如此,在发现任何此类物品后,承包者还应采取一切合理措施避免对其侵扰。在勘探区发现这种考古或历史意义的遗骸、文物或遗址后,为了避免扰动此类遗骸、文物或遗址,不得在一个合理范围内继续进行探矿或勘探,直至理事会在考虑联合国教育、科学及文化组织总干事以及任何其他主管国际组织的意见后作出决定。② 需要补充的是,在此方面还可参考《联合国教科文组织水下文化遗产公约》的相关规定,我国目前还不是该公约缔约国。③

---

① Moritaka Hayashi, Archaeological and Historical Objects under the United Nations Convention on the Law of the Sea, *Marine Policy*, 1996, 20, 291-296.
② 《多金属结核规章》《多金属硫化物规章》《富钴铁锰结壳规章》第37条。
③ 参见联合国教科文组织官方网站:http://www.unesco.org/eri/la/convention.asp?KO=13520&language=E&order=alpha,2014-10-17。

(3) 生产政策下的义务

《1994年执行协定》附件第6节对《公约》第151条生产政策的规定进行了广泛的修改。根据《1994年执行协定》附件第6节第7款的规定,《公约》第151条第1款至第7款和第9款应不适用。它抛开了关于管理局对商品会议和协定的参加、生产许可和生产限额、商业生产开始之前的过渡期间、生产最高限额以及对选择申请者的规定,①而代之以面向市场的《关税和贸易总协定》(GATT)以及后续协定(即世贸组织WTO)中规定的补贴限制。②不仅如此,它还规定了区域活动的无补贴政策③以及从区域所取得的矿物与从其他来源所取得的矿物间的无歧视。④ 它还维护了关贸总协定和《1994年执行协定》的缔约国所参加的"相关的自由贸易和海关联盟协定"所规定的权利和义务的优先地位。⑤

同时,《1994年执行协定》也取消了《公约》关于海底生产数量的具体计算规定,管理局可根据形势的发展,确定开发工作计划的生产数量,包括每年生产的矿物最高产量,使管理局的判断更具有伸缩性。

尽管《公约》第151条的其他部分已根据《1994年执行协定》的规定失去效力,但其第8款和第10款仍包含适用于区域资源生产的政策。第8款处理不公平经济措施的问题,并规定,依据"相关多边贸易协定"适用的权利和义务同样适用于对产自区域的矿物的勘探和开发。作为这种多边贸易协定各方的《公约》的缔约国

---

① 《1994年执行协定》在对《公约》151条作出调整的同时,还相应地规定以下相关条款"不应适用":第162条第2款(q)项、附件三第6条第5款和第7条("处理生产许可的申请者选择");第165条第2款(n)项(处理生产最高限额和生产许可)。
② 《1994年执行协定》第6节第1款(b)项。
③ 《1994年执行协定》第6节第1款(c)项。
④ 《1994年执行协定》第6节第1款(d)项。
⑤ 《1994年执行协定》第6节第2款。

可以将在勘探和开发区域因经济措施引起的争议诉诸这种多边贸易协定所包含的争端解决程序。第 10 款旨在保护陆上矿物生产者免受区域资源开发造成的影响。它要求建立一种"补偿制度"或代之以"经济调整援助措施",以协助其陆上矿物的出口收益遭受区域所产的同种矿物的生产的严重不良影响的发展中国家。不过,这些"不良影响"仅限于有关矿物价格或出口量的降低。①

因此,承包者在生产政策下的义务主要有:

① 应遵守《关税和贸易总协定》、其有关守则和后续协定或替代协定的规定。

② 应遵守管理局核准的开发工作计划,包括每年生产的矿物最高产量。

③ 不得接受《关税和贸易总协定》等协定许可范围以外的补贴。

④ 承包者从事勘探活动中的义务

《公约》第 153 条是深海海底资源勘探和开发制度的法律基础,概述了区域内的勘探和开发制度,确立了各国及其国民取得海底资源的权利以及管理局在其中所起的作用。此外,《公约》附件以及管理局规章也进一步对勘探和开发制度中的细节作了完善和补充。据此,承包者在勘探中的义务主要有:

① 按照工作计划进行活动。第 153 条第 3 款规定,在区域内的活动应按照一项依据附件三所拟定并经理事会于法律和技术委员会审议后核准的"正式书面工作计划"进行。而根据《公约》附件三第 3 条的规定,承包者可向管理局申请核准在区域内的工作计

---

① [斐济]萨切雅·南丹:《1982 年〈联合国海洋法公约〉评注》,毛彬译,海洋出版社,2009 年,第 244 页。

划,包括勘探和开发。① 也就是说,承包者的义务在于按照核准的书面工作计划在区域内活动。

② 与管理局签订合同。第 153 条第 3 款还规定,工作计划应按照附件三第 3 条采取合同的形式。附件三的规定是每项工作计划,应采取由管理局与申请者订立合同的形式。因此,承包者有义务就核准的工作计划与管理局订立合同。

③ 按照合同规定时间放弃部分区域。根据合同分配给承包者的区域中,承包者应按合同规定的时间表,放弃所获分配区域的若干部分,将其恢复为区域。②

④ 制定勘探训练方案。《公约》附件三第 15 条规定,每一项合同都应以附件方式载有承包者与管理局和担保国合作拟订的训练管理局和发展中国家人员的实际方案。训练方案应着重有关进行勘探的训练,由上述人员充分参与合同所涉所有活动。这些训练方案可不时根据需要通过双方协议予以修改和制订。

⑤ 提交年度报告。承包者应于每一历年结束后 90 天内,按照法律和技术委员会不时建议的格式,向管理局秘书长提交一份报告,说明其在勘探区域的活动方案,并在适用时提供合同规定的详尽资料。对于在勘探期间取得的矿物样品和岩心,承包者应妥善保存一个具有代表性的部分,直至合同期满为止。管理局可书面请求承包者将任何这种在勘探期间取得的样品和岩心的一部分送交管理局作分析之用。③

⑥ 配合管理局的检查。第 153 条第 3 款确认了管理局有权检查与区域内活动有关,而在区域内使用的一切设施。上述设施

---

① 《公约》附件三第 3 条第 1 款。
② 《多金属结核规章》第 25 条,《多金属硫化物规章》《富钴铁锰结壳规章》第 27 条。
③ 《多金属结核规章》《多金属硫化物规章》《富钴铁锰结壳规章》附件四第 10 节。

当然是承包者在区域内进行活动的设施,承包者因此有配合检查的义务。

⑦ 提交数据和资料。无论是合同期满或终止,或者合同期内承包者申请工作计划或放弃区域内的权利,承包者都有向管理局移交管理局对勘探区域有效行使权利和履行职能所必需的及相关的一切数据和资料,以及向秘书长提交相关资料的义务。[①]

(5) 审查制度下的义务

根据《公约》第154条、第155条的规定,审查分为定期审查(periodic review)和审查会议(the review conference)两种。[②]

① 定期审查下的义务。《公约》第154条规定:从本《公约》生效时起,大会每五年应对《公约》设立的区域的国际制度的实际实施情况,进行一次全面和系统的审查。此外,《多金属结核规章》第28条,《多金属硫化物规章》《富钴铁锰结壳规章》第30条共同规定:"第一,承包者和秘书长应每隔五年共同对勘探工作计划的执行情况进行定期审查。秘书长可请求承包者提交审查可能需要的进一步数据和资料。第二,承包者应根据审查结果说明其下一个五年期的活动方案,对其上一个活动方案作出必要的调整。"因此,定期审查的内容是对现行的适用于国际海底区域的国际制度的实际实施情况进行全面和系统的审查,它是经常性的。审查的目的和任务是按《公约》的规定和程序决定采取措施,或建议其他机构采取措施,以促使对制度实施情况的改进。在定期审查制度下,承包者有义务就区域内开发活动的实施情况接受大会的审查。

② 审查会议下的义务。《公约》第155条第1款规定,从最早

[①] 《多金属结核规章》《多金属硫化物规章》《富钴铁锰结壳规章》附件四第11节。
[②] 金永明:《国际海底区域的法律地位与资源开发制度研究》,华东政法学院博士学位论文,2005年,第63—65页。

进行国际海底区域资源开发的商业生产年的1月1日起15年后，大会应召开一次审查会议。然而，《1994年执行协定》附件第4节规定，《公约》第155条第1款、第3款和第4款有关审查会议的规定应不适用。此外，《公约》第314条第2款规定，大会可根据理事会的建议，随时审查《公约》第155条第1款所述的事项。这样一来，对《公约》第155条第1款规定的内容，需根据理事会的建议大会才能进行审查。在这样的审查制度下，承包者在商业生产年的1月1日起15年后应接受大会就《公约》第155条第1款所载内容进行的审查。需要注意的是，根据《公约》第155条第5款的规定，审查会议依据本条通过的修正案应不影响按照现有合同取得的权利。

(6) 合同财政的义务

《公约》附件三第13条关于合同的财政的规定，也成为西方主要发达国家反对加入《公约》的重大理由之一。① 该条是附件三、甚至可能是整个《公约》中最为复杂的一条，同时也是最有争议的条款之一。② 《1994年执行协定》附件第8节对此作了修改，不但规定第13条第3款至第10款"应不适用"，而且在很大程度上改变了其余各款的效果。据此，承包者关于合同财政的义务主要有：

① 平等的财政待遇和类似的财政义务

《公约》附件三第13条第1款规定了管理局制定关于合同的财政条款的规则、规章和程序的目标，即"确保承包者有平等的财政待遇和类似的财政义务"。

---

① 金永明：《国际海底区域的法律地位与资源开发制度研究》，华东政法学院博士学位论文，2005年，第87页。
② [斐济] 萨切雅·南丹：《1982年〈联合国海洋法公约〉评注》，毛彬译，海洋出版社，2009年，第632页。

② 遵守缴费制度的义务

根据《1994年执行协定》附件第8节的规定,承包者有遵守缴费制度的义务,缴费制度应公平对待承包者和管理局双方。① 管理局三规章的第三部分第3节都对承包者请求核准勘探申请的处理费用作出了规定,各项规定之间有一定的区别。

《多金属结核规章》第19条规定:

"1.请求核准多金属结核勘探工作计划的申请书的处理费用为50万美元或等值的可自由兑换货币,应在申请者在提交申请书时全额缴付。

2.如果秘书长通知说,收费不足以支付管理局处理申请书的行政费用,理事会应审查本条第1款(a)项规定的收费额。

3.如果管理局处理申请书的行政费用低于固定收费额,则管理局应将差额退还申请者。"

《多金属硫化物规章》第21条规定:

"1.处理勘探多金属硫化物工作计划的收费如下:(a)一笔50万美元或等值的可自由兑换货币的固定收费,由申请者在提交申请书时缴付;或(b)申请者可以选择在提交申请书时缴付一笔5万美元或等值的可自由兑换货币的固定收费,并按第2款所列计算方法缴付年费。

2.年费计算方法如下:(a)合同第一周年期满起缴付5美元乘以面积系数,(b)依照第27条第2款规定作出第一次放弃时缴付10美元乘以面积系数,(c)依照第27条第3款

---

① 《1994年执行协定》附件第8节第1款(a)。

规定作出第二次放弃时缴付20美元乘以面积系数。

3."面积系数"是指在有关定期支付款项到期日勘探区的平方公里数。

4.如果秘书长通知说,收费不足以支付管理局处理申请书的行政费用,理事会应审查本条第1款(a)项规定的收费额。

5.如果管理局处理申请书的行政费用低于固定收费额,则管理局应向申请者退还差额。"

《富钴铁锰结壳规章》第21条规定:

"1.请求核准钴结壳勘探工作计划的申请的处理费应为50万美元或等值可自由兑换货币的固定规费,在提交申请书时全额缴付。

2.如果管理局处理申请书的行政费用低于上文第1款所述固定规费,则管理局应将余额退还申请者。如果管理局处理申请书的行政费用高于上文第1款所述固定规费,则申请者应将差额付给管理局,但申请者缴付的额外规费不应超过第1款所述固定规费的10%。

3.考虑到财务委员会为此制定的标准,秘书长应确定上文第2款所述差额,并将此数额通知申请者。通知中应说明管理局的支出。在下文第25条所述合同签署后三个月内申请者应支付所欠差额或管理局应退还余额。

4.理事会应定期审查上文第1款所述固定规费,以确保该数额足以支付处理申请书的预期行政费用,并避免申请者必须按照上文第2款支付额外规费。"

③ 保存账簿和记录的义务

承包者应按照国际公认会计原则保存完整和正确的账簿、账目和财务记录。保存的账簿、账目和财务记录应包括充分披露实际和直接支出的勘探费用的资料和有助于切实审计这些费用的其他资料。①

3. 勘探承包者权利义务的变更

(1) 承包者权利的放弃

承包者向管理局发出通知后,有权放弃其权利和终止合同而不受罚,但承包者仍须对宣布放弃之日以前产生的所有义务和按照《规章》须在合同终止后履行的义务承担责任。②

(2) 承包者权利和义务的转让

合同规定的承包者的权利和义务,须经管理局同意,并按照《规章》的规定,才可全部或部分转让。如果拟议的受让者根据《规章》的规定是在所有方面都合格的申请者,并且承担承包者的一切义务,在转让没有向受让人让与一项《公约》附件三第 6 条第 3 款(c)项规定不得核准的工作计划的情况下,管理局不应不合理地不同意转让。③

(3) 不放弃权利的推定

任何一方放弃因他方在履行勘探合同条款方面的一项违约行为而产生的权利,不应推定为该一方放弃权利,不追究他方随后在履行同一条款或任何其他条款方面的违约行为。④

4. 勘探承包者的责任

(1) 基本责任条款

承包者应对其本身及其雇员、分包者、代理人及他们为根据

---

① 《多金属结核规章》《多金属硫化物规章》《富钴铁锰结壳规章》附件四第 9 节。
② 《多金属结核规章》《多金属硫化物规章》《富钴铁锰结壳规章》附件四第 19 节。
③ 《多金属结核规章》《多金属硫化物规章》《富钴铁锰结壳规章》附件四第 22 节。
④ 《多金属结核规章》《多金属硫化物规章》《富钴铁锰结壳规章》附件四第 23 节。

勘探合同进行承包者的业务而雇用的所有人员的不当作为或不作为所造成的包括对海洋环境的损害在内的任何损害的实际数额负赔偿责任,其中包括为防止或限制对海洋环境造成损害而采取的合理措施的费用。管理局应对在履行其职权和职能时的不当作为,包括违反《公约》第 168 条第 2 款的行为所造成的任何损害的实际数额向承包者负赔偿责任。认定合同某一方赔偿责任时,应考虑另一方履行合同时的共同作为或不作为。对于第三方因任意一方在履行勘探合同规定的职权和职能时的任何不当作为或不作为而提出的一切主张和赔偿要求,被主张方应使合同另一方以及管理局和承包者的雇员、分包者、代理人免受损失。承包者应按公认的国际海事惯例向国际公认的保险商适当投保。①

(2) 不可抗力

承包者对因不可抗力导致的无法避免的延误而无法履行勘探合同所规定的任何义务不负赔偿责任。为勘探合同之目的,不可抗力指无法合理地要求承包者防止或控制的事件或情况;但这种事件或情况不应是疏忽或未遵守采矿业的良好做法所引起的。勘探合同的履行如果因不可抗力受到延误,经承包者请求,承包者应获准展期,延展期间相当于履行被延误的时间,而勘探合同的期限也应相应延长。发生不可抗力时,承包者应采取一切合理措施,克服无法履行的情况,尽少延误地遵守勘探合同的条款和条件。承包者应合理地尽快将发生的不可抗力事件通知管理局,并应同样地将情况恢复正常的消息通知管理局。②

---

① 《多金属结核规章》《多金属硫化物规章》《富钴铁锰结壳规章》附件四第 16 节。
② 《多金属结核规章》《多金属硫化物规章》《富钴铁锰结壳规章》附件四第 17 节。

针对不可抗力造成的合同期限延长,《多金属结核规章》未作出规定,而《多金属硫化物规章》《富钴铁锰结壳规章》在其附件四第 21 节第 2 款有以下规定:"由于不可抗力持续两年以上,承包者尽管已采取一切合理措施,克服无法履行的情况,尽少延误地履行和遵守勘探合同条款和条件,但仍无法履行勘探合同规定的义务,在这种情况下,理事会在须遵循第 17 节规定的条件下,与承包者协商后,可中止或终止合同,同时不妨害管理局可能具有的任何其他权利。"

(五)开发活动中承包者的权利与义务

国际海底管理局目前的主要工作是《开发规章》的起草。从规章框架的提出,到具有实质内容的草案的公布,经过利益相关方的评论和缔约国大会的讨论,《开发规章》日渐成熟。[①] 制定《开发规章》是国际海底管理局落实人类共同继承财产原则的重要举措,规章草案规定了诸多制度,为国际社会共享国际海底矿产资源提供了制度上的支撑。规章草案设立专章对承包者的权利和义务作出了规定。

1. 开发活动承包者的权利

(1) 专属开发的权利[②]

承包者在合同区内依开发合同开展的勘探活动,适用的勘探规章应按相关准则继续适用,并且承包者有勘探指定的资源类别的专属权利。

承包者有权根据已核准的工作计划,在合同区内开发指定的

[①] 下文中所列出的承包者的权利和义务是参考国际海底管理局 2019 年 3 月公布的《开发规章》(草案),参见:https://ran-s3.s3.amazonaws.com/isa.org.jm/s3fs-public/files/documents/isba_25_c_wp1-e.pdf,最后访问时间:2020 年 4 月 1 日。

[②] 《开发规章》(草案)第 18 条。

资源类别,前提是生产只能在已核准的采矿区进行。

管理局在开发合同整个期限内都不得允许其他任何实体在合同区内开发或勘探同一资源类别,并同承包者商讨,确保在合同区内对另一资源类别开展作业的其他任何实体不会干扰授予承包者的权利。

(2) 续签开发合同的权利[①]

承包者在满足以下条件时,法律和技术委员会可以向理事会建议授予其续签开发合同的权利:① 每年可从合同区以具有商业意义和盈利能力的数量回收该类别的资源;② 承包者遵守其开发合同条款和管理局规则,包括海底局为确保有效保护海洋环境不受区域内活动可能产生的有害影响而通过的规则、规章及程序;③ 开发合同尚未提前终止;④ 承包者已按规定金额缴纳有关费用。

(3) 使用开发合同作为担保的权利[②]

经担保国和理事会事先同意,承包者可根据法律和技术委员会的建议,抵押、质押、留置或押记其在开发合同下的全部或部分权益,或以其他方式将其设置为财产负担,以便为履行开发合同规定的义务筹资。

(4) 转让开发合同的权利和义务[③]

承包者有权和受让人共同向秘书长提出征求同意的申请,以转让开发合同规定的权利和义务。经理事会事先同意,承包者才可根据法律和技术委员会的建议,全部或部分转让开发合同为其规定的权利和义务。

---

① 《开发规章》(草案)第 18、20 条。
② 《开发规章》(草案)第 22 条。
③ 《开发规章》(草案)第 23 条。

2. 开发活动承包者的义务

(1) 控制权变更的通知义务[①]

"控制权变更"发生的条件是,承包者所有权或合营企业、联合企业或合伙企业成员组成(视情况而定)的50%或以上发生变化,或提供环境履约保证金的实体所有权的50%或以上发生变化。

如果承包者的控制权变更,或代表承包者提供环境履约保证金的任何实体的控制权变更,则承包者应在可行的情况下于该控制权变更之前通知秘书长,但无论如何不得迟于变更后90日通知。承包者应向秘书长提供后者就该控制权变更合理索取的详细信息。

(2) 生产前提交相关文件之义务[②]

承包者应在拟于采矿区内开始生产前至少12个月,向秘书长提交按照良好行业做法并结合准则编写的可行性研究。秘书长应根据可行性研究,考虑是否需要对工作计划作出任何重大变更。如果秘书长确定需要作出任何此类重大变更,承包者应相应编写并向秘书长提交经修改的工作计划。

(3) 维持商业生产的义务[③]

承包者应根据开发合同及其所附工作计划以及本规章维持商业生产。承包者应按照良好行业做法,以可行性研究所设想的速率管理回收从采矿区开采的矿物,在出现未能遵守工作计划或确定今后将无法遵守工作计划的情形时应通知秘书长。

(4) 因市场情况而减少或暂停生产的通知义务[④]

承包者可因市场情况临时减少或暂停生产,但随后应在实际

[①]《开发规章》(草案)第24条。
[②]《开发规章》(草案)第25条。
[③]《开发规章》(草案)第28条。
[④]《开发规章》(草案)第29条。

可行的情况下尽快通知秘书长。减少或暂停最长可持续 12 个月。承包者如提议继续减少或暂停生产 12 个月以上,则应在该 12 个月结束前至少提前 30 天书面通知秘书长,说明要求在该段时间内减少或暂停生产的理由。

如果采矿活动出现任何暂停,承包者应根据关闭计划,继续监测和管理采矿区。如果暂停期超过 12 个月,法律和技术委员会可要求承包者提交最终关闭计划。如果承包者暂停所有生产超过 5 年,理事会可终止开发合同并要求承包者实施最终关闭计划。承包者应在重新开始任何采矿活动后尽快,且不晚于重新开始后 72 小时通知秘书长,并在必要时向秘书长提供所需信息,证明导致减少或暂停生产的问题已得到解决。秘书长应通知理事会,生产已重新开始。

(5) 环境保护义务和安全保障义务

承包者在从事开发活动中应当承担海洋环境保护和保障海上生命和财产安全这两类义务,这两类义务在下文"深海海底资源勘探开发中的海洋环境保护"以及"安全保障制度"这两部分有详细的论述,这里就不赘述。

(6) 降低事故风险以及事故通知、通报义务①

① 降低事故风险义务。承包者应在合理可行的范围内尽量减少事故风险,直至进一步减少风险的成本与其效益严重不成比例,并考虑到相关准则。应根据新的知识和技术发展以及良好行业做法、最佳可得技术和最佳环保做法,不断审查减少风险措施的合理可行性。在评估进一步减少风险所需的时间、成本和努力是否与其效益严重不成比例时,应考虑到与正在进行的作业相称的

---

① 《开发规章》(草案)第 32—34 条。

最佳做法风险水平。

② 事故通知义务。承包者在知悉事故发生时应该立即，且至迟于事故发生后 24 小时内通知担保国和秘书长；并立即执行经管理局核准的、用于应对事故的应急和应变计划。承包者应当与担保国、船旗国、沿海国或相关国际组织（视情况而定）协商，及时且在规定的时限内执行秘书长作出的任何指示，并采取任何其他必要措施，限制事故的不利影响。承包者亦应当将事故记录在事故登记册中，该登记册将由承包者在采矿船或设施上保存，用于记录任何事故。

③ 事故通报义务。承包者应立即将发生规章草案所列任何事件的情况通知其担保国和秘书长，并且应在合理可行的范围内尽快、但不迟于承包者知悉任何此类事件后 24 小时，向秘书长提交有关该事件的书面通知，包括对事件的描述、所采取的即时应对行动（可酌情包括关于执行应急和应变计划的说明）以及计划采取的任何行动。此外，承包者应确保酌情通知所有监管机构并与其协商。

（7）发现具有考古或历史意义的人类遗骸、文物和遗址的通知义务①

承包者应立即将在合同区内发现的任何具有考古或历史意义的人类遗骸或任何类似性质的文物或遗址及其地点，包括所采取的保全和保护措施以书面形式通知秘书长。秘书长应将此类信息转交给担保国、遗骸来源国（如已知）、联合国教育、科学及文化组织总干事以及任何其他主管国际组织。在合同区内发现任何此类人类遗骸、文物或遗址后，为避免扰动该人类遗骸、文物或遗址，不

---

① 《开发规章》（草案）第 35 条。

得在合理范围内继续勘探或开发,直至理事会在考虑遗骸来源国、联合国教育、科学及文化组织总干事以及任何其他主管国际组织的意见后,决定可继续勘探或开发。

(8) 保险义务①

承包者应从令管理局满意、财务健全的保险人获得并继而始终维持具有充分效力及作用的保险,并使分包者从此类保险人获得并维持此种保险,而保险的类型、条款和数额应符合适用的国际海事惯例,遵守良好行业做法且如相关准则所规定的。

承包者应将管理局列为额外被保险人。承包者应尽最大努力确保所要求的所有保险均经过背书(endorsed),规定承保人放弃任何追索权,包括就开发活动向海管局代位求偿的权利。

未经秘书长事先同意,承包者不得对任何保险合同作出任何重大变更或予以终止。如果保险人终止保险合同或修改保险条款,承包者应立即通知秘书长。承包者应在收到根据其保险提出的索赔后,立即通知秘书长。

(9) 举行培训义务②

承包者应按照开发合同中经核准的培训计划承诺、《开发规章》和任何培训准则,对管理局和发展中国家的人员持续进行和开展培训。考虑到在区域内开展活动方面欠缺的任何技能和行业要求以及培训准则,承包者、管理局和担保国可根据需要,通过相互协商,不时修改和制订培训计划。

(10) 年度报告提交与公布义务③

承包者应在每个日历年终了后 90 日内,以相关准则可能不时

---

① 《开发规章》(草案)第 36 条。
② 《开发规章》(草案)第 37 条。
③ 《开发规章》(草案)第 38 条。

规定的格式,向秘书长提交年度报告,说明承包者在合同区内的活动,并报告遵守开发合同条款的情况。年度报告应在海底采矿登记册上公布,但机密资料除外,对机密资料应予编辑处理。

(11) 账本、记录和样本的保存义务①

承包者应按照国际公认会计原则,保存一套完整和正确的账簿、账目和财务记录,其中必须包括充分披露资本支出、营业费用等实际和直接开发支出的信息,以及将有助于切实审计承包者支出和费用的其他信息。

承包者应按照国际海底管理局的数据和信息管理政策,保存地图、地质、采矿和矿物分析报告、生产记录、加工记录、销售或使用矿物记录、环境数据、档案和样本以及与开发活动有关的任何其他数据、信息和样本。

对于在开发过程中获取的该资源类别的样本或岩心(视情况而定)以及生物样本,承包者应在实际可行的情况下妥善保存其中有代表性的部分,直至开发合同终止。样本可由承包者自己保存维护,或根据相关准则交由第三方保存。

应秘书长要求,承包者应向秘书长提供在开发活动期间所获取的任何样本或岩心的一部分,以供分析。承包者应允许秘书长在提前一段合理的时间发出通知的情况下查看所有这些数据、信息和样本。

(六) 深海海底资源勘探开发中的海洋环境保护

有关海洋环境保护的规定散见于《公约》的很多地方。首先,《公约》的前言规定:"通过本《公约》,在妥为顾及所有国家主权的情形下,为海洋建立一种法律秩序,以便利国际交通和促进海洋的

---

① 《开发规章》(草案) 第 39 条。

和平用途,海洋资源的公平而有效的利用,海洋生物资源的养护以及研究、保护和保全海洋环境。"其次,《公约》的第十二部分从第192条至第237条系统地规定了"海洋环境的保护和保全",足见海洋环境保护在海洋资源利用中的重要性。

《公约》第145条对国际海底管理局在管控深海海底资源勘探开发中的环境保护义务作出了详细的授权:

> 应按照本《公约》对区域内活动采取必要措施,以确保切实保护海洋环境,不受这种活动可能的有害影响。为此目的,管理局应制定适当的规则,规章和程序,以便除其他外:
>
> (1) 防止、减少和控制对包括海岸在内的海洋环境的污染和其他危害,并防止干扰海洋环境的生态平衡,特别注意使其不受诸如钻探、挖泥、挖凿、废物处置等活动,以及建造和操作或维修与这种活动有关的设施、管道和其他装置所产生的有害影响;
>
> (2) 保护和养护区域的自然资源,并防止对海洋环境中动植物的损害。

第145条第1款列举了几种重点需要采取措施管制的可能影响到海洋环境的活动,这些活动包括"钻探、挖泥、挖凿、废物处置、建造和操作或维修与这种活动有关的设施、管道和其他装置"。但是该条中"以便除其他外"意味着由管理局制定、颁布的规则、规章和程序所管制的活动不限于该条第一款和第二款中所列举的活动,《公约》的其他部分的规定也佐证了这一点。

例如,《公约》附件三第17条第2款(f)项要求管理局制定规则、规章和程序,"为保证切实保护海洋环境免受区域内活动或于矿址上方在船上对从该矿址取得的矿物加工所造成的直接损害,考虑到钻探、挖泥、取岩心和开凿，以及在海洋环境内处置、倾倒和排放沉积物、废物或其他流出物，可能直接造成这种损害的程度"。

又如，《公约》第 162 条第 2 款（w）和（x）项要求理事会"遇有紧急情况，发布命令，其中可包括停止或调整作业的命令，以防止区域内活动对海洋环境造成严重损害"；并且"在有重要证据证明海洋环境有受严重损害之虞的情形下，不准由承包者或企业部开发某些区域"。

从前述的条文我们可以看出，《公约》授予了国际海底管理局非常宽泛的权力去制定相关的环境保护管制规范。按照国际海底管理局内部机构的权力分配，理事会有权力制定详细的环境保护管制规范，法律和技术委员会作为理事会下设的专业机构，有权力也有义务向理事会提交环境保护的管制规范之建议。结合《公约》的相关规定，我们对第 145 条作出以下几点解读。

第一，《公约》第 145 条规定，应按照"本《公约》"对区域内活动采取必要措施，以确保切实保护海洋环境，不受这种活动可能产生的有害影响"。有关缔约国采取措施保护和保全海洋环境的一般规定都包含在《公约》的第十二部分，该部分中有关海洋环境保护的大部分条款都可以准用于区域活动中的海洋环境保护，其中有部分条款就是有关区域活动中的海洋环境保护。《公约》第 194 条第 3 款（c）项规定缔约国有义务依据本部分采取的措施，应针对海洋环境的一切污染来源，包括来自"用于勘探或开发海床和底土的自然资源的设施装置的污染，特别是为了防止意外事件和处理紧急情况，促使海上操作安全，以及规定这些设施或装置的设计、建造、装备、操作和人中配备的措施"。该条的规定适用于在国家管辖范围内以及国家管辖范围外的海底开发活动。《公约》第 209 条第 1 款规定，为了防止、减少和控制区域内活动对海洋环境的污染,应按照第十一部分制订国际规则、规章和程序。这种规则、规章和程序应根据需要随时重新审查。而结合第 145 条的规定,制定这种海洋环境保护相关的国际规则、规章和程序的主体是国际海底管理局。《公约》第 209 条第 2 款规定：各国应制定法律和规章,以防止、减少和控制由悬挂其旗帜或在其国内登记或在其权力下经营的船只、设施、结构和其他装置所进行的区域内活动造成对海洋环境的污染。这一款要求同深海海底资源勘探开发活动相关的各国制定其国内法来管控可能来自区域活动的海洋环境污染,而且这些国内法律和规章的要求的标准应不低于国际层面的规则、规章和程序的标准。由此,国际海底管理局根据第 145 条的授权所制定的海洋环境保护相关的法律规范可以直接影响各国国内的相关立法。

第二,根据《公约》第 208 条的规定,在国家管辖范围内的区域从事海底采矿的国家,必须制定法律和规章,以防止、减少和控制来自受其管辖的海底活动或与此种活动有关的对海洋环境的污染。这些法律和规章的严格程度应不低于国际规则。因此,国际海底管理局制定的环境保护规范所产生的影响超出了海底法律制度的范围,并直接为沿海国国内立法中所采用的污染标准设定了基准。

第三,该条规定国际海底管理局有义务保证区域活动不会干扰到海洋环境中的生态平衡。从第 145 条的规定可以看出,考虑到海洋环境的整体性,海洋环境的要素包括海岸、区域部分的资源以及海洋环境中的动植物,该条也包含了对这些海洋要素的保护,如此的规定对应了《公约》第 192 条中规定的各国有保护和保全整个海洋环境的义务。

《1994 年执行协定》重申了国际海底管理局保护海洋环境的

责任,确定"《公约》"对保护和保全海洋环境的重要性,以及全球环境日益受到关注",并规定在《公约》生效至开发工作计划获得核准期间,国际海底管理局除其他外应集中于"制定保护和保全海洋环境的包含适用标准的规则、规章和程序"。①

国际海底管理局下设的法律和技术委员会负责就保护海洋环境问题向理事会提出建议,并在这方面参考该领域公认专家的意见。此外,法律和技术委员会必须:

(1) 制定并向理事会提交区域内的探矿、勘探和开发活动的规则、规章和程序,为此考虑到一切相关因素,包括区域内活动对环境影响的评价;

(2) 经常审查这种规则、规章和程序;

(3) 就设立一个以公认的科学方法定期观察、测算、评价和分析区域内活动造成的海洋环境污染危险或影响的监测方案,向理事会提出建议;

(4) 协调理事会核准的监测方案的实施。②

法律和技术委员会也可以就下列事项向理事会提出建议:

(1) 发布紧急命令,以防止区域内活动对海洋环境造成严重损害。理事会应优先审议这种建议;③

(2) 因有充分证据证明海洋环境有受严重损害之虞,不准承包者或企业部开发某些区域;④

(3) 视察人员的指导和监督事宜,这些视察员应视察区域内活动,以确定《公约》的规定和管理局的规章和程序得到遵守。⑤

---

① 《1994 年执行协定》附件第一节第 5(f)段。
② 《公约》第 165 条第(e)—(h)款和第 215 条。
③ 《公约》第 165 条第(2)款(k)项。
④ 《公约》第 165 条第(2)款(l)项。
⑤ 《公约》第 165 条第 2 款(m)项。

尽管《公约》和《1994年执行协定》授予了国际海底管理局广泛的环境保护的权力，但是在这两份文件中并未就管理局采取何种具体的环境措施作出细致的规定，也未制定详细的指南来指导管理局执行这些环境保护权力。[1] 如《公约》第165条第2款(d)项要求法律和技术委员会评估深海活动可能对海洋环境带来的影响，但是《公约》并未就法律和技术委员会此种环境影响评估在管理局决策中的角色作出规定。这其中的一个重要的原因是在《公约》和《1994年执行协定》的谈判过程中，国际社会对海洋科学的理解是极为粗浅的，深海采矿活动是一项极具挑战性的海洋活动，因此诸多的细节规定有待于将来随着人类对海洋科学认知的不断发展再进一步作出讨论。这实际上也印证了构建国家管辖范围外深海海底资源勘探开发制度是一个渐进的、不断发展的过程，而非一蹴而就的。国际海底管理局的环境保护授权在勘探、开发规章中得到了进一步的展开和丰富，在管理局已经颁布的三种资源的勘探规章中，都有专门的章节规定了勘探资源过程中的环境保护措施。国际海底管理局可以采取诸多环境保护措施来履行其在《公约》和《1994年执行协定》下的环境保护义务，如管理局可以通过采取评估和监测环境影响（assess and monitor environmental impacts）、设立海洋保护区（marine protected areas）、采取最佳环境措施（best environmental practices）、发布紧急命令（emergency orders）、采取预防措施（applying a precautionary approach）来实现保护海洋环境之目的。[2]

---

[1] Frida Armas-Pfirter, How can Life in the Deep Sea be Protected?, *The International Journal of Marine and Coastal Law*, 2009, 24(2), 303.
[2] Aline Jaeckel, *The International Seabed Authority and the Precautionary Principle: Balancing Deep Seabed Mineral Mining and Marine Environmental Protection*, Brill Nijhoff, 2017, pp. 154-179.

需要指出的是,国际海底管理局采取上述的环境保护措施有赖于承包者的配合。《公约》第 145 条关于海洋环境保护的条款虽是给管理局设置的义务,但管理局通过制定和颁发《勘探规章》《开发规章》以及同承包者签订勘探开发合同,要求承包者履行前述条款所规定的环境保护义务。也就是说,承包者在区域内的活动应防止、减少和控制对包括海岸在内的海洋环境的污染和其他危害,并防止干扰海洋环境的生态平衡,承包者的钻探、挖泥、挖凿、废物处置等活动,以及建造和操作或维修与这种活动有关的设施、管道和其他装置都不应对海洋环境造成有害的影响。同时,在勘探和开发活动中应防止对海洋环境中动植物的损害。

1. 勘探活动中的环境保护制度

国际海底管理局根据《公约》及其附件和《1994 年执行协定》出台了勘探三种深海矿产资源的规章。三规章中都有保护和保全深海环境的详细的条款,这些条款将《公约》第 145 条和《1994 年执行协定》中的原则性规定具体化,更具有操作性,也更加清晰地规定了管理局、担保国以及承包者在深海环境保护中的义务。

三规章要求承包者采取必要、合理、当前最佳科学技术所能允许的措施防止、减少和控制从事区域活动中可能产生的污染以及其他对海洋环境的危害。三规章要求管理局和担保国遵行《里约宣言》第 15 条所规定的预防原则,以应对区域活动可能给深海环境带来的负面影响。管理局下设的法律和技术委员会有义务不断出台并审查更新相关的指导建议来引导承包者、担保国和管理局自身履行上述各自在区域活动中的深海环境保护的义务。具体而言,承包者在从事深海海底资源勘探活动过程中所应当采取的环境保护措施主要包括以下内容。

(1) 承包者采取必要措施防止、减少和控制其区域内活动对海洋环境造成的污染和其他危害。

《多金属结核规章》第 31 条,《多金属硫化物规章》《富钴铁锰结壳规章》第 33 条规定:"每一承包者应采用预防做法(审慎做法)(precautionary approach)和最佳环境做法,尽量在合理的可能范围内采取必要措施防止、减少和控制其'区域'内活动对海洋环境造成的污染和其他危害。"

(2) 环境基线制度

《1994 年执行协定》首次明确地指出有必要确定环境基线以便评估深海活动可能对海洋环境造成的影响。《1994 年执行协定》附件第一节第 7 条规定:请求核准工作计划的申请,应按照管理局所制定的规则、规章和程序,附上对所提议的活动可能造成的环境影响的评估,和关于海洋学和基线环境研究方案的说明。管理局出台的勘探规章也纳入了确定环境基线这一要求,并特别指出环境基线数据必须都能用于评估深海活动可能对海洋生物多样性造成的影响。① 三规章均规定每个承包者都应收集环境基线数据并建立环境基线。

法律和技术委员会颁布的《环境影响评估建议》就承包者收集环境基线数据并且确立环境基线的程序作出了详细的规定:为了根据规章的相关规定确定勘探区的环境基线,承包者应利用可获得的地理信息系统等最佳技术,并在制定采样策略时利用健全的统计设计收集数据,以确定物理、化学和生物等参数的基线状况,这些参数是可能受到勘探和试采活动影响的系统的特性。记录试采前自然状况的基线数据十分重要,可以检测试采影响带来的变化,预测商业采矿活动的影响。基线数据的要求包括以下七类:

---

① 《多金属结核规章》第 18 条 b 款。

物理海洋学、地质学、化学/地球化学、生物群落、沉积物性质、生物扰动和沉积作用。

需要注意的是,勘探合同的标准条款第 5 条第 2 款规定承包者从事勘探活动之前,需要向国际海底管理局提交可用于制定环境基线以评估拟议活动影响的数据。因此,确定环境基线不仅是承包者的义务而且也是其从事勘探活动的前置条件。

根据合同的要求,承包者应参照法律和技术委员会提出的建议,收集环境基线数据并确定环境基线,供对比评估其勘探工作计划所列的活动方案可能对海洋环境造成的影响,并制定监测和报告这些影响的方案。委员会可列出其认为不会对海洋环境造成潜在有害影响的勘探活动。承包者应与管理局和担保国合作制定和执行这种监测方案。承包者应每年以书面方式向秘书长报告该监测方案的执行情况和结果,并应参照委员会提出的建议提交数据和资料。①

(3) 环境影响评估

《公约》第 206 条规定:"各国如有合理根据认为在其管辖或控制下的计划中的活动可能对海洋环境造成重大污染或重大和有害的变化,应在实际可行范围内就这种活动对海洋环境的可能影响作出评价,并应提交这些评价结果的报告。"这是《公约》对成员国在海洋环境保护中的义务的规定。对可能导致海洋环境严重损害的活动进行环境影响评价也是国际习惯法所要求的。② 从此条的字面来看,凡是在成员国的管辖或者控制之内的活动,只要这些活动可能对海洋环境造成重大污染或者重大和有害的变化,成

---

① 《多金属结核规章》第 32 条,《多金属硫化物规章》《富钴铁锰结壳规章》第 34 条。
② Robin Warner, Oceans beyond Boundaries: Environmental Assessment Frameworks, *The International Journal of Marine and Coastal Law*, 2012, 27, 481-499.

员国都应当进行相应的环境影响评价。该条中的"合理"一词说明成员国在判断"活动"是否对海洋环境构成重大影响有一定的判断和裁量空间,同该条后部分的"实际可行"一词相对应,成员国在采取评价措施上亦有一定的裁量空间。

① 制度起源

深海活动中的环境保护制度在域外各国深海立法中都有所规定,其中环境影响评价这一制度几乎被各国所采用。环境影响评价首创于美国 1969 年的《国家环境政策法》(NEPA)。1970 年左右是美国环境立法的黄金时期,这段时间美国通过了大量的环境立法,其中包括《国家环境政策法》《清洁空气法》《清洁水法》等重要环境立法。美国 1969 年的《国家环境政策法》是典型的政策性的立法,这部法律从名称上即很清楚地看出是在规范国家整体的环境政策,主要的内容包括:确立国家环境政策的目标、建立相关制度以达成国家环境政策目标,以及建立相关组织等。在制度方面最重要的是创设了后来影响各国与国际甚多的环境影响评估制度;在组织方面则是在总统之下设立了环境质量委员会(Council of Environmental Quality, CEQ)。美国《国家环境政策法》的三大重要内容,其实正是一个政策性环境立法所包含的:确立一国环境政策的方向、设定重要的环境制度与组织建制、提供重要的环境法原则。这部法律深深影响了 20 世纪 70 年代以来美国环境立法、法院判决,以及环境公民团体的环境论述方向。

《国家环境政策法》的目的在于解决美国联邦政府所许可的各项开发行为中,经济发展、生态保护及社会文化等不同价值间的冲突。事实上,在该法草案中原本没有环境影响评价制度的内容。在该法案的一次听证会中,一位印第安纳大学的教授提出这个法案应该包括要求联邦行政机关"断定"其行政行为对环境影响的建议。这个建议得到了很多人的支持，最终草案通过并且将"断定"改为要求行政机关对环境影响予以"详细说明"，以加重行政机关说明和报告其行为造成的环境影响的法律义务；同时，将原草案规定的只在行政机关内部进行环境影响审查改为可以由其他行政机关审查，以加强行政机关的拟议行为所造成的环境影响的外部监督。在《国家环境政策法》之后，美国各州也纷纷制定本州的《环境政策法》，将环境影响评价制度规范化。而后，至1990年代早期，已经有数以百计的发达国家与发展中国家陆续制定相关国内立法，引入环境影响评价制度，如德国于1990年依据欧盟指令制定《环境影响评估法》。日本于2000年亦将环境影响评估制度正式立法。

1969年美国《国家环境政策法》颁布后，随后的1970年的美国《清洁空气法》第309条对联邦的环境保护局环境影响职责作出了相应的规定。1978年，美国环境质量委员会进而颁布了《国家环境政策实施程序条例》(CEQ条例)，作为其实施细则。该条例将环境影响评价制度的施行具体落实在环境影响报告书的编制和审批中。除非一项拟议行为被联邦机构确定为对环境没有显著影响而被排除适用《国家环境政策法》，否则各机构都必须就行为可能造成的环境影响编制环境评价或者环境影响报告书。

美国的环境影响评价的法定程序实际上可以分为环境评价和编制环境影响报告书。编制环境评价就是为了以此为根据判定行为对环境产生的影响，其结果是由联邦机构对行为的环境影响作一个基本判断，并以此为依据作出如下认定结论：该行为对环境不会产生重大影响，或者应当在环境评价的基础上继续编制环境影响报告书。因此可以将环境评价看作是编制环境影响报告书的前置程序,只要当环境评价认定拟议行为可能对环境产生显著影响时,才可以要求主管机构编制环境影响报告书。但是条例并没有规定公众应当参与环境评价的编制过程,主管机构也没有义务告知公众它在准备环境评价,所以也无需将准备的环境评价草案送交公众评论及征求公众对于环境评价的意见。因此,很多机构在准备环境评价的过程中,采取减轻环境影响的措施而避免准备环境影响报告书,以规避《国家环境政策法》中对公众必须参与编制环境影响报告书的要求,从而达到将公众排除在环境决策程序之外的目的。

编制环境影响报告书是美国环境影响评价制度的核心,它包括项目审查(screening)、范围界定(scoping)、环境影响报告书草案准备、环境影响报告书最终文本编制。Calvert Cliffs Coordinating Committee, Inc. v. United States Atomic Energy Commission[①]一案确立了《国家环境政策法》中有关环境影响评价条款的可司法性。《国家环境政策法》第102条强制性要求联邦机关之决策需要经过一个仔细的、信息充分的决策程序,并且该条规定了司法上可以执行之义务(judicially enforceable duties),为法院介入环评相关的案件提供了法律基础。

② 制度功能

采行环境影响评价制度的世界各国,虽然在具体的制度设计上有所差别,但是制度意旨基本是一致的:在于为公共决策建立程序机制,以促使政府在开发行为的决策中,能充分考量决策对于生态环境的影响。换言之,环境影响评价程序作为行政程序的一个环节,要求政府充分考量决策所可能引致的环境效应,以充实决

---

① Calvert Cliffs Coordinating Committee, Inc. v. United States Atomic Energy Commission 449 F.2d 1109 (D.C. Cir. 1971).

策的环境理性。

环境议题的特色在于高度科技关联与决策风险,以及广泛的利益冲突与决策权衡。就前者而言,环境问题往往涉及高度科技因素。环境问题的发现、因果关系的认定,解决方案的研发,往往都需要坚强的科学与技术背景支持,挑战人类物质文明的极限。人类社会往往也必须在科学与技术充满未知的情况下,并在科技的发展、政治经济社会文化的变迁与生态环境的变化等动态情境中,对环境问题"决策",因此使得环境决策的风险意味浓厚。就后者而言,环境问题涉及资源的使用与分配,不仅引发经济利益与生态环境之间的对立与纠结,甚至涉及当代人利益与后代人利益调节的代际正义问题,因此,环境决策必须进行利益权衡,政治属性浓厚。

环境决策的特殊性,要求制度必须强调资源的有效利用与分配,并在制度运作上导入民主选择的理念,以强化决策的正当性。环境影响评价作为决策程序的制度工具,其重视程序的规范导向,以及对公众参与、公民诉讼以及司法审查等配套机制的强调,正好切合环境议题的需求。

在美国的深海活动中,该条款亦发挥着司法作用。美国虽然不是《联合国海洋法公约》的缔约国,但是并不妨碍美国从事深海海底资源勘探开发活动。① 美国主要通过两种方式从事在区域部分的深海海底资源勘探开发活动。其一,美国通过在《公约》成员国设立子公司,获得《公约》成员国的担保后,同国际海底管理

---

① Steven Groves: The U.S. Can Mine the Deep Seabed Without Joining the U.N. Convention on the Law of the Sea, The Heritage Foundation Report, No. 2746, DECEMBER 4, 2012, available at https://www.heritage.org/report/the-us-can-mine-the-deep-seabed-without-joining-the-un-convention-the-law-the-sea, last visited 2019/12/29.

局签订勘探和开发合同来从事深海活动。如美国的 Lockheed Martin 公司在英国设立全资子公司 Lockheed Martin UK Holdings Ltd(LMUK),LMUK 在英国设立全资子公司 UK Seabed Resources Ltd,该公司获得英国政府提供的国家担保,同国际海底管理局签订勘探开发合同,从事相关深海活动。①

其二,美国国家海洋和大气管理局根据美国 1980 年《深海海底硬矿物资源法》发放勘探和开发许可证。因此美国从事深海活动的第二种方式完全是依赖"公海自由",根据其国内法的规定从事深海活动。但是美国通过此种国内法的方式发放勘探开发许可证并不是没有任何约束的,它同样要遵守美国国内的《行政程序法》《国家环境政策法》等相关法律。

由于美国国家海洋和大气管理局审核、批准和发放勘探开发许可证受到美国国内法的约束,因此美国产生了第一例有关深海资源勘探开发的司法诉讼。2015 年 5 月,美国非盈利机构生物多样性中心,针对美国国家海洋和大气管理局和美国商务部部长,向华盛顿特区地区法院提出诉讼,控诉美国国家海洋和大气管理局在给 Lockheed Martin 公司于 USA-1 和 USA-4 两块区域②(这

---

① Klaas Willaert, Deep Sea Mining and the United States: Unbound Powerhouse or Odd Man Out?, *Marine Policy* 2021, 124, 104339.
② NOAA 于 1984 年向 Ocean Minerals Company(OMCO)、Ocean Management Inc. (OMI)、Ocean Mining Associates(OMA)、Kennecott Consortium(KCON)这几个共同体(consortium)颁发了勘探相关深海海底区域的许可证,许可证期限为十年。这些共同体既有美方出资,也有其他国家的出资。
　　USA-1——OMCO 于 1984 年获得 NOAA 颁发的勘探此区块资源的许可。
　　USA-2——OMI 于 1999 年放弃对此区块资源的勘探,目前没有相关机构勘探或开发此区块。参见:Deep Seabed Mining: Lapse of Exploration License, Federal Register, Vol. 64, No. 126 (July 1, 1999), available at https://www.govinfo.gov/content/pkg/FR-1999-07-01/pdf/99-16700.pdf, last visited 2020/1/12. USA-3——OMA 于 1997 年放弃对此区块资源的勘探许可,2012 年 5 月比利时的 G-TEC Sea Minerals Resources NV 公司向国际海底管理局提出并获得对此区块资源勘探的权利。

(转下页)

两块区域在东北太平洋克拉里昂-克利珀顿区的位置如图 1 所示)从事勘探活动的许可证展期的过程中违反了以下法律的规定:

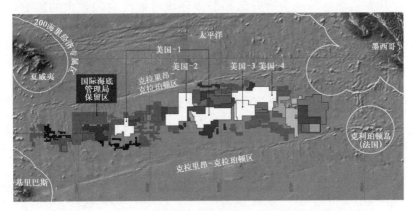

图 1　美国在克拉里昂-克利珀顿区域矿区权属示意图[①]

a.《行政程序法》中的"通知和评论"(Notice & Comment)的规定;

b.《国家环境政策法》中有关环境影响评价的规定;

(接上页)USA-4——KCON 于 1992 年放弃对此区块资源的勘探许可,随后 OMCO 提出勘探此区块资源的许可申请。

OMCO 是美国洛克希德-马丁公司(Lockheed Martin Corporation)的全资子公司。尽管没有加入《海洋法公约》,但美国保留了在 CCZ 区深海海底大面积的开采权。目前美国在 CCZ 区域拥有两块勘探矿区,"USA-1"和"USA-4"的区域目前被许可给洛克希德-马丁公司的全资子公司 OMCO 海底勘探有限责任公司从事资源勘探活动,这两块勘探区域都是美国通过国内法的程序由 NOAA 向美国的公司发放许可证获得的。"USA-2"目前无国家认领,而国际海底管理局和比利时公司 G-TEC 海洋矿产资源公司于 2013 年 1 月就"USA-3"区块的多金属结核勘探签署了合同。

① Steven Groves: The U.S. Can Mine the Deep Seabed Without Joining the U.N. Convention on the Law of the Sea, The Heritage Foundation Report, No. 2746, December 4, 2012, available at https://www.heritage.org/report/the-us-can-mine-the-deep-seabed-without-joining-the-un-convention-the-law-the-sea, last visited 2019/12/29.

c.《深海海底硬矿物资源法》的相关规定。

原告"生物多样性中心"用大量的篇幅描述深海海底资源的勘探开发活动对海底生物资源和海洋环境可能产生的重大的影响，并且控诉 Lockheed Martin 公司在环境保护方面并没有采取合理的措施，违反了《国家环境政策法》中有关环境影响评价的规定。[①]最终双方达成了调解协议，美国国家海洋和大气管理局同意就 Lockheed Martin 公司的深海活动作进一步的环境影响分析。[②]

③ 深海海底资源勘探开发中的环境影响评估

《公约》明确要求国际海底管理局就深海活动进行环境影响评估。根据《公约》第 165 条第 2 款(d)项的规定，法律和技术委员会应当就区域活动的环境影响进行评估。但是，勘探规章并未就国际海底管理局如何从事环境影响评价作出具体的规定，法律和技术委员会也至今尚未从事环境影响评估的工作。相反，管理局在勘探规章中将从事环境影响评价的义务施加于承包者，法律和技术委员会在其出台的《环境影响评估建议》中对承包者的深海活动作出了区分：一类是根据可获得的资料，目前在勘探方面使用的多种技术被认为不会对海洋环境造成严重损害，因而不需要进行环境影响评估，如重力和磁力观测、录像/电影和照相观测、船上矿物化验和分析等活动；另一类是需要进行环境影响评估的活动，并

---

① Center for Biological Diversity v. NOAA & Penny Pritzker United States Secretary of Commerce, Complaint for Declaratory and Other Relief, available at http://www.biologicaldiversity.org/campaigns/deep-sea_mining/pdfs/Deep-seabedMiningComplaint_05-12-2015.pdf, last visited 2020/2/25.

② Hao Shen, International Deep Seabed Mining and China's Legislative Commitment to Marine Environmental Protection, *Journal of East Asia and International Law*, 2017, 10(2), 489-509. See the settlement agreement, available at http://www.minerallawblog.com/wp-content/uploads/sites/448/2017/05/CBD-settlement-agreement.pdf, last visited 2020/3/26.

需要在特定活动期间和其后实施环境监测方案,如利用系统人为扰动海底的活动、测试采集系统和设备、利用船载钻机进行钻探活动。

根据勘探规章的规定,承包者需要在以下两种情况下提交环境影响评估相关的材料。

第一,申请人在申请勘探合同时需要提交一份初步环境影响评估。申请人只有在申请勘探合同时提交初步环境影响评估,才有可能通过法律和技术委员会的审查,但是勘探规章没有就此初步环境影响评估的具体内容作出进一步的规定。根据勘探规章的规定,申请人在申请阶段无须提交具体的环境基线数据,而只需要提交一份"关于按照本规章及管理局制定的任何环境方面的规则、规章和程序进行的海洋学和环境基线研究方案的说明,这些研究是为了能够参照法律和技术委员会所提任何建议,评估提议的勘探活动对环境的潜在影响,包括但不限于对生物多样性的影响"。[①] 具体的环境基线数据是在勘探合同签署之后、开始从事勘探活动之前提交的,因此在申请阶段所提交的初步环境影响评估的实际意义是有待商榷的,因为只有结合环境基线去分析、评估勘探活动对环境有何影响才有意义。

第二,承包者在从事具体的勘探活动之前需要提交一份全面的环境影响评估。根据勘探合同标准文本的要求,在开始勘探活动之前,承包者应向管理局提交:a. 关于拟议活动对海洋环境潜在影响的评估;b. 关于确定拟议活动对海洋环境潜在影响的监测方案的建议;c. 可用于制定环境基线以评估拟议活动影响的数据。

承包者需要在正式从事任何勘探活动之前一年向管理局提交

[①]《多金属结核规章》第18条b款。

该全面环境影响评估。虽然部分同国际海底管理局签署的勘探合同已经进行了第一个五年的合同延期,但是绝大部分的承包者尚未提交全面环境影响评估。①

目前勘探规章所构建的环评制度的不足还在于其没有任何关于"替代方案"的规定。传统的环境影响评估的一个重要内容是替代方案的论证,如不同的项目地点、规模、程序、规划等。② 在设计替代方案时决策者所要思考的是"是否存在对环境影响更小一点的方案来实现同样的目的"。在深海采矿的语境中,提交环境影响评估的申请人/承包者需要评估采矿过程中各种技术或方法对环境的潜在影响,思考是否可以用更安全的方法来代替其中一些方法,例如通过使用不同的技术或需要特定的系统来处理废物和尾矿等问题。③

(4) 监测勘探活动对海洋环境的影响

有关海洋环境的监测制度,国际法层面已经有诸多规定。《公约》第 165 条第 2 款(h)项要求法律和技术委员会就设立一个以公认的科学方法定期观察、测算、评价和分析区域内活动造成的海洋环境污染危险或影响的监测方案,向理事会提出建议,确保现行规

---

① Aline Jaeckel, *The International Seabed Authority and the Precautionary Principle: Balancing Deep Seabed Mineral Mining and Marine Environmental Protection*, Brill Nijhoff, 2017, p.162.
② John Glasson, Riki Therivel, Andrew Chadwick, *Introduction to Environmental Impact Assessment*, Routledge, 2013, p. 5; Secretariat of the Convention on Biological Diversity, Biodiversity in Impact Assessment, Background Document to CBD Decision VIII/28: Voluntary Guidelines on Biodiversity-Inclusive Impact Assessment, *Netherlands Commission for Environmental Assessment*, 2006, pp. 29-38; Directive 2001/42/EC of the European Parliament and of the Council of 27 June 2001 on the Assessment of the Effects of Certain Plans and Programmes on the Environment, OJ L 197/30, Article 5(1).
③ Aline Jaeckel, *The International Seabed Authority and the Precautionary Principle: Balancing Deep Seabed Mineral Mining and Marine Environmental Protection*, Brill Nijhoff, 2017, p.164.

章是足够的而且得到遵守,并协调理事会核准的监测方案的实施。

《公约》第十二部分的规定旨在规定缔约国在保护和保育海洋环境中的义务。根据第十二部分的第 204 条,各国应在符合其他国家权利的情形下,在实际可行范围内,尽力直接或通过各主管国际组织,用公认的科学方法观察、测算、估计和分析海洋环境污染的危险或影响,各国特别应不断监视其所准许或从事的任何活动的影响,以便确定这些活动是否可能污染海洋环境。

《公约》中并没有关于"监测"的定义,但是根据第 204 条的规定,监测这一行为应当包括用公认的科学方法观察、测算、估计和分析海洋环境污染的危险或者影响。《公约》的第 165 条第 2 款(h)项中"设立一个以公认的科学方法定期观察、测算、评价和分析区域内活动造成的海洋环境污染危险或影响的监测方案",同第 204 条中的监测相比较,多了"定期"这一要素。

该条中的"海洋环境污染"在《公约》的第 1 条第 4 款已经作出规定,这里的海洋环境至少包括三个相关的物理要素:海底和底土、水柱以及紧邻的上层空间(大气),海洋环境还包括海洋的生物和生态系统。环境监测活动应当包括对所有这些要素可能受到深海活动的影响之监测。环境影响评价是在所提议活动可能对海洋环境产生重大影响的情况下才需要作出。相比之下,环境监测是持续的监视任何海洋活动的影响,以便确定这些活动是否能够污染海洋环境,对于需要进行环境影响评估的活动,必须在进行特定活动之前、之时和之后执行一个监测方案。

综上,《公约》第 165 条对法律和技术委员会的监测环境影响作出规定,《公约》第十二部分第四节第 204 条至第 205 条对缔约国的监测环境影响的义务作出了原则性的规定。除此之外,国际海底管理局下所设的法律和技术委员会出台的三种资源的勘探规章中亦有相关的规定如下。

承包者、担保国和其他有关国家或实体应同管理局合作,制定并实施方案,监测和评价深海海底采矿对海洋环境的影响。[①] 在勘探申请被管理局核准之后、承包者开始勘探活动之前,承包者应向管理局提交:一份关于拟议活动对海洋环境潜在影响的评估书;一份用于确定拟议活动对海洋环境潜在影响的监测方案建议书;和可用于制订环境基线,以评估拟议活动影响的数据。承包者有义务向管理局汇报环境监测实施方案的执行情况,并提交年度报告。承包者进行环境影响监测可以促进其履行环境影响评价义务,正如法律和技术委员会出台的《环境影响评估建议》所说明的:"在勘探期间进行的环境研究将以承包者提出的计划为基础,由法律和技术委员会审查,以确保计划的全面性、准确性及统计上的可靠性。计划然后将成为合同的活动方案一部分。在勘探期间进行的环境研究除其他外,将包括监测环境参数,以确定调查结果是在海床、中层和上层水柱正开展的任何活动不会造成严重环境损害。"[②]

(5) 应急计划制度

《公约》规定管理局遇有紧急情况,有权发布命令,其中可包括停止或调整作业的命令,以防止区域内活动对海洋环境造成严重损害。[③] 管理局在勘探规章中增加了承包者在应急计划方面的程序上的义务:"承包者在按照勘探合同开始其活动方案之前,应向秘书长提交一份能有效应付因承包者在勘探区域的海上活动而可能对海洋环境造成严重损害或带来严重损害威胁的事故的应急计

[①]《多金属结核规章》第 31 条,《多金属硫化物规章》《富钴铁锰结壳规章》第 33 条。
[②]《环境影响评估建议》附件—第 51 段。
[③]《公约》第 162 条第 2 款(w)项。

划。这种应急计划应确定特别程序,并应规定备有足够和适当的设备,以应付此类事故。"①

此外,承包者应以最有效的手段,迅速向秘书长书面报告活动引发的任何已经、正在或可能对海洋环境造成严重损害的事故。②在理事会未采取任何行动之前,秘书长应立即采取一切合乎情况需要的实际而合理的临时措施,以防止、控制和减轻对海洋环境的严重损害或可能的严重损害。③

2. 开发活动中的环境保护措施

如前文所述,深海活动一共包含三个阶段:探矿、勘探和开发。这三种活动中,开发活动给海洋环境带来的影响最大。目前有诸多承包者的勘探活动已经进入第一个五年延期阶段,国际海底管理局正在抓紧制定《开发规章》,经过缔约国和利益相关方的评论和讨论,《开发规章》已经日渐成熟。在《开发规章》的讨论中,深海海底资源开发过程中的环境保护无疑是一个重要的议题,《开发规章》(草案)④尤其强调了环境保护制度,设计专章对环境保护进行了规定。纵观《开发规章》(草案)的规定,其中具体的环境保护相关措施大致包括以下方面。

(1) 公布环境计划⑤

这里的环境计划指环境影响报告、环境管理和监测计划以及关闭计划。国际海底管理局秘书长确定工作计划核准申请书已完成

---

① 《多金属结核规章》《多金属硫化物规章》《富钴铁锰结壳规章》附件四第 6 节第 1 款。
② 《多金属结核规章》第 33 条第 1 款。
③ 《多金属结核规章》第 33 条第 3 款。
④ 目前国际海底管理局公布的最新版本《开发规章》(草案)是 2019 年 3 月版,参见: https://ran-s3.s3.amazonaws.com/isa.org.jm/s3fs-public/files/documents/isba_25_c_wp1-e.pdf,最后访问:2020 年 3 月 29 日。下文中所提及的《开发规章》(草案)均指 2019 年 3 月所发布的这一版本。
⑤ 《开发规章》(草案)第 11 条。

后，应在 7 日内将环境计划在管理局网站上公布，公布期为 60 日，并邀请管理局成员和利益相关方在考虑到相关准则的基础上提出书面意见；并且请法律和技术委员会在评论期内就环境计划提出评论。秘书长应在评论期结束后 7 日内向申请者提供管理局成员、利益相关方和委员会的任何评论意见以及秘书长的评论意见，供申请者考虑。申请者应考虑评论意见，可针对评论意见修改环境计划或作出答复，并在评论期结束后 30 日内提出任何经修改的计划或作出答复。

在公布和审查环境计划之前，委员会不应审议工作计划核准申请书。法律和技术委员会审查申请书、评估申请者时，作为其工作内容的组成部分，应参照前述环境计划的评论意见、申请者的答复以及秘书长提供的补充资料，审查环境计划或经修改的计划。法律和技术委员会应编写关于环境计划的报告，报告应包括委员会建议的对环境计划的任何修正或修改。关于环境计划或经修改的计划的报告应在管理局的网站上公布。

《开发规章》对于环境计划的公开以及邀请利益相关方的做法是公众参与原则在海底资源开发语境中的最好诠释。公众参与原则是一种具有浓厚程序属性的原则，该原则在当代诸多环境立法中多有体现。美国 1970 年的《国家环境政策法》确立了公众参与原则，并在环境影响评价制度上得到了具体应用。国际社会对于环境决策当中的公众参与议题的讨论，最早或可追溯至 1987 年的《布伦特兰报告：我们共同的未来》（The Brundtland Report，Our Common Future）。① 对该议题的讨论发展到今日，国际社会已形成有关环境决策程序之公众参与的国际公约，即《奥胡斯公约》（Aarhus Convention）。该公约于 1998 年通过，2001 年正式生效，

---

① The Brundtland Report, Our Common Future：https://sustainabledevelopment.un.org/content/documents/5987our-common-future.pdf, last visited 2020/3/11.

当中许多具有指标性意义的规定,至今仍属前卫理念,并足以作为各个国家相关法制建构上仿效的对象。

在国际或各国的环境政策或法制当中,通过公私部门协力(Public-Private Partnerships,PPPs)的方式以提升国家环境保护任务执行之成效,一直都占有一席之地。就以国际环境政策为例,《布伦特兰报告:我们共同的未来》就明确提出将政策决定程序中的公众参与视为实现可持续发展的重要前提。①

1992年联合国在巴西里约热内卢举行的地球峰会(Earth Summit)中所发表的《里约宣言》(Rio Declaration)第十项原则,明确以公众参与(public participation)为规范标题并赋予公众参与原则的具体内涵。第十项原则规定:环境问题最好在所有有关公民在有关一级的参加下加以处理。在国家层面,公众应有适当的途径获得有关公共机构所掌握的环境议题之信息,其中包括有关民众所在社区内有害物质和活动的信息,而且公众应有机会参加决策过程。各国应广泛地提供政府环境决策之信息,从而促进和鼓励公众了解和参与环境决策,各国亦应提供公众获得司法和行政程序的有效途径,其中包括赔偿和补救措施。②

仔细阅读第十项原则的规定,可以发现该条中已对"信息公开—公众参与—权利救济"三者的关联性进行阐述。尽管《里约宣

---

① The Brundtland Report, Our Common Future: https://sustainabledevelopment.un.org/content/documents/5987our-common-future.pdf, last visited: 2020/3/11.
② 原文为: Environmental issues are best handled with participation of all concerned citizens, at the relevant level. At the national level, each individual shall have appropriate access to information concerning the environment that is held by public authorities, including information on hazardous materials and activities in their communities, and the opportunity to participate in decision-making processes. States shall facilitate and encourage public awareness and participation by making information widely available. Effective access to judicial and administrative proceedings, including redress and remedy, shall be provided.

言》并未对该条款的意旨作出进一步的阐述,且由于其属于软法(soft law)的性质,同时并未具体提出可供执行的配套制度,故而导致其内涵本身存在着一定程度的模糊。然而,从其字面上的意义来看,环境决策程序中之公众参与的性质,在此阶段似乎已从纯粹的辅助环境行政决策的客观功能地位,发展到兼具有主观权利化的地位。遗憾的是,在《里约宣言》中,此一已有权利化趋势的公众参与,也因为宣言只具有软法性质而仅仅停留在宣示性意义的阶段。

在联合国《奥胡斯公约》[①]制定和通过后,公众参与权利化发展到一个成熟的阶段。首先,从该公约的完整名称——《有关环境事务行政决定程序中之信息请求权与公众参与以及司法请求权公约》(Convention on Access to Information, Public Participation in Decision-making and Access to Justice in Environmental Matters)及其规范内容,可以清楚得知,该公约明确地将环境事务决定程序中之信息请求权与公众参与以及司法请求权视为不可分割,且相互有影响作用的三个议题,并以此三个议题的相关规范构成该公约之三大支柱。就公众参与的部分而言,其主要是规定于公约第6条至第8条中。

与前文所提及的《布伦特兰报告:我们共同的未来》和《里约宣言》的相关规定相比,《奥胡斯公约》中有关公众参与的规定在规范内容上已有制度化的形式,例如,它对参与主体、参与时机与参与的事项范围等都有详细的规定。此外,在公约前言的立法理由说明中,公约亦明确表示其有意将公众参与权利化。例如,它明确规定公众为维护在健康与舒适环境中的生存权利,以及善尽其保

[①] Convention on Access to Information, Public Participation in Decision-making and Access to Justice in Environmental Matters, done at Aarhus, Denmark, on 25 June 1998.

护环境之义务,应享有环境信息请求权,参与环境决策程序之权利,以及针对环境事务有司法请求权。① 该公约进一步在第9条规定,缔约国必须确保人民对公权力部门在环境事务领域内之决定、作为或不作为所涉及的实体法或程序法之合法性存在疑虑时,有得以向司法机关请求审查的机会,其中所谓的程序法之合法性亦包括公权力部门违反公众参与之程序权的情形。

除了《奥胡斯公约》中规定了权利化的公众参与外,诸多国际条约对公众参与环境事务亦有所着墨。1972年《人类环境宣言》及其后许多国际环境法文件也都强调公众参与在环境议题中的重要作用。1980年发表的《世界自然资源保护大纲》称公众参与环境决策是"必要的行动"。② 1982年的《内罗毕宣言》第9条规定:"应通过宣传、教育和训练,提高公众和政界人士对环境重要性的认知。在促进环境保护的工作中,必须每个人负起责任并参与工作。"进入21世纪之后,公众参与原则在《二十一世纪议程》中也有重要体现,是可持续发展概念的基础。《二十一世纪议程》指出,不同的群体,包括妇女、儿童和青年、土著居民、非政府组织、地方当局、工人和工会、商业和工业、科学家和技术专家以及农民等,这些群体的个人和成员是关于许多环境问题的成因和解决方法的最好的知识来源。公众参与能动员和充分利用这些知识、技能和资源,提高政府行动的有效性。③ 另外,《二十一世纪议程》指出,还应注

---

① 原文为:"to be able to assert this right(to live in an environment adequate to his or her health and well-being) and observe this duty, citizens must have access to information, be entitled to participate in decision-making and have access to justice in environmental matters ..."
② The World Conservation Strategy, available at: https://portals.iucn.org/library/sites/library/files/documents/WCS-004.pdf, last visited 2019/8/16.
③ 参见《二十一世纪议程》第八章: https://www.un.org/chinese/events/wssd/chap8.htm,最后访问:2019年8月18日。

重发挥非政府组织的公众参与作用。

同其他国际组织相比,国际海底管理局在公开透明和公众参与方面的做法虽然有待检讨和作出进一步的改进,[1]但是在《开发规章》(草案)中融入了公众参与原则并且通过公布环境计划这种措施具体来落实这一原则,说明管理局已经在不断地改进其管控深海活动中的公开和透明程度,这一点值得肯定。

(2) 制定环境标准[2]

法律和技术委员会应考虑到公认专家和利益相关方的意见以及现有国际公认标准,就通过和修改与区域内开发活动有关的海洋环境保护标准向理事会提出建议。环境标准应包括以下主题:① 环境质量目标,包括生物多样性状况、羽流密度和范围以及沉降速率;② 监测程序;③ 缓解措施。

(3) 环境履约保证金[3]

承包者应不迟于在采矿区开始生产之日,向管理局缴存环境履约保证金。环境履约保证金所需的形式和数额应根据准则确定,并包括以下活动可能的所需费用:① 提前关闭开发活动;② 终止和最终关闭开发活动,包括移除任何设施和设备;③ 在关闭后监测和管理残留环境影响。

(4) 环境管理系统[4]

承包者应实施和维护一个考虑到相关准则的环境管理系统。环境管理系统应:① 能够在环境管理和监测计划中提供特定地点

---

[1] Aline Jaeckel, *The International Seabed Authority and the Precautionary Principle Balancing Deep Seabed Mineral Mining and Marine Environmental Protection*, Boston, Brill Nijhoff, 2017, pp. 260-266.
[2] 《开发规章》(草案)第45、94条。
[3] 《开发规章》(草案)第26条。
[4] 《开发规章》(草案)第46条。

的环境目标和标准;② 能够接受经认可和核证的国际或国家组织进行的具有成本效益的独立审计;③ 允许向管理局提交与环境绩效有关的有效报告。

(5) 编制环境影响报告[1]

环境影响报告的目的是记录和报告环境影响评估的结果,该评估:① 识别、预测、评估和减轻拟议采矿作业的生物物理、社会和其他相关影响;② 从一开始就包括一个筛选和范围界定过程,以确定并优先考虑与潜在采矿作业相关的主要活动和影响,以便将环境影响报告的重点放在关键环境问题上。该评估应包括环境风险评估;③ 包括影响分析,以描述和预测采矿作业的环境影响的性质和限度;④ 确定在可接受程度内管理此类影响的措施,包括编写拟订环境管理和监测计划。

环境影响报告应满足以下几点:① 包括事前环境风险评估报告;② 基于环境影响评估过程的结果;③ 符合相关区域环境管理计划的目标和措施;④ 依据适用的准则、良好行业做法、最佳可得科学证据、最佳环保做法和最佳可得技术编写。

(6) 编制环境管理和监测计划[2]

环境管理和监测计划的目的是管理和确认环境影响符合采矿作业的环境质量目标和标准。该计划在如何实施缓解措施、如何监测此类措施的有效性、管理层将对监测结果作何种回应以及将采用和遵循何种报告系统等方面规定相关承诺和程序。环境管理和监测计划应当满足以下几点:① 基于环境影响评估和环境影响报告;② 符合相关区域环境管理计划;③ 依据适用的准则、良好行业做法、最佳可得科学证据和最佳可得技术制定,并与其他计

---

[1]《开发规章》(草案)第47条。
[2]《开发规章》(草案)第48条。

划,包括关闭计划以及应急和应变计划相一致。

(7) 评估环境管理和监测计划的执行[1]

承包者应对环境管理和监测计划进行执行情况评估,以评估:① 采矿作业遵守计划的情况;② 该计划、包括其中所附管理条件及行动保持适当性和适足性的情况。

承包者执行情况评估的频率应符合承包者经核准的环境管理和监测计划规定的期限,并且承包者应根据相关准则并按规定的格式,编写并向秘书长提交执行情况的评估报告。

(8) 制订应急和应变计划[2]

承包者应根据确定潜在事故的情况,按照良好行业做法、最佳可得技术、最佳环保做法和适用的标准及准则,保持其应急和应变计划的实时性和适足性;并且为及时执行和实施应急和应变计划以及管理局发布的任何紧急命令,保持必要的资源和程序。

此外,承包者、管理局和担保国应就交流与事故有关的知识、信息和经验共同协商,并与显示感兴趣的其他国家和组织就这方面进行协商,利用此类知识及信息编写和修改标准及作业准则,以便在整个采矿周期内控制危害,还应与其他相关国际组织合作,借鉴其咨询意见。

(9) 设立环境补偿基金[3]

国际海底管理局设立环境补偿基金,基金的主要宗旨是:

① 供资用于实施任何旨在防止、限制或修复区域内活动对区域造成的任何损害、其费用无法从承包者或担保国(视情况而定)回收的必要措施;② 促进研究可减少区域内开发活动造成环境损

---

[1] 《开发规章》(草案)第52条。
[2] 《开发规章》(草案)第53条。
[3] 《开发规章》(草案)第54、55、56条。

害或破坏的海洋采矿工程方法和做法;③ 与保护海洋环境有关的教育和培训方案;④ 资助对恢复和修复区域的最佳可得技术进行研究;⑤ 在技术和经济上可行并有最佳可得科学证据支持的情况下恢复和修复区域。

环境补偿基金将由以下资金组成:① 向管理局缴纳的费用中按规定百分比或数额提取的部分;② 向管理局缴纳的任何罚款中按规定百分比提取的部分;③ 管理局通过谈判或因与违反开发合同条款有关的法律诉讼程序而回收的任何数额资金中按规定百分比提取的部分;④ 根据财务委员会的建议、按理事会指示存入基金的任何资金;⑤ 基金通过投资属于基金的资金而获得的任何收入。

(10) 区域管理计划(海洋保护区)

关于海洋保护区(Marine Protected Areas,MPAs)的定义,国际上还没有统一的标准,其中国际自然保护联盟(IUCN)对海洋保护区所作的定义是至今国际上接受面较广、使用较多的概念。国际自然保护联盟首先将保护区定义如下:"特别为保护和维持生物多样性、自然资源和相关文化资源,依据法律和其他有效手段管理的陆地和(或)海洋区域。"其次,就海洋保护区而言,则是指"任何被法律或其他有效措施部分保护或全部保护的封闭环境,这个封闭环境的范围包括潮间带或潮下带,及其上覆水域,并包括相关的动植物、历史、文化特征"。[1]

国际社会在讨论国家管辖范围外区域海洋生物多样性保护方面的法律空白问题时,已经深入探讨了建立具有法律约束力的海洋保护区机制的必要性。《生物多样性公约》[2]《可持续发展世界

---

[1] General Assembly of the IUCN. Resolution 17/38 (1988); 19/46 (1994).
[2] Convention on Biological Diversity, Article 8.

首脑会议执行计划》①和《21世纪议程》②等国际文件也都呼吁建立海洋保护区。此外,联合国大会也多次呼吁各国和国际组织将海洋保护区作为保护海洋生物多样性的工具。

《联合国海洋法公约》虽然没有专门提到海洋保护区,但《公约》间接规定保护某些地区不受海底采矿活动的影响。根据《公约》第162条第2款(x)项的规定,国际海底管理局在决定是否发放新的许可证时,理事会有权在"有实质性证据表明有对海洋环境造成严重损害的危险"的情况下不批准所申请的开发区域。③有关三种资源的勘探规章规定,如果勘探工作计划涉及根据上述规定不批准开发的区域,则法律和技术委员会不得建议批准该计划。④因此,一旦某区域因海洋环境保护原因不被批准开发,该区域也就禁止从事勘探活动,甚至禁止探矿活动。⑤ 由于这些规定可能导致禁止申请人在特定区域进行海底采矿活动,因此可将其视为一种空间管理工具(spatial tool),符合各国"保护和保全稀有或脆弱的生态系统以及枯竭、受威胁或濒危物种和其他形式的海洋生物的栖息地"的一般义务。⑥

然而,《公约》并没有对"实质性证据"的标准作出界定。这些

---

① Plan of Implementation of the World Summit on Sustainable Development, chapter IV, paragraph 32(c).
② "Agenda 21" adopted by the UN Conference on Environment and Development (Rio de Janeiro, 3 to 14 June 1992) Section II, chapter 17, paragraph 17.
③ 《公约》第165条第2款第1项。
④ Nodules Exploration Regulations, Regulation 21 (6); Sulphides Exploration Regulations, Regulation 23(6); Crusts Exploration Regulations, Regulation 23(6).
⑤ Nodules Exploration Regulations, Sulphides Exploration Regulations, Crusts Exploration Regulations, Regulation 2.
⑥ Aline Jaeckel, An Environmental Management Strategy for the International Seabed Authority? The Legal Basis, *The International Journal of Marine and Coastal Law*, 2015, 30, 107.

证据有待于在申请人/承包者通过勘探活动中的环境影响评价和环境监管来获得。值得注意的是,同样的高证据标准也适用于探矿活动。虽然探矿活动受到勘探规章的规范,但是探矿活动基本上是以海洋科学研究的形式自由进行的。在探矿活动中要求提供"实质性证据"实际上是设定了很高的证据门槛。考虑到探矿活动尚处于深海资源勘探开发的早期阶段以及深海生态系统所蕴含的诸多高度不确定因素,"实质性证据"证明标准也是不切实际的。此外,设定较高的证据标准实际上与预防原则相悖,因为预防原则之适用,本身就意味着存在不确定性,并且无法提供实质性证据。若采用"实质性证据"标准,这就意味着探矿者需要进行环境影响提供评估,以便能够确定是否会产生严重的损害。然而,勘探规章并没有要求探矿者进行环境影响评估,并且考虑到探矿阶段还处于深海采矿科学研究的早期阶段,获取相关数据也存在极大的难度。[1]

目前学界和实务界尚不清楚是否只有在国际海底管理局收到开发申请后才能判断某一区域因为环境因素而禁止从事海底采矿,或者海底管理局是否可以利用《公约》第 162 条第 2 款(x)项主动确定相关海洋保护区域并禁止潜在申请人在这些区域进行采矿活动。实际上,《公约》第 145 条赋予了国际海底管理局广泛的权力,国际海底管理局可以采取"必要措施"来确保海洋环境保护,[2]因此,管理局若要采取设立海洋保护区的措施,并不一定需要依赖《公约》第 162 条第 2 款(x)项的规定。此外,《公约》第 165 条第 2

---

[1] Aline Jaeckel, *The International Seabed Authority and the Precautionary Principle: Balancing Deep Seabed Mineral Mining and Marine Environmental Protection*, Brill Nijhoff, 2017, pp.166-167.
[2] 《公约》第 145 条。P. Drankier, Marine Protected Areas in Areas beyond National Jurisdiction, *International Journal of Marine and Coastal Law*, 2012, 27(2), 294-295.

款(e)项要求法律与技术委员会结合专家意见就保护海洋环境向理事会提出建议,并且根据《公约》第 162 条,理事会有权"就管理局职权范围内的任何问题或事项"制定具体政策,并可实施法律与技术委员会关于空间管理的建议。

考虑到海底矿产资源勘探开发可能对海底生境和深海物种造成的负面影响,国际海底管理局首先在针对多金属结核、多金属硫化物以及富钴铁锰结壳三大海底矿产资源的探矿勘探规章中制订了环保条款,法律和技术委员会也发布了相关环境指南。此外,虽然目前区域的矿产资源还没有进入大规模商业开发的阶段,但考虑到今后将要进行的矿产资源开发活动会比勘探阶段对海底生态环境造成更大威胁,管理局还为即将开发的区域制定了"环境管理计划"(environmental management plan),作为降低人类活动对海洋生态系统造成风险的有效和必要方式。

2012 年,管理局将环境管理计划成功适用于"克拉里昂-克利珀顿区"(Clarion-Clipperton Zone)。克拉里昂-克利珀顿区位于东中太平洋,在夏威夷群岛的南部和东南部。因为该区域拥有最有开发价值的矿床以及一系列已经批准金属结核勘探和探矿权的地区,所以预计它将成为国际海底区域第一个被开发的地区。①

管理局建立该环境管理计划的目标是促使以保护环境的负责任态度,按照国际海底管理局的法律框架和环境指南开发海底矿物资源;促进实现《可持续发展问题世界首脑会议执行计划》所定的管理目标和指标,包括遏制生物多样性的丧失;建立以生态系统

---

① 在 2008 年至 2009 年的第 14 届和第 15 届管理局大会期间,法律和技术委员会提议,为防止造成不可挽回的环境损害,有必要在矿产资源集中的克拉里昂-克利珀顿区建立一个科学全面的环境管理计划。考虑到克拉里昂-克利珀顿区的开采价值和环境重要性,管理局最终采纳了该提议,此项环境管理计划最终在 2012 年正式通过。

为基础的管理方法;依照国际法和可得最佳科学信息确定海洋保护区,包括在 2012 年或以前确定代表性网络;维持整个克拉里昂-克利珀顿区的地域性生物多样性及生态系统结构和功能;根据以生态系统为基础的综合管理原则管理克拉里昂-克利珀顿区;促进保全具有代表性和独特性的海洋生态系统;充分利用关于克拉里昂-克利珀顿区的现有专门知识和环境数据,包括海洋学和环境基线研究;依照管理局的规则、规章和程序,在采集系统和设备的测试期间和其后监测环境;促进合作研究,并对克拉里昂-克利珀顿区内条件有更好的了解,为今后制定纳入保护和保全海洋环境适用标准的规则、规章和程序提供资料;促进发展中国家参与并就环境管理问题多边交换意见;避免承包者地区、保留区和任何环境特别受关注区出现重叠情况。[1]

管理局在克拉里昂-克利珀顿区内充分运用划区管理手段,在一些地区禁止可能进行的采矿活动,以此保护和保全海洋环境。具体来讲,该计划根据当时对该区域掌握的信息,指定了由 9 个特别环境利益区(areas of particular environmental interest)组成的网络,并计划将由理事会每隔 2—5 年进行定期外部审查。[2] 特别环境利益区系统应包含自我维持的种群和多种生境变异性的大面积地区,每个特别环境利益区应有一个至少长与宽均有 200 千米的核心区,并在核心区周围划出 100 千米宽的缓冲带。在特别环境利益区的设计上,应以普遍并广泛应用的海洋保护区网络设计

---

[1] ISBA/17/LTC/7 国际海底管理局法律和技术委员会:《克拉里昂-克利珀顿区环境管理计划》,第 35 条,参见:https://ran-s3.s3.amazonaws.com/isa.org.jm/s3fs-public/files/documents/isba-17ltc-7_1.pdf,最后访问:2020 年 1 月 10 日。
[2] 2016 年,理事会在审议过程中注意到报告提议按附图所示增设 2 个特别环境利益区,建议将拟议第 11 号特别环境利益区在英国海底资源有限公司勘探区域正东方向再向北移。

原则为依据。其中，粮农组织公海深海海底捕捞标准所界定的"脆弱海洋生态系统"以及《生物多样性公约》框架下制定的"建立海洋保护区代表性网络的选址科学指南和科学认定标准"都是特别环境利益区在划定和管理时可以参考的依据。

需要注意的是，特别环境利益区和探矿和勘探规章中的"保全参比区"和"影响参比区"在性质和作用上是不一样的。特别环境利益区是管理局在克拉里昂-克利珀顿区进行生物多样性保护，执行区域一级环境保护计划的一部分。而保全参比区和影响参比区则是承包者根据管理局的规章的有关规定建立的，专门用于测量开发活动对环境影响的区域，主要目的是确保保全和促进检测受采矿活动影响的生物群落。① 保全参比区和影响参比区建立在合同区之内，而特别环境利益区应避免与申请区和保留区发生重叠。②

2017年8月，中国大洋协会在国际海底管理局第23届大会期间提出新倡议，即在西北太平洋三角区地带开展针对富钴结壳资源的区域环境管理计划。西北太平洋海山区是全球海山分布最密集、富钴结壳资源最富集的区域，具有重要的科学研究和商业开发价值。该提议已得到国际海底管理局的赞同和支持。此外，海底管理局下一步将和欧盟委员会合作，考虑在大西洋中脊建立环境管理计划。③

---

① 张丹：《浅析国际海底区域的环境保护机制》，载《海洋开发和管理》2014年第9期。
② ISBA/17/LTC/7 国际海底管理局法律和技术委员会：《克拉里昂-克利珀顿区环境管理计划》，第39条，参见：https://ran-s3.s3.amazonaws.com/isa.org.jm/s3fs-public/files/documents/isba-17ltc-7_1.pdf，最后访问：2020年1月10日。
③ Statement by Mr. Michael Lodge, Secretary-General of the International Seabed Authority, at the first session of the Intergovernmental Conference on UNCLOS on BBNJ — Agenda Item 7: Measures such as area-based management tools, including marine protected areas. Available at: https://www.isa.org.jm/files/documents/EN/BBNJ/2018/Stats/ABMT.pdf, last visited 2019/10/20.

虽然，更多的区域性环境管理计划已经列入国际海底管理局的工作日程，但是不得不承认，建立区域环境管理计划，以及识别和指定环境特别利益区并非易事。首先，充分的科学数据对整个过程至关重要，而这些数据的收集者正是进行勘探开发的承包者。所以，必须设立承包者对科学数据以及环境基线的汇报义务，并确保该义务的有效履行。同时，位于国际海底管理区域的环境管理计划在运作的过程中还要考虑所有利益相关方的参与，并确保充足的资金支持。

目前，开发规章的制定是国际海底管理局现阶段最重要的工作，它旨在为国际海底矿产资源的商业开发提供具体法律规则。2019年3月颁布的《开发规章》（草案）最新版本对于预防性方法等环境保护基本原则和环境影响评估等管理措施作了详细规范，但对于区域环境管理计划这一重要环保事项缺乏具体规定。[1] 区域环境管理计划作为一种积极的划区管理工具，是国际海底管理局在战略层面采取的重要环保措施。[2] 今后，开发规章应确定海底管理局对区域环境管理计划的引领地位以及与承包者之间的合作关系，并注意将有关标准与拟议中的国家管辖范围外生物多样性资源国际文书谈判相协调。[3]

总体而言，国际海底管理局在履行《公约》的环境保护义务方面取得了重大进展，初步建立了与"区域"内勘探活动有关的海洋环境保护的详细制度。如上文所述，有关开发阶段的环境保护制

---

[1] ISBA/25/C/WP.1, Draft Regulations on Exploitation of Mineral Resources in the Area, 25 March 2019, available at https://ran-s3.s3.amazonaws.com/isa.org.jm/s3fs-public/files/documents/isba_25_c_wp1-e.pdf, last visited 2020/1/15.
[2] 黄惠康：《国际海洋法前沿值得关注的十大问题》，载《边界与海洋研究》2019年第1期。
[3] 参见《中国常驻国际海底管理局代表田琦大使在管理局第24届会议大会"秘书长报告"议题下的发言》（2018年7月24日，金斯敦）。参见黄惠康：《国际海洋法前沿值得关注的十大问题》，载《边界与海洋研究》2019年第1期。

度尚在不断完善中,以确保在开发利用深海资源的同时,兼顾海洋环境的保护。学界也不断涌现诸多有关深海环境保护制度的检讨和反思。① 学界和实务界指出国际海底管理局需要进一步工作的领域包括:全面实施基于生态系统的深海海底采矿空间管理方法(ecosystems-based, spatial management approach),这可能涉及实施更多的区域环境管理计划;根据不同资源的属性分别为各种深海矿产资源制定不同的环境标准;对严重损害(serious harm)作出更为精确的定义,以及确定可接受的有害影响的阈值。② 除此之外,国际海底管理局还需要制定和完善适合深海海底资源开发的环境影响评价程序。需要指出的是,国际海底管理局若要充分实施其环境保护的权力(或履行其深海环境保护之义务),需要大量的人力和财力。目前,法律和技术委员会承担了主要的审查环境资料的职能,但是法律和技术委员会除了这一职能以外,还承担了制定勘探开发规章、核准勘探开发工作计划、出台建议指南标准等事项,无论在人力上还是在财力上都日显捉襟见肘。为了解决这个问题,有学者建议,国际海底管理局可以设立/建立一个专门处理环境问题的新机构,如环境委员会(Environmental Commission),③或在

---

① Kristina M Gjerde, Challenges to Protecting the Marine Environment beyond National Jurisdiction, *International Journal of Marine and Coastal Law*, 2012, 27, 839; Aline Jaeckel, Kristina M Gjerde, Jeff A Ardron, Conserving the Common Heritage of Humankind — Options for the Deep-seabed Mining Regime, *Marine Policy*, 2017, 78, 150.

② Lisa A. Levin, Kathryn Mengerink, Kristina M. Gjerde, et al., Defining "Serious Harm" to the Marine Environment in the Context of Deep Seabed Mining, *Marine Policy*, 2016, 74, 245; Kristina Gjerde, *Deep Seabed Mining in the Area: Emerging Legal, Environmental and Economic Challenges*, Brodies Lectures on Environmental Law, University of Edinburgh, Scotland, 2018.

③ Aline Jaeckel, *The International Seabed Authority and the Precautionary Principle: Balancing Deep Seabed Mineral Mining and Marine Environmental Protection*, Brill Nijhoff, 2017, pp.294-297.

其现有机构中设立一个专门的环境部门。

同时,鉴于深海海底采矿业是一种新型的行业,国际海底管理局必然会不断遇到新的海洋环境保护方面的挑战,特别是当承包者进入对海洋环境影响更大的开采阶段。因此,国际海底管理局构建环境保护制度应当是一个动态发展、不断完善的过程,适应性管理将在深海采矿的环境保护中显得尤为重要。

(七)争端解决机制

由国际海底管理局主导的海底秩序在运作过程中无法避免各种争端。深海海底资源勘探开发过程中有诸多主体参与到其中,包括承包者、国际海底管理局、担保国、其他沿海国,以及其他利益相关方。海底活动过程中产生的争端可能来自上述任何两个或两个以上的主体之间的纠纷,为了保证深海活动的有序进行,有效实现全人类对区域资源的共享,争端解决机制是海底制度中不可缺少的重要一环。

为此,《公约》设海底争端分庭,它是在国际海洋法法庭内设立的旨在审理因国际海底区域的勘探、开发而引起的国家间争端的特别司法机构。[①] 根据《公约》的规定,海底争端分庭的管辖范围主要包括:① 缔约国间关于《公约》第十一部分及其附件的解释、适用的争端;② 缔约国与国际海底管理局之间的争端;③ 国际海底开发合同的当事各方、国际海底管理局企业部、国营企业、个人间的有关争端等。海底争端分庭对两大类事项有强制管辖权(compulsory jurisdiction):① 涉及区域活动的纠纷;② 对国际

---

① Tullio Treves, "Judicial Action for the Common Heritage" in Holger Hestermeyer, Nele Matz-Lück, Anja Seibert-Fohr, and Silja Vöneky (eds), *Law of the Sea in Dialogue*, Springer, 2010, pp.113 - 133; Louis B. Sohn, Peaceful Settlement of Disputes in Ocean Conflicts: Does UNCLOS III Point the Way, *Law & Contemporary Problems*, 1983, 46, 195-200.

海底管理局大会、理事会活动范围内发生的法律问题有权提供咨询意见。① 海底争端分庭的判决与国际海洋法法庭的判决一样对争端各方有拘束力,但如需在缔约国境内执行,应由该国以最高法院的判决或命令的方式实施。目前海底争端分庭尚未受理任何争议案件,但是它于2011年在瑙鲁的申请下就担保国义务的问题发布了第17号咨询意见,这一咨询意见的发布是促使诸多缔约国出台其国内深海专项法律并采取相关管控承包者深海活动的动力之一。

根据《公约》的规定,有原告资格向海底争端分庭提出诉求的主体包括担保国(或缔约国)、国际海底管理局、企业部以及包括私主体在内的承包者。传统国际法理论和实践中,大多数的纠纷存在于具有主权的公权力主体之间,而承认私主体享有原告主体资格的案例大多数是在国际人权法和国际投资法领域。② 深海海底资源勘探开发中的争端解决机制更加丰富了私主体作为原告提出诉求的理论和实践。

海底争端分庭在作出决定时可以适用《公约》以及国际海底管理局所制定的规则、规章和程序,勘探开发合同条款以及其他国际法规则。③ 通过解释运用这些法律文书,海底争端分庭可以促进海底采矿制度的发展。但是,根据《公约》第189条的规定,海底争端分庭没有权力直接审查国际海底管理局的裁量权。因此,海底争端分庭不能"对管理局的任何规则、规章和程序是否符合本《公

---

① 《公约》第187条,附件四第37条。
② Eric de Brabandere, "Non-State Actors in International Dispute Settlement — Pragmatism in International Law" in *Participants in the International Legal System: Multiple Perspectives on Non-State Actors in International Law*, Taylor & Francis, 2011, pp.342-343.
③ 《公约》第293条,附件六第38条。

约》的问题表示意见,也不应宣布任何此种规则、规章和程序为无效"。① 换句话说,海底争端分庭不能通过司法审查来制约国际海底管理局制定的规则、规章和程序,其管辖权仅限于裁决个别案件。

尽管如此,海底争端分庭可以通过提供咨询意见的方式就国际海底管理局所制定的规章是否符合《公约》和《1994 年执行协定》的规定发表意见。但是,由于咨询意见不具约束力,因此国际海底管理局仍然保留对有关规章、规则修改的权力。因此,有学者指出争端解决机制并不能对国际海底管理局的"立法权力"进行制衡。②

需要指出的是,海底争端分庭对国际海底资源勘探开发中产生的纠纷的管辖权虽然广泛,但并非排他性的。经缔约国双方同意,也可将双方之间关于《公约》第十一部分及其相关附件的解释或适用的争端提交给国际海洋法法庭的特别分庭或海底争端分庭的特设分庭(ad hoc chamber)。③ 对于国际管理局与承包者之间关于其合同的解释或适用的争议,还规定了另一个例外:考虑到勘探开发合同具有商业性质,除非双方另有协议,否则此类纠纷将提交给具有约束力的商业仲裁。④ 但是,该仲裁庭没有解释《公约》的权力,有关《公约》解释的事项必须提交给海底争端分庭作出裁决。⑤ 因此,解释《公约》第十一部分及相关附件和勘探开发规章是海底争端分庭的专属权力。⑥

---

① 《公约》第 189 条。
② James Harrison, *Making the Law of the Sea: A Study in the Development of International Law*, Cambridge University Press, 2011, p.151.
③ 《公约》第 188 条第 1 款。
④ 《公约》第 188 条第 2 款(a)项。
⑤ 《公约》第 188 条第 2 款(b)项。
⑥ Aline Jaeckel, *The International Seabed Authority and the Precautionary Principle: Balancing Deep Seabed Mineral Mining and Marine Environmental Protection*, Brill Nijhoff, 2017, p.113.

(八) 安全保障制度

《公约》第 146 条要求,关于区域内的活动,应采取必要措施,以确保切实保护人的生命。该条要求管理局制定规则、规章和程序,以"补充有关条约所体现的现行国际法"。人的生命的保护范围非常广泛,包括航行安全、海上生命安全、对区域内活动的作业保护措施和维护要求,以及支配区域内活动的劳动规章。

需要指出的是,根据第 146 条的措辞,唯一一种需要管理局通过规则、规章和程序对"人的生命的保护"作出规定的情形是需要对现行国际法进行"补充"的时候。这种需要出现的可能性微乎其微,因为条款中提及的"有关条约"涉及面非常广泛,涉及安全、劳动和健康标准的主要是在国际劳工组织主持下制定的相关规则,管理局所制定的规章和程序起到一种补充的作用。《公约》如此规定,实际上对管理局制定安全保障条款的空间进行了极大的限制,因为现存国际条约中有关安全保障制度的规定已经非常翔实,诸多条约中都有相关规定,如 1974 年的《海上生命安全国际公约》(International Convention for the Safety of Life at Sea, its Protocols and amendments),1972 年的《国际海上避碰规定公约》(Convention on International Regulations for Preventing Collisions at Sea),以及其他国际劳工组织(International Labor Organization)和国际海事组织(International Maritime Organization)出台的相关规章。[①]

实际上,海上安全以及人的生命的保障之精神还体现在《公约》的其他条款中,如《公约》第 39 条第 2 款规定,过境通行的船舶应遵守一般接受的关于海上安全的国际规章、程序和惯例,包括

---

① Myron Nordquist, *United Nations Convention of Law of Sea 1982*, *A Commentary*, Volume VI, Martinus Nijhoff Publishers, 2002, p.204.

《国际海上避碰规定公约》;又如《公约》第 94 条第 4 款(c)项规定,船长、高级船员和在适当范围内的船员,应充分熟悉并须遵守关于海上生命安全,防止碰撞,防止、减少和控制海洋污染和维持无线电通信所适用的国际规章;《公约》第 98 条规定了每个国家应责成悬挂该国旗帜航行的船舶的船长,在不严重危及船舶、船员和乘客的情况下的救助义务。除此之外,《公约》第 242 条规定,在不影响《公约》所规定的权利和义务的情形下,一国在适用本部分条款时,在适当情形下,应向其他国家提供合理的机会,使其从该国取得或在该国合作下取得为防止和控制对人身健康和安全以及对海洋环境的损害所必要的情报。《公约》第 262 条要求,从事海洋科研的装置和设备上应当有适当的警告标志,以保证海上安全以及航行安全。

  国际海底管理局预备委员会第三特别委员会拟定的关于探矿、勘探开发的规章草案,包括了非常细致的关于安全、劳动和健康的标准,[①]其中包括保护工人和进行区域内活动所使用的设施的安全标准。在《多金属结核规章》《多金属硫化物规章》和《富钴铁锰结壳规章》中,预备委员会的各项具体的提案被归纳为一项更为一般的承包者义务而列入规章附件四《勘探合同标准条款》中,[②]该义务要求承包者"遵守通过主管国际组织或一般外交会议制定的关于海上生命安全的一般接受的国际规则和标准"。除此之外,承包者在按照合同进行勘探时,应奉行和遵守管理局可能通过的关于防止就业歧视、职业安全和健康、劳资关系、社会保障、就

[①] 张梓太、沈灏、张闻昭:《深海海底资源勘探开发法研究》,复旦大学出版社,2015 年,第 81 页。
[②] 《多金属结核规章》《多金属硫化物规章》《富钴铁锰结壳规章》附件四第 15 节第 1 款。

业保障和工作场所生活条件的规则、规章和程序。这些规则、规章和程序应考虑到国际劳工组织和其他相关国际组织的公约和建议。①

同样，在《开发规章》(草案)中，管理局亦强调了对人的生命的保护。如规章草案的基本政策和原则部分就规定，本规章将就人的生命的保护和安全作出规定。在规章草案正文中有专门的条款对此作出规定。②管理局要求承包者在从事开发活动的过程中采取一系列保护海上生命和财产的措施，具体包括以下几点。

(1) 承包者在任何时候都应确保在开发活动中运行和参与开发活动的所有船只和设施均状况良好、安全可靠、人员充足，以及开发活动中所用的所有船只和设施均获得适当级别认定，并在开发合同期内维持这一级别。

(2) 承包者应确保遵守主管国际组织或一般外交会议在海上生命安全、船只对海洋环境的污染、防止海上碰撞和船员待遇方面制定的适用国际规则和标准，以及理事会就这些事项不时通过的任何规则、规章、程序和标准。

(3) 承包者还应遵守船旗国(对船只而言)或担保国(对设施而言)与船只标准和船员安全有关的相关国内法。对于不属于船旗国管辖范围的任何事项，例如非船员的劳动者权利以及与船舶操作以外的采矿过程有关的人身健康和安全，遵守担保国的国内法。

(4) 承包者应当根据相关要求向国际海底管理局提供相关国际航运公约所要求的有效证件副本。承包者应确保其所有人员在上岗前均具备必要的经验、培训和资质，能够安全地、称职地并按

---

① 《多金属结核规章》《多金属硫化物规章》《富钴铁锰结壳规章》附件四第 15 节第 2 款。
② 《开发规章》(草案)第 30 条。

照管理局规则和开发合同条款履行职责;并且承包者应当制定职业卫生、安全和环境意识计划,使参与开发活动的所有人员都能了解其工作可能产生的职业和环境风险以及应对此类风险的方式,并保存其所有人员的经历、培训和资质记录,并按要求向秘书长提供这些记录。除此之外,承包者应实施并维护一个考虑到相关准则的安全管理系统。

(九)监督检查制度

国际海底管理局作为管理人类共同继承财产的受托人,事前对勘探开发申请人的技术、资金等资质进行审查,事中和事后履行对承包者勘探开发活动进行检查的职责。监督检查是管理局履行受托人义务的重要手段。事前审查和事中、事后监督检查是《公约》授权给管理局的权力。区域活动涉及多个检查主体。《公约》第153条第5款规定,管理局应有权检查与区域内活动有关而在区域内使用的一切设施。管理局作为管理和控制区域内活动的国际组织,应承担主要监管责任,其检查权的实施应严格限定于《公约》授权的范围和事项。担保国为履行担保责任,应承担辅助和补充监管责任。按照《公约》第153条第4款、第165条第2款(c)项和第3款的规定,担保国有协助管理局进行检查的义务,也享有参与管理局检查的权利。同时,担保国有权按照国内立法对承包者的活动实施检查。船旗国对区域活动涉及的本国船舶享有管辖权。检查机制应处理及协调好管理局、担保国和船旗国各自的监管责任。

具体到海洋环境保护方面来说,承包者应当定期向担保国报告勘探开发活动中的环境保护措施实施状况,担保国应当对报告进行评估。担保国在必要时可以对承包者环境保护措施的落实和相关设施、装备进行现场检查,承包者应当予以配合。担保国应协助国际海底管理局履行海洋环境保护职责,确保承包者遵从相关法律、承包合同对保护海洋环境规定。承包者应协助国际海底管理局履行保护海洋环境的职责。

在国际海底管理局出台的三种资源的勘探规章以及正在拟订的《开发规章》中,管理局对其监督检查职能作出了更加细致、全面的规定。

1. 管理局对勘探活动的监督检查[①]

值得注意的是,有关监督检查并没有规定在勘探规章的正文中,而是在作为附件的《勘探合同标准条款》中有具体的规定。

承包者应准许管理局派其检查员登临承包者用以在勘探区域内进行活动的船舶和设施,以便监测承包者对合同条款及勘探规章的遵守情况,监测这些活动对海洋环境的影响。

秘书长应合理通知承包者,告知检查的预定时间和检查的时间长度、检查员的姓名以及检查员准备进行,而且可能需要的特别设备或者需要承包者的人员提供特别协助的活动。

检查员应有权检查任何船只或设施,包括其航海日志、设备、记录、装备、所有其他已记录的数据以及为监测承包者的遵守情况而需要的任何相关文件。

承包者及其代理人和雇员应协助检查员履行其职务,并应接受检查员并方便检查员迅速而安全地登临船只和设施;对按照这些程序检查任何船只或设施的活动给予合作和协助;在任何合理的时间为接触船只和设施上所有有关的设备、装备和人员提供便利;在检查员履行职务时不对其进行阻挠、恫吓或干预行为;向检查员提供合理的便利,包括在适当情况下提供膳宿,并方便检查员安全离船。

[①] 《多金属结核规章》附件四《勘探合同的标准条款》第14节。

检查员应避免干扰承包者用于在所检查区域进行活动的船只和设施上的安全和正常作业,并应依照规章和为保护数据和信息的机密性而采取的措施行事。秘书长及经正式授权的秘书长代表为审计和检查目的,应可查阅承包者所有的任何必要的和直接相关的账簿、凭单、文件和记录。需要采取行动时,秘书长应向承包者及其担保国提供检查员报告内的相关资料。

2. 管理局对开发活动的监督检查

《开发规章》(草案)设有专章对"检查、遵守和强制执行"作出规定,主要包括三部分内容:检查员的权力、检查员发布指示、检查员报告。[①]

(1) 检查员的权力

为了监督管理局规则和开发合同条款的遵守情况并强制各方予以遵守,检查员可以就管理局规则所涉任何事宜向承包者用于进行开发活动的任何人提出问询,要求任何掌控或保管包括计划、账簿或记录在内的相关文件的人立即或在检查员要求的任何其他时间和地点向检查员出示该文件,无论该文件是电子形式还是打印文本。检查员有权要求承包者就其保管或掌控的任何文件中登记或未登记的任何内容作出解释。

检查员有权检查或检测由承包者、其代理或雇员管理的、检查员认为正在用于或旨在用于开发活动目的的任何机械或装备,除非此种检查或检测将对承包者的作业造成不合理的干扰;有权扣留任何文件、物品、物质或其中任何部分或样本,进行检查员可合理要求进行的检查或分析;有权从用于开发活动或与开发活动有关的任何船只或装备取走任何具有代表性的样品或此类样品的分

---

① 《开发规章》(草案)第 98、99、100 条。

析化验结果拷贝,并要求承包者对用于开发活动或与开发活动有关的任何装备执行检查员认为必要的程序,除非此种程序将对承包者的作业造成不合理的干扰。

检查员有权指示任何承包者、其雇员或从事与开发合同有关活动的任何其他人到场,就管理局规则所涉任何事项接受检查员的问询。检查员可使用视频、音频、照片或其他记录形式等任何合理方式,记录任何一次现场访问或检查活动。

检查员应受严格的保密规定的约束,在所履行职责方面不得有任何利益冲突,并且应遵照经理事会核准的管理局的检查员和检查行为守则履行其职责。

(2)检查员发布指示

检查员有证据证明任何事件、做法或状况危及或可能危及任何人的健康或安全,或可能对海洋环境造成严重损害,或在其他方面违反开发合同条款,则检查员可发布其认为合理必要的任何指示,以补救这种情况。

(3)检查员报告

在检查结束时,检查员应编写一份报告,阐述其总体调查结果和承包者改进程序或做法的任何建议。检查员应将报告送交秘书长,秘书长应将报告副本送交承包者和担保国,并酌情送交沿海国和船旗国。

为保证深海采矿顺利进行,建立合理的检查机制十分重要,这也是《公约》对管理局提出的要求。管理局各机构及检查员在检查方面的权力和职能应严格符合《公约》的规定。《公约》第162条第2款(z)项规定,理事会是管理局行使检查职能的权力机构,有权设立适当机构来指导和监督检查员。根据《公约》第165条第2款(c)项、(m)项和第165条第3款的规定,法律和技术委员会应理事会请求,监督区域内活动,并可就指导和监督检查人员向理事会提出建议。《公约》未明确规定秘书长及秘书处在检查方面的权限。如《开发规章》(草案)授权秘书长行使检查权,则需按照《公约》的规定,由理事会授权并加以适当限制。根据《公约》第162条第2款(z)项和第165条第2款(m)项的规定,检查员负责检查区域内活动,以确定《公约》的规定、管理局的规则、规章和程序以及同管理局订立的合同的条款和条件,是否得到遵守。需要强调的是,检查员的职能应限于对区域内活动的"检查",不应包括"执法权"。

检查机制需制定配套的规则和程序。按照《公约》附件三第17条第1款(b)项(8)目的规定,管理局应制定并划一地适用规则、规章和程序,以执行第十一部分所规定的职责,包括业务的检查和监督。为此,理事会应在法律和技术委员会协助下制定和建立相关规则和程序,包括:指派检查员的程序,进行检查通知的程序,检查报告的送交和评议制度,检查员的权利和责任,登临和检查的程序,检查清单制度,远程、实时监测和监督设备设施的部署,指导检查员进行检查的手册或指南等。检查机制应注重经济性和效率,充分考虑深海采矿本身的复杂性和独特性。

二、共享深海生物多样性资源的国际层面制度支撑

2004年联合国大会针对国家管辖外生物多样性资源的养护和可持续性利用问题(Conservation and Sustainable Use of Marine Biological Diversity of Areas Beyond National Jurisdiction, BBNJ)设立了不限成员名额非正式特设工作组(简称BBNJ工作组),此后历经了13年的讨论和磋商,其间召开了9次特设非正式工作组会议和4次谈判预备委员会会议。2018年9月,"国家管辖范围外生物多样性资源的养护与可持续利用协定"

的政府间会议在美国纽约联合国总部举行,这是国家管辖范围外生物多样性资源的养护与可持续利用协定磋商进程中举行的首次政府间会议。此后,联合国又于 2019 年 3 月和 8 月举行了第二次和第三次政府间会议,第四次和第五次国家管辖范围外生物多样性资源的政府间会议也分别于 2022 年 3 月和 8 月在联合国总部召开。从议题发展的时间脉络上来看,有关国家管辖范围外生物多样性资源的国际协定的研究和谈判共经历了 3 个阶段,其中包括 11 年(2004—2015)的工作组谈判,2 年(2016—2017)的预备委员会谈判,以及政府间会议(2018—2022)。

就具体谈判内容而言,有关国家管辖范围外生物多样性资源的养护与可持续利用的谈判主要是集中于以下四个议题展开,海洋遗传资源(MGR);区域管理工具(ABMT),包括海洋保护区(MPA);环境影响评估(EIA);能力建设和海洋技术转让(CB&TT),并形成一个具有法律约束力(legally binding)的一揽子协议。如前文所述,深海多样性资源的利用保育实际上是对公海自由的限缩,而国际社会致力于该协议的谈判与拟订意味着国际社会在公海生物多样性资源的利用方面也逐渐朝向重视保育的方向转型。结合有关国家管辖范围外生物多样性资源利用与保育的谈判内容以及一揽子协议的具体内容,本书认为海洋基因资源的获取和惠益分享制度、国际海底区域生物多样性保护的划区管理工具和规则管理工具为国际社会共享深海生物多样性资源提供了国际层面的法律制度支撑,以下将从这四个方面来详细阐述。

(一)获取制度

1. 关于获取行为的概述

(1)获取海洋遗传资源的方式

目前尚无国际公认的海洋遗传资源(MGRs)的法律定义,但从《生物多样性公约》及其《遗传资源获取与惠益分享的名古屋议定书》(以下简称《名古屋议定书》，2010年)、《粮食和农业植物遗传资源国际条约》(2001年)中提供的相关定义可推断出该术语的含义。按照《生物多样性公约》的思路，海洋遗传资源可被描述为"来自海洋植物、动物、微生物或其他来源的任何含有实际或潜在价值的遗传功能单位的材料"，[①]《粮食和农业植物遗传资源国际条约》的定义与之类似。《名古屋议定书》第2条还提供了衍生物的定义，即"由生物或遗传资源的遗传表现形式或新陈代谢产生的、自然生成的生物化学化合物，即使其不具备遗传的功能单元"，例如，不饱和脂肪酸、纤维素、糖类、蛋白质等小分子化合物。不过，《名古屋议定书》中有关衍生物的界定实际上超出了《生物多样性公约》关于遗传资源的定义，因而国际社会对于是否应将衍生物规定在未来国家管辖范围外海洋遗传资源之中尚存有争议。至今为止，世界知识产权组织知识产权与遗传资源、传统知识和民间文学艺术政府间委员会就与遗传资源相关的知识产权问题已经展开了多年的讨论，其中便涉及遗传资源是否包含衍生物的问题。中国政府在讨论该问题时所持观点认为，《生物多样性公约》和《粮食和农业植物遗传资源国际条约》均未将衍生物这一不含有遗传功能单元的生物化学合成产物列入遗传资源范围，因此有关国际海底区域海洋遗传资源的新规则不应涵盖衍生物。

在国际海底区域获取海洋遗传资源的方式主要包括以下三种：

① 原生境获取(in-situ access)。原生境获取即指在海洋生态系统和生物栖息地等自然环境中获取或采集包括遗传资源在内的

[①]《生物多样性公约》第2条。

海洋生物样品。就现阶段看,受制于国际海底区域极端的环境,人类在此处获取遗传资源和进行研究的进展缓慢。

② 非原生境获取(ex-situ access)。非原生境获取是指在生物自然栖息地之外所获取的海洋遗传资源,包含各国从国际海底区域采集并储存在其海洋遗传资源库中的样品,如中国大洋深海生物基因研究基地、国家海洋局深海微生物菌种保藏管理中心等。此外,非原生境获取的具体途径包括通过双边或多边协议获得海洋遗传资源的相关信息。这种方式有利于全球海洋科学研究的资源共享与互惠,特别是有利于一些缺少技术、装备而无法直接从原生境获取海洋遗传资源的国家。

③ 生物信息学获取(in-silico access)。生物信息学获取则是获取生物信息学检测信息、数据和现有以及后续研究成果,通过计算机计算模型,来检测生物模型、药品和医疗方式效果的方法。

总体而言,国际社会对于通过制定新文书以规制原生境获取已经达成共识,但对于后两者尚有分歧。但从本质上看,非原生境获取和生物信息学获取更偏向于海洋遗传资源的惠益分享事项,因此本书对于规制获取海洋遗传资源方式的讨论主要以原生境获取为主。

(2) 获取行为的性质与目的

在当前《公约》框架之下,并没有关于海洋遗传资源活动范畴的具体界定。在一些联合国文件与会议上,生物勘探常被用来描述涉及海洋遗传资源的活动,而获取这些资源的行为实际上可以视为生物勘探的一部分,即通过勘探、开采等方式取得遗传资源的过程。根据《生物多样性公约》秘书处所给的定义,所谓生物勘探是指为了遗传和生物化学资源的商业价值而开发利用生物多样性的行为,也可以将其理解为从生物圈收集有关遗传资源的分子组成信息以开发新的商业产品的过程。① 通常,生物勘探可分为四个阶段:① 现场采集样本;② 分离、鉴定和培养等实验室过程,其中包括对海洋遗传生物多样性的评价、新机理的发现、新基因的发掘与功能验证;③ 筛选潜在利用途径,如生物制药、化学品研发等;④ 产品开发及商业化,包括专利申请、试验、市场推广及销售。②《公约》虽然规定了有关国际海底区域矿物的勘探规则,但未直接对海洋生物勘探进行规定。③ 基于形式与过程方面的相似性,海洋遗传资源的获取实际上是整个生物勘探过程的第一个环节。

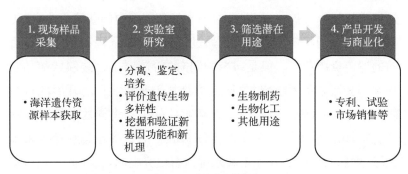

图 2 生物勘探流程图

从国家管辖范围内遗传资源获取的规制实践来看,根据遗传资源的获取目的来限制某一类具体获取行为是普遍采用的做法。《生物多样性公约》、《粮食和农业植物遗传资源国际条约》以及《关

---

① UNEP/CBD/COP/5/INF/7, https://www.cbd.int/doc/meetings/cop/cop-05/information/cop-05-inf-07-en.pdf,访问日期:2019年12月31日。
② 郑苗壮、裘婉飞:《国家管辖范围以外区域海洋遗传资源获取与惠益分享制度研究》,载胡学东等编:《国家管辖范围以外区域海洋生物多样性问题研究》,中国书籍出版社,2019年,第89页。
③ 能够找到相关条款为《公约》第246条第5款第1项:但沿海国可斟酌决定,拒不同意另一国家或主管国际组织在该沿海国专属经济区内或大陆架上进行海洋科学研究计划,如果该计划:(a)与生物或非生物自然资源的勘探和开发有直接关系……。

于获取遗传资源并公正和公平分享通过其利用所产生惠益的波恩准则》,通常将遗传资源的获取分为商业性目的和非商业性目的两类,然而两者的界限其实并不清晰。因为无论是基于商业目的,还是非商业目的,其获取遗传资源的行为外观没有差异,最终目的正如生物勘探流程所示,可能都将转化为产品开发与商业化利用。而要区分商业目的与非商业目的的获取,唯一的判断依据是研究成果的利用方式。例如,基于非商业目的获取的海洋遗传资源,其研究成果主要流向公共领域;而基于商业目的获取的海洋遗传资源,其研究成果多出现在私营领域,即为私人所有并被其通过申请知识产权加以保护。目前,针对国家管辖范围内的获取行为,遗传物质的提供国与使用国一般会通过材料转让协议限制基于商业目的的遗传资源获取。但是,这种严格的管制对于公共领域和私营领域都会造成不利影响,尤其是妨碍基于非商业目的开展的科学研究。在国际海底区域,由于人类对此处生物多样性总体了解程度有限,因此获取相关海洋遗传资源的目的更多还是在探索未知领域,增加人类的认知和创新来源。有研究显示,当前尚无私营机构直接在深海获取遗传资源从事研究与开发活动,它们主要依靠各国遗传资源保藏中心收集的样本,并采取与国家科研组织和学术机构合作的方式开展相关研发工作。由此可见,商业目的与非商业目的获取海洋遗传资源的区别在于行为主体最终如何使用这些海洋遗传资源,而获取行为本身无法成为判断的依据。

2. 现有遗传资源获取制度的比较分析与借鉴

有关遗传资源的管理机制大体上可以分为国家管辖范围内地区与国家管辖范围外地区两部分,目前关于国家管辖范围外地区(包括国际海底区域)的海洋遗传资源管理机制尚在设计之中,但《生物多样性公约》《名古屋议定书》和《粮食和农业植物遗传资源国际条约》等国际文书针对国家管辖范围内地区遗传资源获取行为所设定的法律规制可以提供借鉴。①

(1)《名古屋议定书》的严格模式

2010年制定的《名古屋议定书》作为实现《生物多样性公约》关于公平利用与分享遗传资源目标的具体制度,②其在《生物多样性公约》之下形成了一种较为严格的遗传资源获取管理模式,也称为"双边模式"。该模式内容如下:

首先,准入机制——为获取行为设定"事前知情同意制度"。根据《生物多样性公约》第15条第1款和第5款的规定,各缔约国可以要求遗传资源使用者在取得遗传资源之前须征得资源提供国的事先知情同意。在此基础上,《名古屋议定书》对这项制度也作了进一步的确认与细化,其第6条、第13条包含了一套双边体系运作下的遗传资源获取机制,即寻求获取遗传资源的申请人与资源所有国通过单独签订"许可协议"的方式获取遗传资源。在具体展开过程中,申请者须同资源所有国的主管当局围绕遗传资源获取与利用的目的、步骤方法、研究机构、资金来源、预期利益及风险等问题进行说明,而国家主管当局则应对申请者是否有效告知及其内容作相应审查,并根据申请人事先告知义务履行情况进行监管。③ 在全面知情与双方合意的情况下,遗传资源的实际所有者与(或)国家主管当局才会同意申请者获取利用遗传资源。当然,此处"同意"还包括双方对于后续遗传资源惠益分享的相关安排。

---

① 一个值得注意的前提是上述三个国际文书都确认了各国对其管辖范围内的自然资源(含遗传资源)拥有主权权利,能否获取特定遗传资源的决定权在资源所在国政府,并适用其国内法管理,这也是国际海底区域有关问题最大的差别。
② 《名古屋议定书》第4条第4款规定"本议定书是执行《生物多样性公约》的获取和惠益分享规定的文书"。
③ 参见斜晓东:《遗传资源新型战略高地争夺中的"生物剽窃"及其法律规制》,载《法学杂志》2014年第5期。

实践中,随着越来越多的国家将"事前知情同意制度"纳入其国内法,说明该制度已逐渐为各国所认可。

其次,一事一议的谈判机制——"共同商定条件"。基于事前知情同意,遗传资源的申请者和提供者通过谈判机制,就遗传资源的获取与惠益分享问题共同商定交换条件以达成相应协议。① 对此,2002年通过的《关于获取遗传资源并公正和公平分享通过其利用所产生惠益的波恩准则》第44条提供了共同商定条件指示性清单的参考,包括"遗传资源的类型和数量以及进行活动的地理/生态区域、材料用途的限制"等9项内容。

此外,随着生物技术的迅速发展,遗传资源数字序列信息已经成为国际社会在该领域关注的一项新焦点,相关的获取与惠益分享问题仍在讨论之中。②

综观之,虽然《生物多样性公约》规则下的缔约国仅可对其管辖范围内的遗传资源进行管理,但《生物多样性公约》和《名古屋议定书》通过规定"共同商定条件"形成了获取遗传资源的双边模式。但是,从规则设置上看,其偏向对商业化获取行为的管理,获取条件较为严苛,需要得到遗传资源提供国的许可同意,并且明确规定双方可以商定获取成本;就其利弊而言,这种双边模式有利于保护遗传资源,但必须依靠完善的配套机制来保障相关规定能够得到有效执行。

(2)《粮食和农业植物遗传资源国际条约》的宽松模式

2001年制定的《粮食和农业植物遗传资源国际条约》作为世界上首个专门规制粮食和农业植物遗传资源保护、利用与惠益分

---

① 《生物多样性公约》第15条第4款规定,取得经批准后,应按照共同商定的条件并遵照本条的规定进行。
② CBD/NP/MOP/DEC/2/14。

享的国际多边体系,强调各缔约国应当便利遗传资源获取,即保障以粮食安全为目的的非商业化遗传资源获取。

① 建立多边系统

由于各国对于粮食和农业植物遗传资源高度的相互依赖与无法自足的特性,《粮食和农业植物遗传资源国际条约》构建了多边系统,以帮助保障育种者和农民等群体可以方便、低成本的获取广泛的粮食和农业植物遗传资源。该条约第四部分第 10—13 条确立了多边系统具体运作的若干法律规则,包括:a.缔约方负有"采取必要的法律措施或其他适当措施,通过多边系统向其他缔约方提供这种获取的机会";b.缔约方在多边系统下根据第 12 条第 3 款所列举的相应条件,为其他国家提供获取粮食和农业植物遗传资源的便利,而这些条件正是各国通过多边国际谈判事先商定的结果。具体涉及获取目的、最低成本、基本信息提供与说明、知识产权相关问题等 8 个方面;c.在程序上,方便获取将根据载有上述条件的《标准材料转让协定》予以提供。

② 实行清单制

除采行多边系统外,各国根据遗传资源对于粮农安全的重要性以及相互依存度,在《粮食和农业植物遗传资源国际条约》中以附件的形式将 64 种农作物和植物列入多边系统的作物清单。如果需要获得附件中列出的作物样本,则须签定《标准材料转让协议》。换言之,属于多边系统基因库中的遗传资源可直接依照协议进行,资源提供方和接受方无须逐个就不同遗传资源展开协商来明确获取和惠益分享的条件,而是直接签定一份《标准材料转让协议》即可获得资源,但必须遵守其中的各项条件和条款。①

---

① 张小勇、王述民:《〈粮食和农业植物遗传资源国际条约〉的实施进展和改革动态——以获取和惠益分享多边系统为中心》,载《植物遗传资源学报》2018 年第 6 期。

总体上,相比严格的获取,该模式的根本特点在于取消准入规则的约束,形成了简便、快捷和低成本的获取优势,同时借助统一的标准协议文本,降低了遗传资源提供者和使用者的相关成本,对于促进可持续农业和粮食安全具有重要意义。

表1 现有国际文书中关于遗传资源的相关规定

		生物多样性公约(CBD)	名古屋议定书	粮食和农业植物遗传资源国际条约
定义	遗传资源	具有实际或潜在价值的遗传材料	同CBD	对粮食和农业具有实际或潜在价值的任何植物遗传材料
	遗传材料	来自植物、动物、微生物或其他来源的任何含有遗传功能单位的材料	同CBD	任何植物源材料,包括含有遗传功能单位的有性和无性繁殖材料
	衍生物	/	由生物或遗传资源的遗传表现形式或新陈代谢产生的、自然生成的生物化学化合物,即使其不具备遗传的功能单元	/
	利用遗传资源	/	对遗传资源的遗传和生物化学组成进行研究和开发	/

续 表

		生物多样性公约（CBD）	名古屋议定书	粮食和农业植物遗传资源国际条约
管辖范围	时间维度	/	/	/
	地理维度	1. 国家管辖范围以内地区（针对生物多样性组成部分） 2. 国家管辖范围以外地区（针对过程与活动）	同CBD	/
	管辖对象	1. 生物多样性组成部分 2. 缔约国管辖或控制下开展的过程和活动	1. 遗传资源及其惠益 2. 与遗传资源有关的传统知识及其惠益	附录Ⅰ中的粮食和农业植物遗传资源
获取行为	批准与同意	须缔约国事先知情同意	符合国内法，并经此种资源来源国的提供缔约方事先知情同意	缔约方采取必要的法律措施或其他适当措施，通过多边系统向其他缔约方提供获取的机会
	目的	/	商业目的或非商业目的	只为粮食和农业研究、育种和培训而利用及保存提供获取机会。如系多用途（食用和非食用）作物,其对粮食安全的重要性应作为是否将其纳入多边系统和可否提供方便获取机会的决定因素

续 表

		生物多样性公约(CBD)	名古屋议定书	粮食和农业植物遗传资源国际条约
获取行为	条件	共同商定条件	同CBD	根据《标准材料转让协议》予以提供
获取行为	有偿/无偿	/	获取费、使用费等,按共同商定原则	1.应无偿提供; 2.如收取费用,则不得超过所涉及的最低成本
惠益分享	分享类型	/	货币和非货币性惠益(含知识产权)	1.非货币性:便利获取资源、信息交流、技术获取和转让、能力建设; 2.货币性:分享商业化产生的利益
惠益分享	受益方	/	资源提供方	持有遗传资源的缔约方国家政府及其自然人、法人
其他机制	活动监测	/	由作为资源使用者的缔约方监测	无须跟踪单份收集品
其他机制	争端解决机制	谈判、第三方斡旋或调解,仲裁和上诉国际法庭等	共同商定条件含有争端解决条款	同CBD和《名古屋议定书》

3. 国际海底区域海洋遗传资源获取行为的规制设计

(1) 获取模式的选择

上述针对国家管辖范围以内地区遗传资源的获取模式为设计

国际海底区域海洋遗传资源获取制度提供了有益的参考。从理论上看，获取行为管理实际上是国际海底区域生物资源法律属性的延伸问题，而国际社会不同阵营之间在该问题上所持的观点存在着较为明显的分歧，这给未来相关规制设计的走向带来了不确定因素。概括而言，发展中国家立足于人类共同继承财产原则，提出对国际海底区域海洋遗传资源的管理应置于专门国际机构之下，并以造福全人类为目的开展活动。与之相反，一些海洋开发利用优势国家反对发展中国家提出的公平分享理念，强调公海自由是海洋领域长期的传统，而自由获取海底遗传资源亦是其中应有之义。此外，以欧盟为代表的一派观点则认为海洋遗传资源的获取行为其实可以被视为海洋科学研究，进而放在现有《公约》框架下进行规制；①从最近中国代表的发言看，其也采纳了欧盟上述关于海洋遗传资源获取的观点。②

尽管国际社会在该问题上存在许多争议，但各方均赞同的国家管辖范围外生物多样性资源的养护与可持续利用的总体目标十分明确；结合本章第一节得出的关于国际海底区域生物资源法律属性的观点，在获取模式的设计选择上相对宽松的方向是更可取的。

首先，有利于促进人类福祉。无论是《名古屋议定书》创设的获取模式，还是如今发展中国家主张基于人类共同继承财产原则

---

① EU Commission. (2016). Statement of the European Union and its Member States at the Intergovernmental Conference on an internationally binding instrument under the United Nations Convention of the Law of the Sea on the conservation and sustainable use of marine biological diversity of areas beyond national jurisdiction First Session. Retrieve January 31, 2020, from http://statements.unmeetings.org/media2/1940793s2/eu-general-statement-written-version.pdf.
② 郑苗壮等编：《BBNJ国际协定谈判中国代表团发言汇编（一）》，中国社会科学出版社，2019年，第101页。

规制海洋遗传资源获取，它们的关键词均包含限制、管控，试图通过一种严格的管理方式平衡发达国家因技术优势而产生的实际利益差距。分析这两种获取方案，前者更多关注商业目的之下的遗传资源获取与利用，因而颇为强调管理获取行为和审查程序；后者虽然占据着国际公平的道德制高点，但是从不少发展中国家的实际需求和表现来看，凸显的是其对于自身实力不足、无法争取新型国际利益的担忧，有关这一点可从其坚持主张货币型惠益分享、强制性追踪、许可、付费等方面窥见。然而，国际海底区域中的遗传资源不可被主张主权，是全人类共同的宝贵财富，其巨大的潜在价值具有造福未来人类的功用，这就决定了有关此处遗传资源的规制必须依靠多边机制来解决，而且应当朝着有利于全人类共同利益的角度发展。由于深海遗传资源开发周期长、耗费成本高，且目前以原生境获取为主，如果对作为开发遗传资源第一步的获取行为便施加严格的管控，将极大限制拥有技术和资金的国家发挥其优势，探索人类尚不甚了解的深海海底生物。即便此时无法确定其获取行为的目的是商业性还是非商业性，也不应过早掐断促进人类福祉的入口。

其次，不损害现有国际规则。国际海底区域中的遗传资源是海洋生物的衍生品，对其施加严格的获取行为管理，不可避免地会对公海自由理论（特别是捕鱼自由）产生较大冲击。其实际效果不仅会引起许多发达国家的反对，而且限制捕鱼自由可能间接限制科研自由，这与促进海洋科学研究与开发的原则相悖。国际海底区域遗传资源作为"公共财富"，其相应的获取制度应该尽可能减少获取成本。自由宽松的获取模式在延续传统海洋法精神的基础上，可以激励海洋科研和创新，如生物技术、深海科学的发展和国际海底区域的探索。相比之下，追踪、许可审核

第二章　构建国家管辖范围外深海资源共享机制的制度支撑

等严格的准入措施可能会带来限制科学发展以及增加行政管理负担的风险。

（2）具体机制的设计

在国际海底区域海洋遗传资源获取机制的具体设计上，可以参考已有遗传资源获取管理方式，但由于任何国家均无法就国际海底区域遗传资源主张权利，因此在具体制度设计上须作相应的调整。

① 原生境获取的通知报备制度。此项制度并不像《生物多样性公约》和《名古屋议定书》规定下的准入许可制度——只有经过特定国际机构的审批并获得许可证方能合法获取遗传资源，而是要求获取方在国际海底区域采集遗传资源前向有关国际机构报备并提交详细信息报告。该报告的内容可以包括采集遗传资源的主体、具体获取对象和数量、获取时间与地点、操作方式等。[①] 然而，由于各国在国际海底区域的实际采集行为可能因现场作业环境变化而存在相应的不确定性，该报告也应要求行为主体在正式结束采集之后，结合实际作业情况对此前的报告文本进行更新，以此确保有关国际机构能够保持对遗传资源开发过程的必要监测。可以说，这是一种有限度的自由获取模式，除上述报备义务外，获取方的开发行为还应当符合预防原则、最佳行业标准、避免在保护区作业等必要规定。

② 非原生境获取的多边协议制度。虽然目前针对国际海底区域遗传资源主要是原生境获取行为，但从促进科学研究和最大程度养护生物多样性的角度出发，针对国际海底区域遗传资源（样本和研究成果）设计便利的非原生境获取制度十分必要。因为非

---

① 该制度的设计亦可参考《关于登记射入外层空间物体的公约》（Convention on Registration of Objects Launched into Outer Space）的相关规定。

原生境的获取方式可以有效地减少重复采样,避免了不必要的作业活动。通过借鉴《粮食和农业植物遗传资源国际条约》形成的多边便利获取系统和《标准材料转让协议》,可以创设国际海底区域遗传资源库,缔约国依照事前商定的程序和规则即可取得,例如,向国际或各国资源管理机构申请并支付必要费用,但须注意的是,此处的费用仅指获取非原生境资源的实际行政成本。《对于遗传资源使用》的目的,亦可参照《粮食和农业植物遗传资源国际条约》,在《标准材料转让协议》中要求获取方符合国际海底区域生物多样性保护和可持续利用的目标。①

在国际海底区域遗传资源问题上主张宽松自由的获取并不代表这是一种"随意"的获取制度,而是需要在采集原生境海洋遗传资源时充分重视环保措施和预防原则。换言之,为了贯彻养护与可持续利用 BBNJ 这项基本目标,宽松自由获取模式所带来的优势效用需要上述具体程序机制,而且也将在很大程度上依赖于惠益分享、海洋保护区、环境影响评价等制度的完善。

(二)国际海底区域海洋遗传资源惠益分享制度

1. 惠益分享的基本范畴

(1)核心内涵

就现有机制而言,惠益分享(benefit sharing)是指依据所获取的遗传资源而取得的惠益,通常在资源的使用者与提供者之间进行分享。但由于国际海底区域属于国家管辖范围以外地区,此处海洋遗传资源不属于任何主权国家,所以在该问题上并不存在所谓遗传资源的提供者,惠益的实际分享可能发生于使用者与新文

---

① 袁雪、廖宇程:《国家管辖范围外区域海洋遗传资源的获取和惠益分享:机制选择与中国方案》,载《中国海洋大学学报(社会科学版)》2019 年第 5 期。

书的其他缔约国之间。

将惠益分享拆分出来细看,就上述所提惠益本身的内涵而言,现有的国际文书并未给出确切说明。不过,从《生物多样性公约》相关条款中可以分析出其大致含义,惠益包括或涉及:① 遗传资源的适当取得、有关技术的适当转让和提供适当资金(《生物多样性公约》第1条);② 研究和开发遗传资源的成果、商业和其他方面利用遗传资源所获的利益、生物技术所产生成果和惠益等(第15条第7款、第19条第1—2款);③ 有关的传统知识、创新和做法而产生的惠益(《生物多样性公约》第8条第11项)。可以说,当前有关惠益之具体内涵主要是基于《生物多样性公约》所确定的大致原则或方向,而操作层面则更多还是留由实践中相关主体作进一步磋商以解决。

关于此处分享行为的法律意涵为何,同样缺少国际共识性的准确规定。由于现有国际文书主要回应的是国家管辖范围内遗传资源问题的现状,其在分享主体方面的安排如前所述,即分享行为发生于遗传资源的提供者与使用者之间,而国际海底区域遗传资源分享将主体范围延展至使用者与更广泛的潜在使用者之间。基于客体来看,资金、优惠条件、专利或其他知识产权、有关利用和保护的知识与技术等都可以成为分享的客体。① 然而,除却这些客观内容外,对于惠益分享而言最重要也是难处理的问题是如何实现公平合理?无论是《生物多样性公约》《名古屋议定书》,还是《粮食和农业植物遗传资源国际条约》,以及其他国际条约,多数将公平和公正的分享作为其目标之一。当前国家管辖范围外生物多样性资源的政府间谈判围绕遗传资源惠益分享所产生的分歧之一,

---

① 参见《名古屋议定书》附件:货币和非货币性惠益。

即各方对于所谓公平合理的分享存在较多主观认识,[①]而欲使国际社会在该问题上达成一致观点则必须客观地认识现实情况,并通过合适机制帮助各方基于此作出符合全人类共同利益的妥协。

(2) 表现形式

有关惠益分享的表现形式可以是货币性分享或者是诸如资源信息样式的非货币性分享。就货币性分享而言,通过观察国家管辖范围内遗传资源惠益分享制度及其实践可知,货币性分享虽然是实现分享利用遗传资源所生惠益的重要机制之一,但其实践效果并不理想。具体适用到国际海底区域海洋遗传资源惠益分享上,货币性分享的核心即遗传资源使用方存在一种给付金钱义务。就这种义务是强制性的还是自愿性的这一问题,目前各国争议极大。无论选择哪一种,这不仅取决于利用方与取得惠益方的博弈,更取决于利用方产品卡开发的投入和产出效益。由于目前整体海洋遗传自愿的开发利用从取样、分离、培育、鉴定等实验室阶段,到商品开发投入市场,具有周期长、资金投入大、风险高等特点,因此货币化惠益分享的实施难度较大。[②]

[①] 虽然现有国际条约中对于公平、平等的表述并不明确具体,但它作为传统的国际法基本价值,在《公约》及其相关问题中具有至关重要的分量。分析《公约》的参与主体,公平、平等价值体现为不同类型、不同情况的国家之间的主体地位平等、公平享有各项权利,其目的是为了维护一种形式上的平等;而不同的缔约国基于《公约》及相关国际立法所享有的权利与承担的义务则实际由各自的需求与能力等条件进行分配,正如《公约》序言所规定的:"相信在本公约中所达成的海洋法的编纂和逐渐发展,将有助于按照《联合国宪章》所载的联合国的宗旨和原则巩固各国间符合正义和权利平等原则的和平、安全、合作和友好关系……"由于海洋法与生物多样性相关国际条约都制定于上世纪,其特点是框架浩大、涉及内容多但精细程度却相对有限,这也是诸多总领性国际立法所无法避免的缺陷;同时,这些国际法在强制保障实施方面的执行力有限,以致公平、平等价值的实现在实践中处于不确定状态。而随着人类在深海科技领域的快速发展,国际立法中的模糊规定使得权利与主体的公平、平等愈发面临挑战,尤其是国际海域的不平等问题在不断加深。

[②] 同上。

相比于货币性惠益分享机制单一的内容,非货币惠益分享机制具有复合式特点,包括不同形式非货币支付的分享机制。非货币惠益分享机制能够创造出更加直接、短期内可获得的以及长期持续存在的惠益。更重要的是,非货币惠益分享机制特别顾及了发展中国家的利益和需要,通过实施非货币惠益分享机制将极大地提升发展中国家开发利用国际海底区域海洋遗传资源这一新领域的科技能力和水平。国际海底区域遗传资源的非货币惠益分享机制具体包括样本的便利获取、与样本有关的数据和研究成果的信息交流、技术的获取和转让、能力建设等形式。

总体来说,现阶段发展中国家与发达国家围绕国家管辖范围外生物多样性资源的问题所产生和积聚的冲突,从表面上看是对此处海洋遗传资源法律性质的不同理解,但根本原因其实就是对开发利用这些遗传资源之后所产生的惠益没有达成一个令各方皆满意的分配模式。因此,探讨如何实现公平合理的惠益分享是该领域破局的关键之处。

2. 现有遗传资源惠益分享制度的比较分析与借鉴
(1)《生物多样性公约》框架下的惠益分享模式
在遗传资源惠益分享机制问题上,《生物多样性公约》及其后 2010 年通过的《名古屋议定书》沿着创造、继承、突破和发展的路径设计了一套具有代表意义的惠益分享模式,并且形成了具体的分享规则。

① 基本路径。作为解决国家管辖范围内地区遗传资源的惠益分享机制,其基本思路是根据《生物多样性公约》第 15 条关于"共同商议的条件"来处理。在双边机制之下,遗传资源使用方被授权获取特定遗传资源后,须根据其此前在"共同商议的条件"下与遗传资源的提供方签订的惠益分享协议条款,将其研究和开发所得成果以及从"利用遗传资源"中取得的惠益同资源提供方进行分享。关于协议可能涉及

的主要内容,《生物多样性公约》第 16—19 条进行了初步规定,具体包括信息交流、科学和技术合作,以及能力建设等不同方面的惠益。

② 延伸与细化。首先,在《生物多样性公约》的基础之上,《名古屋议定书》更进一步地细化了上述有关技术转让、科学研究与发展协作等重要的非货币惠益分享形式的规定,并且通过附则对货币惠益的重点范围进行了建议性列举界定。但是,实际范围可以不限于附则所列项目,而且也并非要求协议双方严格照此执行,该附则如此安排的目的是基于降低时间成本、提高谈判效率的考虑。其次,《名古屋议定书》再次强调将"公平和公正地分享和利用遗传资源""以及嗣后的应用和商业化所产生的惠益"作为基本目标,同时要求各缔约国酌情采取立法、行政或政策措施确保惠益分享进行。最终目的便是透过相对严格的规则,保障发展中国家能够公平公正地获得遗传资源的(商业)惠益。再次,《名古屋议定书》第 17 条设置了针对遗传资源利用的监测机制,要求缔约方监测其国内的遗传资源利用活动,具体措施包括指定检查点、采取汇报机制、利用高成本效益的交流工具和系统等。有关跟踪、监测的规定对于实现基于商业化目的的遗传资源货币分享机制(特别是强制性分享)十分重要,因为这类机制往往设有分享的启动临界点,依靠相应的监测制度以保障分享行为不被刻意规避。[1]

---

[1] 目前,这些监测制度主要体现在一些国家的国内法中。例如,巴西 2016 年修订的《生物多样性保护法》,在区分商业与非商业利用的基础上,要求通过电子系统 SisGen 对商业利用目的的行为进行强制性报告。根据该法,货币惠益分享由经济利益的收入引发,即成品制造商应当分享利益,而相应的规制实施节点便是产品进入市场或商业化时,或者基于营业额或收入额。正因如此,有观点提出:在海洋遗传资源衍生产品商业化时要求货币惠益分享是合理的区分商业化和非商业化的一种标准,"盈利条款"将成为某些早期的非货币和货币惠益分享的触发机制。此外,由于海洋遗传资源的价值在获取时可能尚不清楚,因此,惠益的额度可以采用累进制计算方法,要求使用者进一步沿着研发链进行货币惠益分享。

③ 突破与发展。《生物多样性公约》基本框架下的遗传资源惠益分享模式通过双边机制能够较好地适用于国家管辖范围内地区,但是在近些年的实践中存在着跨界情况下发生不可能给予或获得事先知情同意的遗传资源和与遗传资源有关的传统知识的具体情况。① 此时,若要按照《生物多样性公约》规定的方式公平公正地实现惠益分享便成为难题。为此,《名古屋议定书》第10条提出了制定"全球多边惠益分享机制",以支持在全世界保护生物多样性和可持续地利用其组成部分。但令人遗憾的是,2010年通过的《名古屋议定书》由于各方在具体问题上的留有不少迟迟未能解决的争议焦点,②因此并没有就该多边惠益机制给出详细设计方案。

综上,《名古屋议定书》在遗传资源的分享机制上继承了《生物多样性公约》的基本宗旨,但也结合时代需求作出了一定的创新——"全球多边惠益分享机制"和监测机制。虽然,上述多边机制仍在商议,但该议题中出现的问题和经验对于构建国际海底区域遗传资源分享机制具有重要意义。

(2)《粮食和农业植物遗传资源国际条约》构建的惠益分享机制

国际海底区域遗传资源因其法律属性和所在位置的原因,在有关分享问题上需运用多边机制来处理。就现阶段来看,有关遗传资源的多边分享机制并不多,《粮食和农业植物遗传资源国际条约》是其中的典型代表,而且相对于《生物多样性公约》和《名古屋

---

① 例如,基于地理维度看,(1) 从公海及南极等国家管辖范围外获取的遗传资源;(2) 异地收集的,原产国不明的,或在不同原产国间跨境存在的遗传资源。参见徐靖、蔡蕾、王爱华等:《全球多边惠益分享机制:遗传资源获取和惠益分享谈判的新焦点》,载《生物多样性》2013年第1期。
② 同上。

议定书》的普遍适用而言,该条约专门针对粮食和农业植物遗传资源的限定,更像是"特别法"一样的存在。① 虽然《粮食和农业植物遗传资源国际条约》只能适用于国家管辖范围内地区的遗传资源,但其无论是在形式和程序上,还是在保护和可持续利用特定领域的遗传资源的实体内容设计上,都具有重要的借鉴意义。

概言之,《粮食和农业植物遗传资源国际条约》是粮食和农业植物领域专门性遗传资源获取和惠益分享的协定。它基于可持续发展农业和粮食安全的目的,为了保存并可持续地利用粮食和农业植物遗传资源,在第四章中规定多边系统来实现公平合理地分享利用这些资源所产生的惠益。具体包括如下方面:

① 非货币为主的惠益分享

关于《粮食和农业植物遗传资源国际条约》中的多边系统模式前文已介绍,在惠益分享上主要涵盖四项内容,其中三项都是非货币的分享类型:a. 建立信息交流机制。要求缔约方提供各自掌握的与粮食和农业植物有关的目录和清单、技术信息和研究成果等。b. 具有平衡性质的技术转让(非货币性惠益)机制。有关遗传资源保存、特性鉴定、评价及利用的技术等一系列非货币性惠益是该条约中最主要的分享客体,根据第 13.2 条的规定,它们被要求按照公平和最有利的条件优先提供给向发展中国家及经济转型国家(特别是最不发达国家),即对于上述国家主体给予特别照顾;同时,这些分享行为还必须在充分保护知识产权的情况下进行,即维护了发达国家的合法权益,不损害现有机制。c. 能力建设方面。

---

① 《名古屋议定书》第 4 条,本议定书的任何规定都不妨碍缔约方制定和执行其他专门性获取和惠益分享协定,但条件是这些协定必须支持并且不违背《公约》和本议定书的目标。

除此之外,与遗传资源惠益分享相关的其他多边专门机制还有如下:《共享流感病毒以及获得疫苗和其他利益的大流行性流感防范框架》(PIP)等。

从科教培训、遗传资源的保存与可持续利用设施建设、科学研究机构合作等重点领域对发展中国家及转型国家给予必要的帮助。

② 有限度的货币惠益分享和国际基金制度

从条文数量和上述介绍内容看,非货币分享是《粮食和农业植物遗传资源国际条约》为遗传资源分享设定的主要形式,而货币分享在该条约之中仅出现在"商业化"领域,但却是该条约最具创新的机制之一。根据第13.2条(e)项的规定,若要触发货币分享(往往是强制性的),即遗传资源的获取者因其商业化利用行为而支付一定数额的款项,具体需满足三个基本条件:a. 获取者从多边系统中取得了粮农遗传资源;b. 对利用该资源开发的产品进行商业化;c. 获取者以申请专利、设置合同条件或技术保护等形式限制他人将该产品进一步应用于研究或育种活动中。[①] 在具体比例设置上,条约要求进行货币分享的获取者应将相关产品毛销售额的1.1%(扣除30%成本后)返还到《粮食和农业植物遗传资源国际条约》的财务机制即信托基金,[②]而这些款项优先流向保存和可持续利用粮农植物遗传资源国家的农民。然而,这项机制在实践中的效果并不令人满意,有数据显示目前并无任何获取者向惠益分享基金支付款项。造成如此困境的原因在于多个方面:一是从遗传资源获取到植物育种并进入商业化的周期往往长达5—20年;二是多边系统中可获取的遗传资源数量、种类有限,且具有极高商业价值的不多;三是通过非多边系统(如私人育种者)也可获取类似资源;四是有关育种企业选择回避使用来自粮农多边系统中的遗传资源等。

[①] 张小勇、王述民:《〈粮食和农业植物遗传资源国际条约〉的实施进展和改革动态》,载《植物遗传资源学报》2018年第6期。
[②] 赵富伟、蔡蕾、臧春鑫:《遗传资源获取与惠益分享相关国际制度新进展》,载《生物多样性》2017年第11期。

3. 国际海底区域海洋遗传资源惠益分享的规制设计

正如前文所述,国际上现有的遗传资源惠益分享机制在设立目的上与本书欲探讨的国际海底区域遗传资源惠益分享机制存在两大基本差异,即前者在宗旨上是为了平衡发达国家(拥有充足资金和先进技术的一方)与发展中国家(因物种自然分布而占有生物资源的一方)各自的利益,同时在客体上主要是针对国家管辖范围以内的遗传资源;后者则主要是为了限制海洋开发利用强国借助现阶段的自身优势抢占国际海底区域遗传资源,并防止其通过国际专利等方式在该领域形成垄断地位,从而保障那些缺乏技术、资金的发展中国家或不发达国家能够透过货币分享或非货币分享的方式获得开发利用国际海底区域遗传资源所生惠益。基于此,在设计国际海底区域遗传资源的惠益分享机制时可以对现有机制的成熟经验进行调适性接纳;同时,按照当前国际海底区域的发展需求,采取有利于促进人类对未知遗传资源的深入探索的机制,并适当兼顾好发展中国家的特别利益。

(1) 针对实体问题的规则

相比于获取行为,国际社会对于国际海底区域海洋遗传资源惠益分享所衍生的有关自由和公平的争议更大。现阶段针对该问题的谈判焦点大都集中于惠益分享的类型、分享内容、设定方式等方面。

首先,关于惠益分享方式与内容的选择。货币分享与非货币分享是当前国际社会关于惠益分享方式的主流话语选项。应当明确的是,国际海底区域中遗传资源的惠益分享主要是为了促进同此处海洋资源相关生物勘探、研究利用和保护有关的数据与研究成果的共享、能力建设、科学合作等,即以非货币分享为主,而不是构建一种货币惠益分享的制度。国际海底区域海洋遗传资源不同于国家管辖范围之内具有权属的遗传资源,是大自然的组成部分。

虽然前文已论及开发利用此处遗传资源的行为应受人类共同继承遗传原则规制,但是遗传资源有其自身特殊性,此利用过程并不是简单的从采集获取到产出收益,①无法像渔业、矿业一般直接转化成金钱利益;而且,从有利于人类长远福祉的角度分析,至少强制性的货币分享对于促进现阶段人类对国际海底区域海洋遗传资源的研究与认识并不会起到正面作用。因为该领域的技术、资金优势国家(主要是发达国家)很难找到足够动机来支持它们在负担全部高额研究与开发成本的前提下,利用从国际海底区域获取的遗传资源研发改善人类生活的产品,并且将后续所得金钱收益分享给其他国家。此外,与货币分享相比,非货币分享的方式具有更高层次的可预期性和受惠性,并且有助于通过缩小研发中不同国家间能力建设的差距来应对内部的确定性需求。② 总体来说,发展中国家对于货币惠益分享机制情有独钟,要求设立一种分阶段、多层次、货币和非货币共存的惠益分享机制,而海洋开发利用强国则反对货币性的惠益分享,仅对有限形式下的非货币惠益分享持开放态度。③ 为此,与现有相关文书一样,国际海底区域遗传资源分享惠益分享机制需充分考虑发展中国家的长远发展需求,通过信息交流、技术分享、设施建设等非货币分享的方式帮助其提升开发利用海洋遗传资源的水平。

---

① 主要是指遗传资源从研究、开发到成果出现,或正式利用所耗费的时间、金钱、人力成本很高,这一点不同于海底矿产资源,矿石产品一经开采即可立即提炼利用,而且矿产资源开发的陆基产业链更加成熟。
② Elsa Tsioumani, Beyond Access and Benefit-sharing: Lessons from the Emergence and Application of the Principle of Fair and Equitable Benefit-sharing in Agrobiodiversity Governance, In: *The Commons*, *Plant Breeding and Agricultural Research*, Routledge, 2018.
③ 此外,发达国家普遍强调知识产权的重要性,认为专利方法可以合理恰当地分配资源与价值,而海洋遗传资源的保护与私有化、商业化呈正相关。

其次,知识产权与惠益分享机制的设定。参考国家管辖范围内遗传资源的开发实践可知,依靠国际海底区域海洋遗传资源获利的最主要方式便是通过知识产权规则申请专利以获得一定程度的独占性权利,这是货币惠益出现的标志。由这些权利带来的经济利益可以激励和催化人们不断研发与国际海底区域海洋遗传资源相关的产品,助推全人类共同利益的最大化。换言之,知识产权制度像是催化剂,不断激励着利益的形成,也为人类揭开未知迷雾注入动力。具体在国际海底区域遗传资源领域,需要解决的现实问题是维护利益平衡。虽然,国际知识产权制度在该领域有着上述多项益处,但其为许多发展中国家所诟病的也正是这一所谓激励效应。由于目前绝大多数的海洋遗传资源专利及相关研发技术都掌握在少数的几个发达国家手中,[1]知识产权的激励效应对其他国家并未起到作用,反而成为发达国家抢占国际海底区域遗传资源的有力工具。不得不说这是知识产权制度的先天缺陷,正因如此在国家管辖范围外生物多样性资源的会议上各方对于是否将知识产权问题放入新文书还存在争议。有鉴于此,针对国际海底区域遗传资源问题,应明确知识产权制度与惠益分享并不矛盾,而且还可形成互补。一方面,遗传资源研究、开发与成果产出周期长,需要有诸如知识产权制度来保护开发者的大量投入能够有所收益回报,从而从源头上促使惠益产生;另一方面,为了弥补知识产权制度可能造成少数国家在国际海底区域遗传资源领域形成技术、产品垄断地位,公平合理的惠益分享机

---

[1] 有国外研究分析了从 862 种海洋生物中提取的 12 988 个与专利相关的基因序列,发现这些专利基因序列的所有者来自 30 个国家和欧盟,其中拥有专利基因序列数量前十的国家垄断了总数的 98%,有多达 165 个国家的利益未得到体现。在拥有专利基因序列数量最多的国家中,德国、美国和日本居前三,其中,仅德国化工巨头巴斯夫一家就拥有所有专利基因序列的 47%。

制可以对其进行节制,以此弥合发达国家与发展中国家在此问题上的巨大分歧。

(2)多边系统下的程序保障

全球多边机制是解决国际海底区域遗传资源问题不可或缺的方式,也是当前国际社会为应对该问题正在努力的方向。从现实角度来看,藉由知识产权制度维护自身对于国际海底区域海洋遗传资源的利益是发达国家不会放弃的权利,而许多发展中国家仍坚持将强制性货币分享列入国家管辖范围外生物多样性资源的新文书之中。然而,根据从已有遗传资源惠益分享国际规则所汲取的重要经验,无论是发展中国家所期盼的货币分享,还是发达国家可接受的非货币分享,都需要合适的执行程序以保障这些分享能够有效落实。因此,在多边系统之下,遗传资源来源披露机制、资金运作机制和监测机制对于保障有关惠益分享顺利进行十分关键。

① 惠益使用与资金运作机制

针对国际海底区域遗传资源所生各项惠益进行分享有两个重要原因,一个是前文已提及的人类共同继承财产原则,另一个则是基于养护国际海底区域生物多样性的需要。为了能够实现养护此处生物多样性的目标,利用者需为其基于国际海底区域海洋遗传资源所开发的专利产品缴纳一定比例的费用(该比例可由未来新文书的缔约方大会或者专门成立的管理机构拟定,有关该问题将在下文讨论),而这笔费用应当支付给一个专门成立的特别信托基金。在用途方面,该基金将用于资助国际海底区域生物多样性相关的科研项目,以及用于中长期养护国际海底区域的生物多样性。该基金的运作模式可参考《粮食和农业植物遗传资源国际条约》的惠益分享基金的基本形式,即一旦出现商业化利用行为,则应当将由此产生的一部分经济利益转移到基金之中,但在付款率方面应结合实际情况作出相应调整,并区分不可无限制提供给他人进一步研究的产品与能够无限制提供的产品,制定差别化的费率(具体费率可参照商业化后的销售额设定)。

② 资源开发利用的监测机制

任何主体使用来自国际海底区域中的海洋遗传资源进行研究开发,并获得了惠益,则应进行分享。但是,如何确保众多的资源利用行为能够处于相应的监测之下?除了在前节遗传资源的获取中提到了原生境获取遗传资源的报备制度外,可以参考《名古屋议定书》的规定建立有关惠益分享信息交换所制度,以及针对知识产权事项建立遗传资源来源披露机制。

其中,对有关信息交换所要求能够简便、快捷、高效、安全地提供有关各国的与国际海底区域相关的立法、行政和政策措施信息,监测收集到的有关此处遗传资源利用情况的信息,为监测遗传资源而制定的工具和方法,以及各个国家联络机构的情况等。这些信息交换所以互联网门户为主要渠道,在搜集有关国际海底区域遗传资源利用信息的同时,可为已经向有关国际管理机构表示需要获取这些信息的缔约国提供一种在线提交和获取信息的机制。相应地,国家当局(如国内主管单位)需积极向这些信息交换所提供完整、最新的相关信息,协助经国家授权的用户和信息交换所的其他使用者建立起网络联系和建设能力。

对于遗传资源的利用者通过申请专利的方式获利进行监测则必须配套相应的来源披露机制,即要求专利申请人应当披露其请求保护的研发成果所使用的遗传资源来源地点。① 而且这与信息

---

① 在 BBNJ 谈判中,已有国家提出建立来源披露制度的设想,如墨西哥。虽然,也有观点认为这一主张在现阶段可能不容易被各方所接受,尤其是发达国家,因为它从根本上改变了传统国际知识产权的设计。但是围绕是否强制披露来源展开(转下页)

交换所制度相互契合,既有利于针对国际海底区域遗传资源开发利用活动的监测工作的展开,也有利于保障国际社会对于国际海底区域遗传资源这些人类共同继承财产的知情权,从而保证惠益分享能够得以实现。

综上,公平合理的惠益分享是国际社会共同努力的方向。虽然各国对具体的机制设计都有自身的特殊利益考量,但是,随着国际社会合作规范国际海底区域发生的各类活动,一方面,相对的公海自由已成为共识;另一方面,从国际海底区域所获取的生物样品一旦用于提取遗传资源,则应适用人类共同继承财产原则,在满足规定条件时惠益分享是应有之义,因此,最终只有符合全球大多数国家利益的方案才能为国际社会所接纳。

(三)国际海底区域生物多样性保护的划区管理工具

现行有关海洋生物多样性的国际、国内法律规范与政策文件,不仅为全人类共同向保护与可持续利用海洋及其资源的目标迈进提供了方针指引,而且更是设定了相应的规制工具以落实该共同目标。由于规制工具制定时间、背景、适用范围和最终目标等存在不同,因此其实践情况和效用存在差别。通过对这些多样化的现有规制工具展开分析,并加以有效归整,对于缓解当前国际海底区域生物多样性领域国际立法与规制手段的缺档问题具有重要意义。

1. 划区保护管理工具

(1) 基本类型

海洋及其生物多样性的保护和可持续利用取决于国家管辖范

(接上页)的争论早已有之,如果借助 BBNJ 议题使其观点得到突破也不失为一项进步。David Leary, Agreeing to disagree on what we have or have not agreed on: The current state of play of the BBNJ negotiations on the status of marine genetic resources in areas beyond national jurisdiction, Marine Policy, 2019, 99, 21-29.

围外人类开发利用活动是否经过合理规划和采取相应管理。国际社会已经认识到诸如海洋保护区（marine protected areas/MPAs），[①]污染控制区（pollution control zones）或禁渔区（fisheries closures）之类的划区管理工具（area-based management tools/ABMTs）是通过恢复和稳定人类从海洋中获得的价值来确保维持脆弱的生物多样性的关键工具（见表2）。根据世界自然保护联盟（International Union for Conservation of Nature，IUCN）认可的定义，划区管理工具是"为实现保护和可持续资源管理目标而针对特定区域内人类活动的规制"，[②]而这一概念又可细分为单部门划区管理工具（sectoral ABMTs）和跨部门的划区管理工具（cross-sectoral ABMTs）。

表2 国际上的划区管理工具类型

工具名称	管理机构	创设时间	现行有效国际公约/协议	对应领域及类型
特别敏感海域（PSSAs）	国际海事组织（IMO）	1991年	《经修订的〈特别敏感海域鉴定和指定导则〉》	国际航运/单部门工具

[①] 根据世界自然保护联盟的定义，海洋保护区是指在海岸或海洋中所有的动、植物及其历史与文化，藉由法律或有效的管理来加以保护的地区。同下注。

[②] IUCN, Suggested responses to questions on area based management tools (ABMTs), based on the document entitled. Chair's indicative suggestions of clusters of issues and questions to assist further discussions in the informal working groups at the second session of the Preparatory Committee, available at https://www.un.org/depts/los/biodiversity/prepcom_files/area_based_management_tools.pdf, last visited 2023/2/22. 国内也有学者将划区管理工具界定为：基于国际公约的授权，诸多国际组织设立划区管理工具来保护海洋生态环境，如国际海事组织的"特殊区域"和"特别敏感海域"工具等。邢望望：《划区管理工具与公海保护区在国际法上的耦合关系》，《上海政法学院学报》2019年第1期。

续　表

工具名称	管理机构	创设时间	现行有效国际公约/协议	对应领域及类型
脆弱海洋生态系统（VMEs）	联合国粮农组织（FAO）	2009 年	《联合国大会2006年12月8日通过的决议》①	拖网捕鱼/单部门工具
特别环境利益区（APEIs）	国际海底管理局（ISA）、生物多样性公约（CBD）	2012 年	《理事会有关克拉里昂-克利珀顿区环境管理计划的决定》②	海底采矿/单部门工具
海洋空间规划（MSP）	政府间海洋委员会（IOC）	2006 年		发展海洋保护区需要/跨部门工具
海洋保护区（MPA）		倡议始于1980年代；2002年国际社会首次呼吁对接国际条约③		海洋环境保护长期目标及相关生态系统服务与文化价值/跨部门工具

① 单部门划区管理工具是"国际主管组织为实现特定地区生物多样性保护目标而采取的措施"。④ 例如，国际海事组织设立的

---

① United Nations General Assembly, Resolution adopted by the General Assembly on 8 December 2006, A/RES/61/105 (2007), paragraph 90.
② ISBA/18/C/22.
③ 1988年第十七届国际自然保护联盟（IUCN）大会倡议建立保护区域；2002年，第一届可持续发展世界首脑会议倡议到2012年建立符合国际法并以科学信息为基础的海洋保护区。
④ 同上注，世界自然保护联盟报告，第2页。

"特别敏感海域"(PSSAs)、MARPOL 特别区域,区域渔业管理组织(RFMOs)设立的"脆弱海洋生态系统"(VMES),以及国际海底管理局设立的"具有特别环境意义的区域"(APEIs)。①

② 跨部门的划区管理工具指"目前需要多个组织和机构进行协商、合作与协调的工具,主要包括海洋保护区和海洋空间规划"。其中,海洋保护区是指一个可通过法律或其他有效手段加以确认、专用和管理,以实现同生态系统服务和文化价值相协调的长期自然保护的明确地理空间。② 建立海洋保护区的核心目的在于保护其边界内所有具有重要保护意义的内容,包括生态系统的整体健康和生物多样性。海洋空间规划则是指分析和配置海洋区域人类活动时空分布的公共过程。③ 从规制对象上分析,跨部门的两项

---

① 就国际海底管理局而言,该国际组织为特定范围制定的环境保护规制工具被统称为"区域环境管理计划"(REMP),区域环境管理计划是根据所关注的特定地区以及该地区的不同栖息地、社区结构、生物多样性、连通性和恢复能力,以及生态系统结构和功能所量身定制的。通常,区域环境管理计划可分为划区管理工具和规则管理工具(Rules-based management tools),前者即正文中提及的具有特别环境意义的区域。在具体实践中,国际海底管理局后续又引入"影响参照区"(Impact Reference Zones)和"保全参照区"。其中,"影响参照区"是指反映国际海底区域环境特性,用作评估国际海底区域内活动对海洋环境的影响的区域。"保全参照区"是指不应进行采矿以确保海底的生物群具有代表性和保持稳定,以便评估海洋环境生物多样性的任何变化的区域。而规则规制工具则是一系列有关国际海底区域开发活动的具体规则,例如要求更新基线数据、考虑累积影响、并确保应用最佳环境实践。

有关"影响参照区"与"保全参照区"的概念可参见《国际海底区域内富钴铁锰结壳探矿和勘探规章》第 33 条第 6 款;《国际海底区域内多金属结核探矿和勘探规章》第 31 条第 6 款;《国际海底区域内多金属硫化物探矿和勘探规章》第 33 条第 6 款。
② IUCN Matrix of Suggestions. (2016), available at http://www.marinebiodiversitymatrix.org/c_1_1_2.html, last visited 2023/2/22.
③ See Wright et al. (2018). Marine Spatial Planning in areas beyond national jurisdiction, IDDRI Issue Brief No 08/18, available at https://www.iddri.org/en/publications-and-events/issue-brief/marine-spatial-planning-areas-beyond-national-jurisdiction, last visited 2023/2/22. C. Ehler, F. Douvere. (2006). Visions for a sea change: report of the first international workshop on marine spatial planning, available at http://msp.ioc-unesco.org/msp-guides/visions-for-a-sea-change/, last visited 2023/2/22.

管理工具所调整的是在划定范围内的人类活动，而非海洋生态系统与生物多样性。无论是海洋保护区，还是相应的空间规划，它们需解决的重要任务是实施综合系统管理。以海洋空间规划为例，其旨在为各国提供一个能够平衡可持续发展需求与生物多样性保护需求的可操作框架。① 为此它必须兼顾以下两方面内容：一是海洋生物多样性保护，海洋生态系统及其功能的维持；二是关注海洋资源经济可持续利用，以及多方利益相关者。此外，海洋环境具有的动态性、立体性使得人类在进行海洋空间规划时，需充分考虑和照顾海洋的空间特性，根据管理与保护的实际需求决定海洋保护区等划区工具的具体空间范围，如是否从各水域层面延伸至海底区域。总之，海洋空间规划作为一种基于生态系统的海洋战略管理整合规划机制，通过政治、法律决策过程，根据对利益相关群体特定用途的分析，系统配置海洋空间资源，从而实现保护生态环境与资源、经济和社会发展平衡的目标。

总体来看，单部门划区管理工具与跨部门划区管理工具并不完全一致，尤其是在海洋保护区与单部门划区管理工具之间，它们的最大区别在于，虽然单部门划区管理工具同样也为海洋生态提供重要的保护，但它们通常只针对一种用途，且可能是短期保护，因此并不能为一个地区的所有功能提供全面系统的保护。② 相比之下，以海洋保护区为代表的跨部门划区管理工具则是从生态系统角度出发，综合考虑多种因素的长期保护和管理途径。

---

① Piers K. Dunstan, Nicholas J. Bax, Jeffrey M. Dambacher, Using Ecologically or Biologically Significant Marine Areas (EBSAs) to Implement Marine Spatial Planning, *Ocean & Coastal Management*, 2016, 121, 116-127.
② Thomas Greiber & et al., IUCN Policy Paper V Understanding Area-based Management Tools and Marine Protected Areas, available at https://cmsdata.iucn.org/downloads/paper_v__understanding_abmt_and_mpa.pdf, last visited 2023/2/22.

2. 实践中的划区管理工具分布

21世纪以来,通过划区管理方式保护国家管辖外海域的设计思路逐渐成为全球海洋保育的共识与潮流。目前,上述各类划区管理工具在实践中越来越多,为国家管辖范围外海域海洋生态保护与生物多样性保育起到了重要的作用。其中,可能与今后国际海底区域生物多样性存在最直接关联的划区管理工具包括:公海保护区、具有特别环境意义的区域。分析它们的实践状况对于未来国际社会选定国际海底区域生物多样性问题法律规制工具而言具有现实意义。

(1) 公海保护区

就公海保护区而言,目前按照时间顺序排列国际社会已经建成的保护区包括:

① 地中海佩拉格斯海洋哺乳动物保护区(Pelagos Sanctuary for Mediterranean Marine Mammals)

"地中海佩拉格斯海洋哺乳动物保护区"最初被称为"利古里亚海国际鲸类保护区"(International Ligurian Sea Cetacean Sanctuary),是一个旨在保护海洋哺乳动物(鲸类)的海洋保护区。该保护区成立于1999年11月25日,是世界上第一个公海保护区,其面积约为87 500平方公里,保护范围覆盖法国、意大利和摩纳哥公国的地中海地区。[①]

1999年生效的《巴塞罗那公约》之《关于地中海特别保护区和生物多样性的议定书》(Protocol Concerning Specially Protected Areas and Biological Diversity in the Mediterranean)规定了"地中

---

① Giuseppe Notarbartolo-di-Sciara, Tundi Agardy, David Hyrenbach, et al., The Pelagos Sanctuary for Mediterranean Marine Mammals, *Aquatic Conservation: Marine and Freshwater Ecosystems*, 2008, 18, 367-391.

海重要特别保护区"(Specially Protected Areas of Mediterranean Importance, SPAMI)清单制度。① 根据该议定书,地中海重要特别保护区可以在国家管辖范围内海域和公海范围内创建。如果应受保护区域部分或全部位于公海,公海保护区的建立则由两个或两个以上有关的毗邻缔约方进行。② 据此,1999年11月25日法国、意大利和摩纳哥在罗马签署了《关于建立海洋哺乳动物保护区(佩拉格斯)的协议》,并共同建立了上述保护区。

② 南极南奥克尼海洋保护区

2009年11月,第28届南极生物资源保护委员会(CCAMLR)在澳大利亚召开大会,会上通过了一项措施,在公海上设立了一个海洋保护区——南奥克尼群岛南大陆架海洋保护区。2010年5月,南奥克尼海洋保护区正式建立。该保护区位于南极半岛西部的凹形区域(Western Antarctic Peninsula-SouthScotia Arcdomain, WAPSSA)内,面积约94 000平方公里。这一保护区覆盖了南大洋的大片区域,是世界上第一个完全位于国家管辖以外的公海保护区。③

③ 东北大西洋海洋保护区

2008年,来自15个国家的代表联合在法国布列斯特的会议上承诺,保护大西洋中央海脊最为脆弱、资源丰富但仍有很多区域尚未开发的部分。承诺中,30万平方公里的海脊地区和之上的洋面被宣布为海洋保护区域。2008年,《保护东北大西洋海洋环境

---

① 《关于地中海特别保护区和生物多样性的议定书》第8条,https://eur-lex.europa.eu/legal-content/EN/TXT/? uri=CELEX%3A21999A1214(01),最后访问:2019年9月25日。
② 同上注,第9条第2款。
③ 参见桂静、范晓婷、公衍芬等:《国际现有公海保护区及其管理机制概览》,载《环境与可持续发展》2013年第5期。

公约》(The Convention for the Protection of the Marine Environment of the North-East Atlantic, OSPAR)委员会秘书处与国际海底管理局秘书处联系,商谈向委员会提交关于建立大西洋中脊查理·吉布斯断裂带海洋保护区的建议。2010年9月20—24日,在挪威卑尔根召开的OSPAR委员会部长级会议上,成员国采纳了6项决议和6项建议,其中,决定建立并管理查理·吉布斯断裂带南部保护区——查理·吉布斯,断裂带南部海洋保护区,该保护区的海底和上覆水域位于国家管辖海域范围以外。大西洋中脊查理·吉布斯断裂带南部海洋保护区、Milne 海隆、Altair 海山、Antialtair 海山、Josephine 海山、亚速尔群岛公海以北大西洋中脊这6个海洋保护区,组成了大西洋第一个国家管辖海域以外公海海洋保护区网络。这些保护区自2011年4月12日起生效。

④ 南极罗斯海海洋保护区

南极罗斯海海洋保护区根据《南极海洋生物资源养护公约》《养护措施91-05(2016)》于2016年10月28日建立,该保护区由阿根廷等36个缔约方共同组建。南极罗斯海海洋保护区总面积约155万平方公里,保护区中约112万平方公里被设为禁捕区,禁捕时间长达35年;它作为世界上最大的"公海保护区",分为基本保护区、特别研究区和磷虾研究区,且全部面积均位于公海之内。除上述公海保护区外,目前德国还在积极推进于南极威德尔海域约280万平方公里的范围内建立保护区。

(2) 具有特别环境意义的区域

截至2018年,位于东太平洋的克拉里昂-克利珀顿区(Deep Clarion-Clipperton Zone, CCZ)是唯一经由国际海底管理局批准的区域环境管理计划。按照国际海底管理局的计划,其准备在每个拥有勘探合同的地区创建区域环境管理计划,而克拉里昂-克利珀顿区域恰可以成为经验范本。具体来说,国际海底管理局理事会于 2012 年批准的克拉里昂-克利珀顿区域环境管理计划是为"确保有效保护海洋环境的适当和必要措施之一。"[①]科学家通过一系列研讨会制定了该计划的具有特别环境意义的区域网络,并向国际海底管理局提交了若干设计方案。整体设计包括制定由九个大型具有特别环境意义的区域组成的网络计划,以及一整套其他具有保护意识的管理目标。不过,国际海底管理局理事会和大会最终批准的区域环境管理计划将拟议的具有特别环境意义的区域从克拉里昂-克利珀顿区域的中心向外围移动,目的是使得保护区域与当前已确定的勘探区域不会发生重叠。

克拉里昂-克利珀顿区域环境管理计划最初被批准的实施周期为三年。该计划包括九个保护区的修订网络和相关额外的管理目标。国际海底管理局法律和技术委员会于 2016 年对克拉里昂-克利珀顿区域环境管理计划的项目实施进行了审核,[②]并注意到大多数的管理目标仍未实施。为此,法律和技术委员会审查建议增加两个额外的保护区,即制定"影响参照区"和"保全参照区"的准则,并建立相应的专家工作组。国际海底管理局当初计划在 2019 年底再次审查克拉里昂-克利珀顿区域环境管理计划,以纳入近年来获得的重要新数据。此外,在 2018 年 7 月,国际海底管理局还批准了一项为期两年的计划,以支持区域环境管理计划的

---

① 国际海底管理局:"理事会关于克拉里昂-克利珀顿区环境管理计划的决定",(2012 年)ISBA/18/C/22,https://www.isa.org.jm/documents/isba18c22,最后访问:2019 年 9 月 26 日。
② 国际海底管理局:"审查克拉里昂-克利珀顿断裂带环境管理计划的执行情况",(2016 年)ISBA/22/LTC/12,https://www.isa.org.jm/document/isba22ltc12,最后访问:2019 年 9 月 26 日。

发展,该保护方案覆盖西太平洋海山地区(锰铁结壳的所在地,正在勘探的矿产资源),大西洋中部的热液喷口系统,以及印度洋(正在探索多金属硫化物)。国际海底管理局已为每个区域安排了一系列研讨会。目前,深海空间面临着区域划分、筹建具有特别环境意义的区域和其他保护项目,以及具体化可用以判断区域环境管理计划成效的指标等诸多任务。

总之,制定区域环境管理计划应在所有利益相关方的积极参与和投入下进行,因为正如《联合国海洋法公约》规定的那样,国际海底区域是"人类的共同继承财产"。同样重要的是,除非正式批准该地区的区域环境管理计划,否则国际海底区域中任何地区都不应进行资源开采作业。①

(3) 海洋空间规划

从实践来看,上述公海保护区和具有特别环境意义的区域等工具的建立并不能直接实现维护海洋生态系统的功能以及保护生物多样性的目的,其治理方式与有效管理有赖于合理、周密的空间规划,即保护的初衷要依靠科学的规划,强有力的管理也要依托于规划。换言之,海洋空间规划是连通保护理想与管理现实之间的桥梁。② 目前,除各国已在其享有主权海域范围内开展的海洋空间规划外,国家管辖范围外的海洋空间规划项目也在逐步推进中,而这些项目由于与国际海底区域具有直接相关性,因此是本书分析的重点。

① 具有生态或生物学重要意义的海域(EBSAs)

2014 年《生物多样性公约》执行了制定和运用科学标准来识

---

① Conn Nugent. (December 28, 2018). How to Protect the Deep Sea. Pew Trusts, available at https://www.pewtrusts.org/en/research-and-analysis/fact-sheets/2018/12/how-to-protect-the-deep-sea, last visited 2023/2/22.
② 张晓:《国际海洋生态环境保护新视角:海洋保护区空间规划的功效》,载《国外社会科学》2016 年第 5 期。

别和描述公海水域和深海生境中的具有生态或生物学重要意义的海域的程序。迄今为止,已有 14 个区域专家研讨会描述了 300 余个具有生态或生物学重要意义的海域,经《生物多样性公约》缔约方大会审查通过的将被添加至具有生态或生物学重要意义的海域名录中,并请各国和国际组织考虑加强保护和管理。上述成果与海洋空间规划框架内的潜在用途直接相关,而广泛存在的具有生态或生物学重要意义的海域或可成为实施海洋空间规划的基础。

② 地图册项目

北大西洋 H2020 地图册项目的重点是通过强化证据基础以支持在深海实施基于生态系统的管理(EBM)。地图册项目将采用一般的海洋空间规划框架和方法论,为一系列具有代表性的区域案例制定"蓝色增长"方案。诸如生态系统连通性、功能和人类行为影响等翔实科学信息将有助于提升深海划区管理工具的运行效率,而信息共享机制是开展高效海洋空间规划的关键,地图册项目便是致力于同企业、非政府组织和政府合作,建立开放访问的共享知识库,提供解决路径。

③ 大西洋战略环境管理规划(SEMPIA)

2013 年,欧盟 MIDAS 项目[①]发起了以专家为主体的咨询和数据收集活动,该活动随后被称为"大西洋战略环境管理规划"。参与大西洋战略环境管理规划的专家已经起草了中大西洋海脊具有特别环境意义的区域的设计原则,并提出了相应的科学依据以证明该具有特别环境意义的区域的间距和位置是合理的。随着这项工作的推进,未来大西洋战略环境管理规划将可能发展成为一个类似于海洋空间规划的过程,即认识到不完善的环境基准;考虑海

---

① The Meaningful Integration of Dada, Analytic and Services(简称 MIDAS),是指欧盟的一个数据整合、分析服务项目。

床和海域中的生物资源和非生物资源;平衡利益相关者,包括邻国的利益和主权;更好地整合底栖和中上层系统之间的相互联系;并考虑与该地区其他用途(例如海底电缆和深海渔业)的相互作用。

④ 发展中的全球性海洋空间规划

由于国家管辖范围外海域尚缺乏有关海洋空间规划的全球框架,上述举例代表了改善合作与管理的第一步,尽管它们仍远不像完整的海洋空间规划。近些年,国际社会出台的三项宣言为正在进行的海洋空间规划倡议提供了进一步的支持与动力。其一,2016 年,联合国环境大会(UNEA)通过的一项决议鼓励区域性海洋条约的缔约方考虑扩大其地理覆盖范围;其二,全球环境基金科学和技术咨询小组提出建议,以支持国家管辖范围外海域中有关划区管理工具的发展,并增强"扮演整合国家管辖范围外海域与现有相邻海域综合保护和管理平台角色"的相关机构的能力;其三,政府间海洋委员会、联合国教科文组织、欧洲委员会海事和渔业总局(DG MARE)通过了一项联合路线图,以加快实现海洋空间规划,并强调海洋空间规划在实施《联合国 2030 年可持续发展议程》中的作用。①

(四)国际海底区域生物多样性保护的规则管理工具

海洋环境与国际海底区域生物多样性保护是《公约》确立的基本目标之一。为了能够有效保护国际海底区域环境,维持生物多样性以及生态系统功能的完整,除建立起能够代表该地区典型物种、栖息地和生态系统功能的海洋保护区、具有特别环境意义的区

---

① See Glen Wright, Kristina M. Gjerde, David E. Johnson, et al., Marine Spatial Planning in Areas Beyond National Jurisdiction, *Marine Policy*. 2021, 132, 103384. Susanne Altvater, Ruth Fletcher & Cristian Passarello, The Need for Marine Spatial Planning in Areas Beyond National Jurisdiction, In: Zaucha J., Gee K. (eds) *Maritime Spatial Planning*, Palgrave Macmillan, 2019, pp. 397-415.

域等一系列相互勾联的划区保护网络外,还需要能够用于具体规制可能影响国际海底区域生物多样性的人类行为的规则管理工具(rules-based management tools)。其主要包括环境评估与监测、预防与适应性管理和生态系统方法等。

1. 环境评估与监测

环境监测和评估活动可以为制定特定地区的优先事项和政策提供科学依据,特别是确定环境问题的原因及其严重程度和对区域的影响。这些可能包括科学基线研究;研究和监测深海海底污染物及破坏的来源、水平和影响;生态系统研究;以及沿海和海洋活动的研究。除此之外,还需通过评估与国际海底区域环境退化以及国际立法、国家环境立法的状况和效力有关的社会和经济因素。其中,最重要的当属环境基线研究、环境影响评价和环境管理与监测。

(1) 环境基线研究

开展环境基线研究的目的在于确定开发项目实施前的地区特征,并确立初始的环境状况。当前,人类在国际海底区域的活动充满了不确定性和未知性,尤其表现在环境基线数据方面的空白。例如,由于尚未进行大规模的环境影响试验,因而缺乏能够证明物理干扰后深海生物群恢复情况的基础数据,以及因后勤保障复杂和探索深海海底的资金限制等原因,当前人类仅对一小部分国际海底区域进行了勘探与研究,以致对于潜在的海底采矿地点仍然缺乏足够的环境基线数据。以深海海底矿产开发为例,现有的相关国际采矿规则规定,"每一合同应要求承包者参照法律和技术委员会根据第 41 条提出的建议,收集环境基线数据并确定环境基线"。[①]虽然,国际海底管理局认为国际海底区域矿产资源勘探活动对此

---

① 例如,《国际海底区域内富钴铁锰结壳探矿和勘探规章》第 34 条。

处生物多样性以及生境造成的影响属于可控范围内,但仍然要求各承包商在从事勘探工作时尽可能多地收集各类环境信息,在正式采矿之前能够建立相应的特定国际海底区域环境基线,并以此同采矿开始之后的环境状况形成对照。国际海底管理局于 2005 年制定的"指导承包者建议",明确了承包者在勘探过程中应当收集的物理、化学和生物等方面的基线数据,主要包括:① 海洋物理学方面,在整个水柱沿线,特别是海底附近收集海洋状况资料,包括海流、温度和浊度状态等;② 海洋化学方面,收集海底地下水柱化学资料;③ 沉积物特性方面,确定沉积物的基本特性,包括土力学和构成的测量数据,以了解作为采矿作业引起的深水羽流潜在来源的表层沉积物的分布;④ 生物群落方面,收集分布在不同底层地形、沉积物类型、结核分布区的生物群落、海底群落的数据,同时记录主要物种中可能在采矿时释放出的金属的基线水平;观察记录的数据应当覆盖各种大小动物,包括生活在结核及其周围的动物、底栖食腐动物、浮游生物和可观察到的海洋哺乳动物等,并评估时间的变化;⑤ 生物扰动方面,收集按生物分类的沉积物混合数据;⑥ 沉积作用方面,收集关于从上水柱流入深海的物质通量和成分的时序数据。[①] 总之,在任何人为环境影响产生之前获得充分的环境基线数据十分必要,这意味着可以监测到因人类开发活动而引起的原生境环境变化,而这也是确保国际社会针对国际海底区域生物多样性问题作出科学、正确的规制与决策的基本前提。

(2) 环境影响评价

环境影响评价(EIA)作为针对产业项目实施坚实有效环境管理的关键,常被用于预测、评估和减轻项目所附带的环境和社会风

[①]《指导承包者评估国际海底区域内海洋矿物勘探活动可能对环境造成的影响的建议》(ISBA/19/LTC/8)第 15 条。

险。它在项目规划和执行过程中起着重要作用,通常也是获得融资、规划许可和监管批准的前置条件。特别是对于国际海底管理局及其成员国来说,它们可通过环境影响评价来履行一些关键义务,例如采用预防性方法,同时按照《联合国海洋法公约》第145条的要求确保国际海底区域海洋环境处于有效监管之下,使之免受有害影响。目前,在围绕国际海底区域环境保护问题的有关讨论中,国际社会已经普遍认为需要确立环境影响评价的地位。[①] 不仅如此,根据《联合国海洋法公约》第206条的规定,环境影响评价是各缔约国的一项直接义务;[②]海底争端分庭(the seabed disputes chamber)亦确认环境影响评价是各担保国对深海海底采矿活动应履行的尽职调查义务。从该制度所承载的功能上分析,环境影响评价过程应当确保国际海底管理局对所有从事国际海底区域矿产开发活动的承包商适用统一且高标准的环境要求。但是,现阶段要求该领域担保国及承包商进行环境影响评价的相关法律文书仍不健全,特别是缺乏国际性的具有法律约束力的规定以及监督、遵从和执行机制。

目前,国际海底管理局所制定的一系列"采矿规则"(mining code)为国际海底区域环境影响评价提供了初步依据,而后续与环境、开采活动有关的法规尚在进一步制订中。尽管"采矿规则"还处于完善之中,但就现有内容来看,申请从事海底矿产开发者必须

---

① Griffith Law School, International Seabed Authority, Co-Chair's Report. (2016). Workshop on Environmental Assessment and Management for Exploitation of Minerals in the Area, available at https://ran-s3.s3.amazonaws.com/isa.org.jm/s3fs-public/documents/EN/Pubs/2016/GLS -ISA-Rep.pdf, last visited 2023/2/23.
② 《公约》第206条(对各种活动的可能影响的评价):各国如有合理根据认为在其管辖或控制下的计划中的活动可能对海洋环境造成重大污染或重大和有害的变化,应在实际可行范围内就这种活动对海洋环境的可能影响作出评价,并应依照第205条规定的方式提交这些评价结果的报告。

提交以下环境影响评价文件方能被授予勘探开发许可：① 关于提议的勘探方案的一般说明和时间表，包括在未来五年的活动方案，例如对勘探时必须考虑的环境、技术、经济和其他有关因素进行的研究；② ……海洋学和环境基线研究方案的说明，以便能够考虑到法律和技术委员会提出的任何建议，评估提议的勘探活动对环境的潜在影响，包括但不限于对生物多样性的影响；③ 关于提议的勘探活动可能对海洋环境造成的影响的初步评估；④ 关于为防止、减少和控制……，以及可能造成的影响而提议的措施的说明。[①] 综观之，上述规定为国际海底区域生物多样性新文书中有关环境影响评价部分的设计提供了极具价值的参考。

(3) 环境管理与监测

在规则管理工具中，上述两项偏向于事前阶段，因此有必要为各国在国际海底区域开发行为的全过程，特别是勘探与采矿活动，制定相应的环境管理与监测计划（Environmental Management and Monitoring Plan，EMMP），旨在采取一切必要措施以确保最大限度地减少人类对包括国际海底区域在内的海洋环境与生物多样性的影响，同时监测开发计划的实施影响，履行国际海底区域环境相关国际法规、程序以及相应的国内法规则。[②]

这类工作的展开首先应具体明确将如何通过制定包含特定目标、组件、工作内容、投入（人、财、物），以及成果输出等方面的详尽计划来实现环境管理和监测工作。从时间维度看，有关国际海底区域的环境管理与监测必须贯穿事前、事中和事后等多个阶段。

[①] 例如，《国际海底区域内富钴铁锰结壳探矿和勘探规章》第 20 条。
[②] Daniel O. B. Jones, Jennifer M. Durden, Kevin Murphy, et al., Existing Environmental Management Approaches Relevant to Deep-sea Mining, *Marine Policy*, 2019, 103, 172-181.

其次,在监测与管理过程中需要基于相关指标、阈值和响应机制的发展,在风险变为现实前触发预警信号,帮助有关主体及时采取行动,并防止严重损害的发生。例如,管理与监测计划需对人类在国际海底区域的实际影响作出评估,即在基线数据研究的基础上将其与自然变化预期的变量进行比较。再次,环境监测还将检验环境影响评估中的预测在大体上是否正确;是否减轻环境影响的相关措施正在按预设计划正常进行;解决不确定性问题;证明合规性在批准条件下,可以及早发现意外或不可预见的影响,并支持"适应性管理"原则等。最后,为了保障该规制工具顺利进行,需要设计清晰的预算和实施时间表,并确定负责融资(资源)、监督和实施的机构,以及其他相关利益方的利益、角色和责任。

2. 预防与适应性管理

人类深海作业活动具有许多不确定性,鉴于其可能造成的潜在严重环境后果,在管理深海活动时需要考虑涉及的诸多不确定性因素。国际海底管理局作为《公约》确定的国际海底区域国际管理机构,分别于在 2000 年、2010 年和 2012 年就国际海底区域内的多金属结核、多金属硫化物和富钴铁锰结壳三种矿产资源开发活动制定了相应的"探矿和勘探规章"。其中,为了解决不确定性问题,同时防止或降低海洋环境免受国际海底区域内人类活动可能造成的有害影响,这些规章中均设定了基于预防与适用性管理理念的规制工具,主要包括"预防措施""最佳环境做法"和"适应性管理"。这些工具也是对国际海底管理局、担保国以及承包者具有法律约束力的义务。①

---

① 在解决不确定性的问题上,环境基线评估与监测、划区管理工具也发挥着各自的作用,但特点不同。其中,前者过程耗时较长,且需要在较长的时间范围内进行;后者通过保护具有代表性的环境区域使得生态结构、生物多样性、功能获得相应保护。

目前,预防措施和最佳环境做法尚缺乏统一的、强制性的国际标准,发展中国家和发达国家各自的技术和财政能力不同,使得国际海底管理局可能需要允许各国依据自身能力来决定适用预防措施和最佳环境做法的实际程度。① 通常认为,采取预防措施的义务是国际环境法的一般原则。以国际海底区域采矿问题为例,其首先要求国际海底管理局宁求稳妥,并采取早期措施保护海底环境免受不利影响,即使此时对于风险存在的判断仍然存在较多不确定性。② 早期措施具体包括在环境规划中纳入预防性缓冲措施,并确保各项必要的环境保护措施在各国向商业化矿产开发迈进的过程中不被忽视,而这也需要环境战略规划的支持;它还包括进一步开展战略选择的研究,以减少科学的不确定性。其次,担保国具有尽职调查义务,它们应采取一切适当措施,以防止可能因其担保的承包者的活动对国际海底区域环境造成损害。该义务适用于以下情况:有关所涉活动的范围和潜在负面影响的科学证据不足,但有迹象表明存在潜在风险。如果担保国无视这些风险,则视为未履行尽职调查义务。③ 而且,由于新的科学或技术知识等原因,尽职调查的标准可能会随着时间的推移而变得更加严格;对于风险较大的活动,标准也需相应提升。此外,尽管预防措施必须以最佳的科学建议为基础,但也必须顾及公众价值观,因为管理决策必须面对不确定性,其中包括对矿产开采的风险和利益的价值判断,以及对保护生物多样性和生态系统服务的支持。最佳环境做

---

① 张丹:《浅析国际海底区域的环境保护机制》,载《海洋发展与管理》2014年第9期。
② Al. Jaeckel, The Implementation of the Precautionary Approach by the International Seabed Authority, ISA Discussion Paper No. 5, available at https://www.isa.org.jm/files/documents/EN/Pubs/DPs/DP5.pdf, last visited 2023/2/23.
③ Responsibilities and Obligations of States Sponsoring Persons and Entities with Respect to Activities in the Area (Seabed Disputes Chamber of the International Tribunal of the Law of the Sea, Case No 17, 1 February 2011), at paragraph 131.

法和行业良好做法(good industry practice)是国际海底管理局制定的国际海底区域矿产资源开发规章中经常出现的一对相近概念,前者通常是指在考虑到特定监管机构所设定标准的情况下,应适用最适当的环境控制措施和策略组合,即环境和风险管理的公认准则或习惯;① 后者根据基本的理解看,是指在特定的场地内,以具有相关经验的技术人员能够合理且正常预见到的方式进行特定活动。② 最佳环境做法主要考虑的因素是建立可靠的环境基准,其目的在于确定触发遵从行为(compliance action)的阈值,例如何时停止作业;而且,最佳环境做法还要求在最佳时间以正确的方式收集环境监测数据,在对获取的最优数据进行分析后,以可理解的方式传递给内部和外部利益相关者。可以说,行业良好做法反映了实现目标的过程,而最佳环境做法则建立了可描述的数据获取过程,即根据触发阈值确保环境受到保护,以及实施合规性监管的过程。总体来说,最佳环境做法的实施有助于行业良好做法的落实,并且便利相关方调整其管理策略,以实现行业和环境的最佳结果。

3. 生态系统方法

自1966年阿尔多·利奥波德提出环境保护伦理以来,生态系统管理的类似概念就已出现。③ 生态系统方法(ecosystem

---

① Malcolm R. Clark, Helen Rouse, Geoffroy Lamarche, Joanne Ellis, Chris Hickey, *Preparation of Environmental Impact Assessments: General Guidelines for Offshore Mining and Drilling with Particular Reference to New Zealand*, National Institute of Water and Atmospheric Research, available at https://niwa.co.nz/sites/niwa.co.nz/files/EMOM_EIA_guidelines_Revision_Jan2017.pdf, last visited 2023/2/23.
② Leonardus J. Gerber, Renée L. Grogan, Challenges of Operationalising Good Industry Practice and Best Environmental Practice in Deep Seabed Mining Regulation, *Marine Policy*, 2020, 114, 103257.
③ FAO Fisheries Department, The Ecosystem Approach to Fisheries, 2003, available at http://www.fao.org/documents/card/en/c/6de19f1f-6abb-5c87-a091-3cc6e89c3a88, last visited 2023/2/23.

approach)不是一种具体的生态系统管理方法,而是一种综合各种方法来解决复杂的社会、经济和生态问题的生态系统管理策略。它提供了一个将多学科的理论与方法应用到具体管理实践的科学和政策框架。[1] 与之意思相近的表述还有两个,即"基于生态系统的管理"和"生态系统管理",都是指一种以科学为基础、保护和管理自然资源的全面方式。由于三者在操作层面的差异较小,而且上述概念之间也经常互换使用,[2]故可视作等同概念。

1992年《生物多样性公约》将生态系统方法定义为一种针对土地、水和生物资源的综合管理战略,旨在以公平的方式促进对生物多样性的保护和持续利用。运用生态系统方法将有助于均衡地实现《生物多样性公约》的三个目标:有效保护,可持续利用,公平、公正地享有开发遗传资源所带来的利益。同样,《联合国海洋法公约》也提出海洋区域所有活动采用生态系统方法的法律框架;[3]与之配套的1995年《执行1982年12月10日〈联合国海洋法公约〉有关养护和管理跨界鱼类种群和高度洄游鱼类种群规定的协定》要求各国采用生态系统方法和预防方式管理跨界鱼类种群和高度洄游鱼类种群。作为一种跨学科的、涉及参与过程的综合性方法,生态系统方法基于应用侧重于各级生物组织结构的相应科学方法,而这些生物组织结构包括生物体及其环境之中的重要过程、功能及相互作用。同时,该方法还认可人类及其文化的多样

---

[1] 周杨明、于秀波、于贵瑞:《自然资源和生态系统管理的生态系统方法:概念、原则与应用》,载《地球科学进展》2007年第2期。
[2] Susan Leech, Alan Wiensczyk, Jennifer Turner, Ecosystem Management: A Practitioners' Guide, *BC Journal of Ecosystems and Management*, 2009, 10(2), 1-12.
[3] 联合国秘书长2006年3月9日有关海洋问题的报告,A/61/63 (2006/06/12)。《公约》的序言:"各海洋区域的种种问题都是彼此密切相关的,有必要作为一个整体来加以考虑。"

性也是生态系统不可或缺的组成部分。①

　　从概念的文本内容分析,生态系统方法主要涉及系统级别的管理,而不是关注单个物种或栖息地。它旨在兼顾环境和社会环境,从而提供一种更加综合的管理方法。其关键特征包括环境保护、系统思维、空间尺度、可持续利用和人为因素。可以说,生态系统方法是比传统站点保护更广泛的一种系统方法。不论保护状态如何,该方法不仅可以应用于大范围下的未知海底环境,不受保护状态的影响,而且还可以基于多种规模层面使用,并考虑到人类活动的相互作用。因此,该方法为在海洋景观范围上的使用提供了良好的工具适应性,即能够顾及和响应不断变化的海洋环境形势。当然,将生态系统方法应用于特定的问题场景,此就目前仍然存在争议。② 具体在实际应用方面,生态系统方法常适用于区域海洋方案、行动计划和大型海洋生态系统项目之中。例如,联合国环境规划署区域海洋方案、南极条约体系之《关于环境保护的南极条约议定书》、北极理事会关于北极海洋战略计划和欧盟有关《欧洲海洋战略框架指令》等均明确提到使用生态系统方法,使区域海洋中处于良好的环境状况。③ 此外,一些国家制定的海洋政策或综合海洋管理框架也纳入了生态系统方法。

---

① CBD Secretariat, Decision V/6 Ecosystem approach, 2000. Document UNEP/CBD/COP/5/6.
② R. D. Smith and E. Maltby, Using the Ecosystem Approach to Implement the Convention on Biological Diversity Key Issues and Case Studies, available at https://www.cbd.int/doc/meetings/esa/ecosys-01/information/ecosys-01-inf-02-en.pdf, last visited 2023/2/25.
③ 例如,美国《发展区域海洋生态系统管理方法》。M. C. Holliday, A. B. Gautam, Developing Regional Marine Ecosystem Approaches to Management, Washington, D.C.: U. S. Department of Commerce, National Oceanic and Atmospheric Administration, National Marine Fisheries Service, available at https://repository.library.noaa.gov/view/noaa/4399, last visited 2023/2/25.

4. 不同规制工具之间的关系梳理

根据上述对国际海底区域生物多样性保护相关的各类法律规制工具的分析可知，由于法律依据、制定与实施主体、适用范围和应用背景等方面的不同，这些工具既存在各自的适用领域，同时又在不同程度上冲突与耦合。因此，下文通过分析、梳理上述工具之间的潜在关系，并进行合理的分配，以期能够使它们更好地相互协作，提升规制功效，从而对国际海底区域生物多样性进行更优保护。

（1）多种划区管理工具的关系与选择

基于海洋生态环境保护的需要，目前国际上已存在着多个组织或公约创设的不同种类的划区管理工具。在将其分为单部门划区管理工具和跨部门划区管理工具后，可以发现这些工具在内涵、功能、地理空间等方面有着不同程度的重叠。从理论上看，国际社会对于现有划区管理工具的定义尚不明晰，不同工具之间的界限也较为模糊。《生物多样性公约》与《联合国海洋法公约》（主要涉及国家管辖范围外生物多样性资源部分）均关注如何建立与实施海洋保护区，但却未给出能够便于公约执行与国家履约的准确定义。通过分析国家管辖范围外生物多样性资源的会议讨论文本可知，它将划区管理工具与海洋保护区并列使用的做法无异于将国际海底区域问题的划区管理工具缩限于仅海洋保护区一项。[①] 联合国粮农组织则认为，只要是基于生物多样性保护或渔业管理需要而提供比周围水域更多保护的任何海洋地理区域都可称为海洋保护区。在此定义之下，由于单部门划区管理工具也提供了一定程度的规制保护，因此其所覆盖的海洋区域也可以算作海洋保护

---

① 国际管辖范围外生物多样性资源会议记录中涉及划区管理工具的大多数表述通常为"关于划区管理工具，包括海洋保护区"。

区。此时海洋保护区的内涵扩大到几乎与划区管理工具等同,但它们最终的生态保护结果却非如此。[①] 这种模糊的、未取得共识的界定不仅造成了划区管理工具之间的交叠及混乱,而且还会因为管理和保护范围等问题对实现海洋生物多样性长期养护目标十分不利。从实践上看,单部门划区管理工具通常仅在海底采矿、国际航运、深海拖网捕鱼等单一特定领域发挥规制功能,而像公海保护区这样的跨部门划区管理工具则更多考虑的是所划定区域的海洋环境及相应生态系统的整体保护,两者之间恰如"短期、特定领域保护"与"长期、系统全面保护"的关系。此外,现有的划区管理工具设计在地理空间上也存在互相贯通和交叠的情况,但各工具之间操作规则的差异却导致保护目标难以兼顾。

以现有的国际海底区域相关划区管理工具为例,这些工具主要包括前面提到的影响参照区、保全参照区、特别环境利益区和海洋保护区等,而国际海底管理局和其他国际海洋组织创设或推动建立上述工具的目的在于减少人类活动对国际海底区域环境的影响。按照中国政府在国家管辖范围外生物多样性资源的国际文书谈判会议上发表的观点,"划区管理工具(包括海洋保护区)的对象是海洋生物多样性,即海洋遗传资源、物种和生态系统";同时"应包括所有基于区域的管理措施和方法,不限于海洋保护区"。[②] 因此,在针对国际海底区域生物多样性问题存在着多种拥有共同规制对象和目标的划区管理工具的情况下,如何选择

[①] 有研究显示,在全球海洋保护区中,其海洋生物总体平均增加了446%,而特定区域内的动植物数量增加约166%,物种数量增长达21%。在单部门划区管理工具中这些成就并不存在。创绿研究院:《海洋保护区:就是在地图上画格子吗?》,http://www.ghub.org/?p=10175,最后访问:2019年10月28日。

[②]《中国代表团团长马新民在BBNJ国际文书谈判政府间大会第一次会议上的发言》,https://papersmart.unmeetings.org/media2/19408260/item-7-abmts-including-mpas-chinese-statement-cn.pdf,最后访问:2019年10月27日。

和有效地配置工具是对特定范围内的生物多样性实现综合管理的关键步骤。

具体而言，首先，包括采矿、科研探勘等在内的国际海底区域人类活动虽然直接作用于国际海底区域底土层，但是活动过程却始终无法绕开其上覆水域——公海海域。然而，目前公海与国际海底区域内资源适用不同的法律归属原则，即公海自由原则与人类共同继承财产原则，使得多种划区管理工具在地理空间上的垂直相连、法律属性却不同的国家管辖范围外海域及其底土上难以做到相互连贯与自洽。国际海底管理局通过强化与其他设计划区管理工具的国际组织/公约的协作，可能有助于避免这些工具在海洋地理空间上的重合。但需注意的是，由于诸如国际海底区域采矿等活动将不可避免地对公海和国际海底区域造成不同程度的环境影响及污染、破坏，国际海底管理局作为国际海底区域矿产勘探开发管理机构，其设计的前述划区管理工具在终极追求上与强调"海洋环境与生态系统长期养护目标"的海洋保护区并不协同，甚至存在较大差异。有学者提出假设，可能存在以下情况：如果公海保护区覆盖水域所对应的国际海底区域被认定为影响参照区、保全参照区或具有特别环境意义的区域，此时国际海底区域矿产资源勘探开发活动实际也发生在公海保护区内或周围。由此则会出现以下问题：①若要将公海保护区和国际海底管理局划区管理工具在水平和垂直空间上对应并不易达成；②即使地理空间可协调，国际海底区域矿产勘探开发活动引发的海洋环境变动、水体搅动、噪声污染会对水体中的海洋生物栖息造成影响，将阻碍公海保护区的保护目标的实现。特别是当两者发生冲突时，国际海底管理局的勘探开发活动规则具有法律上的拘束力，且国际海底区域矿产资源作为人类共同继承财产也具有一定的法律优先性，而其他海洋组织创设的公海保护区的法律拘束力不及于第三方,此时国际海底区域的勘探开发活动必然会引起区域海洋组织和利益相关国家及一些国际环保组织的抗议。其次,无论是国际海底管理局设计的划区管理工具,还是其他国际组织已经布局的公海保护区,均系海洋生态环境整体之下,这种客观存在的地理和生态系统上的连通性,使得两者又具有难以分割的关联。

基于此,为了避免未来因划区管理工具设置不当或相互重叠而可能引发的问题,需要对适用于国际海底区域的划区管理工具提供原则性指引。首先,未来根据国家管辖范围外生物多样性资源新文书确定的国际管理机构需要联合其他国际组织共同对划区管理工具进行优化配置,根据国际海底区域生物多样性规制的发展阶段选择适用恰当的划区管理工具。其次,国际社会应就划区管理工具的定义和范围尽快达成共识,明确划区管理工具包括海洋保护区,但并不限于此;同时,强调划区管理工具是工具、手段,但不一定有实际的空间范围(如海洋空间规划),海洋保护区是具体的地理空间,同时也是为了达到目的的方式。再次,明确划区管理工具的实施标准与计划。一个成功的管理网络需要能够在海底资源开采作业期间有效保护海洋环境,并维持生物多样性和维护生态系统功能完整。具体包括:① 所建立的划区管理工具能够涵盖该地区具有代表性的栖息地、物种,以及拥有独特生物多样性并提供重要生态系统服务或功能的重要生态区域;② 为种群提供必要的连通性,即确保各划区管理工具相互接近而可连通,以帮助处于不同生命阶段的海底生物能维持和/或恢复种群数量;③ 备置保护措施,使多个划区管理工具都涵盖国际海底区域中的重要物种、栖息地和生态过程;④ 确保划区管理工具中的生物物种有足够的种群规模和保护措施,能够维持其生态功能与自给自足;

⑤ 关于规模的标准,将至少30%—50%的管理区域纳入划区管理工具规制网络,而这也是目前国际海底管理局在保护东太平洋地区的克拉里昂-克利珀顿区域时所采取的策略——迄今为止唯一具有相应管理计划的国际海底区域。

(2) 规则管理工具的统合

在众多国际海底区域环境与生物多样性规则管理工具之中,环境评估与监测、预防与适应性管理和生态系统方法一直是国际海底管理局的采矿规则和国家管辖范围外生物多样性资源会议关注的重点。然而,这些多样化的规则管理工具并不是相互孤立存在的。在大多数情况下,若要实现国际海底区域生物多样性保护与可持续利用的目标,往往需要上述工具的相互配合,即建立起系统的国际海底区域生物多样性规则网络,使各种规制工具能够彼此借力与支撑。

首先,生态系统方法是总体思路设计。作为一项系统级别的规制管理思维,生态系统方法需贯穿于国际海底区域生物多样性规制的各环节,其具体适用涉及规则管理工具与划区管理工具。国际海底区域生态系统具有弹性,同时各组成要素与功能之间也是相互联系的。因而,围绕国际海底区域环境及生物多样性所展开的相关评估、调查、监测和管理必须考虑不同工具的组合,以达成最优的规制效果。例如,在设计公海保护区、海洋空间规划等划区管理工具时,除其本身需具有保护生态系统与服务、物种及栖息地的理念外;还应充分认识到特定海域内多种人类海洋活动产生的复合影响,因此需确保新建规制措施与既有规制措施能够统合互补,并在综合评估多重海洋活动的复合影响、不同工具间差异及其对生态系统整体影响的基础上,设立相应的划区管理工具。

其次,环境基线研究是基础。目前,人类对于大规模深海海底活动的潜在影响知之甚少,受这些活动影响地区的生态学观测也不甚清晰。同时,国际海底区域开发项目环境管理的各个方面都存在高度不确定性:① 在所有时空范围内缺乏对环境的了解;② 仍处于研究中的开发和保障技术;③ 仍处于草稿形式的国际环境法规。解决上述问题的基础在于环境基线数据的搜集和分析评估,其可作为环境影响评价、后续监测、规制实施等必要的参照物。由于相关环境基线数据范围需要基于覆盖到某地区开发活动开始前的较长时间,因此尽早完成国际海底区域,特别是即将准备实施商业化作业区域的环境基线研究十分重要。

最后,"预防措施""适应性管理""环境影响评价""最佳环境做法"等工具相互依存。国际海底区域生物多样性规制是生态系统工程,要求以综合的方式管理影响此处生物多样性的人类活动,以系统视角考虑人类活动对诸物理环境、化学环境、生物要素及其相互之间累积作用的影响。因此,在解决相关具体问题时,需要加强各领域工作部门的合作,广泛吸纳多学科的背景知识;同时,还需要有效串联起"预防措施""适应性管理""环境影响评价""最佳环境做法"等规则管理工具,使它们形成互相配合的"链条"。例如,预防措施和适应性管理是解决不确定性问题的两大重要工具,并与环境影响评估密切相关。其中,就预防方法而言,进行环境影响评价是实施预防措施的基本要素,在评估预期风险和选择最佳环境做法实践时,应在环境影响评价流程的所有阶段均采用预防措施。① 同样,适应性管理也可与预防措施类似地应用于环境影响评价之中。由于国际海底区域人类活动的潜在影响尚不确定,适

---

① 《国际海底区域内多金属结核探矿和勘探规章》第 31 条第 6 款;《国际海底区域内多金属硫化物探矿和勘探规章》第 31 条第 6 款;《国际海底区域内富钴铁锰结壳探矿和勘探规章》第 33 条第 6 款。

应性管理要求评估主体根据现有初步发现,提前开展实验、收集数据并传递给环境影响评价过程。同时,适应性管理还要求相关主体对勘探开发活动提前进行阶段划分、监控和报告,并根据环境影响评价所确定的结果采取相应的具体行动。① 可以说,预防措施和适应性管理都是通过在资源开发过程中获取和审查监测数据来不断完善环境影响评价。②

总之,上述各种规制方法目前在国际海底区域内适用都具有明确的法律授权。③ 现阶段的挑战主要在于面对复杂且充满未知的海底生物多样性问题,如何通过有效实施这些规制方法以达成保护国际海底区域生物多样性的预期目标。因此,处理该问题不仅应放眼生态系统的整体视野,科学合理地配置"弹药库"中的各类规制工具,而且还需要有适当的管理体制安排和执行机制。

5. 规制机构的选择与协作机制

系统完备的法律规制工具设计是为保护国际海底区域生物多样性提供有效规制的前置条件,而科学合理地安排相关规制管理机构则是实现国际海底区域生物多样性保护规制目标的保障。同时,由于国际海底区域生物多样性受损风险正在与日俱增,为了能够提升规制效率,保障规制目标基本实现,需要设计可行的规制实施机构和改进现有国际规制协作机制。

---

① J. I. Ellis, M. R. Clark, H.L. Rouse, G. Lamarche, Environmental Management Frameworks for Offshore Mining: the New Zealand Approach, *Marine Policy*, 2017, 84, 178-192.
② Jennifer M. Durden, Laura E. Lallier, Kevin Murphy, et al., Environmental Impact Assessment Process for Deep-sea Mining in "the Area", *Marine Policy*, 2018, 87, 194-202.
③ 现阶段主要是指国际海底管理局在国际海底区域矿产资源开发领域通过这些规制工具以实现生物多样性保护与人类开发利用相协调。

(1) 有关国际海底区域生物多样性的管理机构设置

如果将此前讨论的有关国际海底区域生物资源的法律属性——"公海自由原则"和"人类共同继承财产原则"的选择视作内核性问题,有关国际海底区域生物多样性的管理机构则是践行上述适用原则的主体形式问题,后者也正因国际谈判的推进而逐渐成为争议的焦点。虽然,现阶段涉及国家管辖范围外生物多样性资源问题的全球性和区域性管理机构数量不在少数,但它们在管辖职能、管辖范围、法律授权基础、组织架构等诸多方面呈现出的"碎片化"管理样式。这促使国际社会加快形成国家管辖范围外生物多样性资源新协定,以建立一个有助于增强机构(机制)间国际协作,能够对包含国家管辖范围外生物多样性资源在内的国际海底区域生物多样性实施全面、系统且长远的规制,以及具有实质约束力的全球性管理机构。

从现有的角色和职能看,国际海底管理局是当前与国际海底区域生物多样性联系最密切的正式国际管理机构。一方面,国际海底管理局是在《联合国海洋法公约》及《1994年执行协定》法律框架下代表全人类利益管理国际海底区域矿产资源的唯一机构,同时也承担着防止国际海底区域开发活动对海洋环境造成严重损害的监管职责,以及促进国际海底区域海洋科学研究的任务,例如,收集环境基线数据,设立保全参照区以确保海底生物群具有代表性和稳定性;举办海底环境和资源相关研讨会,掌握海底沉积物及结核中的生物关系,开展海底生物资源勘察和监测受扰动区生物群落恢复、再生情况等。① 另一方面,国际海底区域生物多样性

---

① 参见国际海底管理局的《国际海底区域内多金属结核探矿和勘探规章》;中国常驻国际海底管理局代表处:《国际海底管理局秘书长南丹在国家管辖范围外海洋生物多样性保护与可持续利用问题非正式工作组会议上的发言摘要》,《国际海底信息》2006年第26期。

是基线数据和科学认知最为欠缺的领域,而国际海底管理局长期跟踪、关注着此处变化,并且形成了相对成熟的机构运作体系、利益协调机制和一定的国际海底区域生物多样性规制能力。可以说,国际海底管理局在处理国际海底区域生物多样性问题上积聚了相当的优势。因此,国际社会对其未来在国际海底区域生物多样性问题上的定位主要有两种设想:一是将国际海底管理局当前主要管理矿产资源和偏重协调经济利益的职能安排,进一步扩展至规制所有深海生物多样性问题(包括基因资源等),并增强其海洋环境管理权限;[1]二是各国决定在现有国际机构中选定一个牵头主体,负责加强国家、相关政府间组织和机构、其他社会主体之间的协调与合作,这个管理机构需要在整合当前碎片化的国家管辖范围外生物多样性资源管理机制的同时,强化各关联机构的管理能力,[2]而国际海底管理局可成为扮演上述角色的选择。

除此之外,关于管理机构的设置还有缔约方大会和新设国际组织两种选择。[3] 就前者而言,缔约方大会作为新文书的国际谈判平台,未来可继续发挥为讨论与议定国家管辖范围外生物多样性资源重要议题提供正式场合的功能,同时设立常设机构,以及秘书处、科学/技术机构等,而在第二次政府间会议上各代表也对此机构安排形成了一定的共识。关于新设国际组织的方案是指为国家管辖范围外生物多样性资源建立全新的管理体系,在全球层面

---

[1]《研究国家管辖范围以外区域海洋生物多样性的养护和可持续利用问题的不限成员名额非正式特设工作组的报告》(A/61/65, 2006 年)。

[2] Rosemary Rayfuse, Robin M. Warner, Securing a Sustainable Future for the Oceans Beyond National Jurisdiction: The Legal Basis for an Integrated Cross-Sectoral Regime for High Seas Governance for the 21st Century, *The International Journal of Marine and Coastal Law*, 2008, 23(3), 399-421.

[3] 参见崔皓:《国际海底管理局管理生物多样性问题可行性研究》,载《武大国际法评论》2019 年第 1 期。

的设置包括决策机构、科学/技术机构、秘书处、惠益分享平台等。关于上述方案,目前分歧犹在,不过最终选择应以符合目的原则和成本-效益原则为上。

(2) 倡导更加灵活、高效的协作机制

随着需求和现代科技水平的发展,人类在不久的将来大规模实施国际海底区域矿产资源和生物资源探索、开发的场景已可推见,随之而来的是相对封闭的国际海底区域环境将遭受来自外界的更大扰动和不可逆损害,甚至生态灾难。对此,各国已达成基本共识并正在朝着保护与可持续利用的方向共商、努力。然而,由于对国际海底区域生物多样性及其与资源开发活动的关联性等领域认知的欠缺,国际社会处理国际海底区域生物多样性保护与资源开发利用议题时好似在海底的"迷雾"中摸索前行,但是各国不断推进的资源开发活动并未留给我们更多时间去将"迷雾"完全拨开。因此,相关谈判注定是一场关乎人类命运的时间赛跑。①

在此背景下,国际社会如果单纯地依靠传统的多边合作方式——发生在国家与政府间组织之间,解决国际海底区域生物多样性问题,将难以满足当前的规制需求。作为一项全球性问题,国际海底区域生物多样性保护的"公共性"决定了它需要多元主体基于合作基础共同开展全球治理(协调、规划与实施)。国际海底区域生物多样性为全人类供给着必要的物质和服务,无论是各国政府、国际机构与组织,还是企业和个人,这些利益相关者充分发挥

---

① 国际上也有观点认为,深海采矿等开发活动对环境的影响仍依赖于公共资金对科学和技术研究的进一步投资,以填补现有知识的缺失,而在制定和采用强有力的法律规制框架之前,不应将深海采矿视为一种选择。See Marta Chantal Ribeiro, Rui Ferreira, Eliana Pereira, et al., Scientific, Technical and Legal Challenges of Deep Sea Mining: A Vision for Portugal — Conference Report, *Marine Policy*, 2018, 114, 103338.

各自作用,广泛开展合作,将有助于更好地实现对该问题的全球治理。具体如下:

首先,拓展多边合作的形式和途径。在世界趋向多极化的大背景下,①解决国际海底区域生物多样性保护这样急迫的新兴环境问题,不能仅寄希望于通过达成全球性的国际文书(如国家管辖范围外生物多样性资源新协定书)以提供法律与政策规制,而是应当发挥这些多"极"在地区的引导和组合作用,如中国的 21 世纪海上"丝绸之路"项目、亚太经济合作组织(APEC)等已经将环保、能源等问题纳入其中。在国际海底区域生物多样性问题上,一方面,可借助已有多、双边合作机制,在地区国家之间分享保护理念与实践经验,推动共同制定和实施双边、多边、次地区和地区保护战略与行动计划。同时,总结先进绿色深海经验、技术,并在各自地区推广。另一方面,加强合作机制和平台建设,建立信息共享机制。充分利用好政府间高层交流,通过中国—东盟、上海合作组织、欧亚经济论坛、中非合作论坛、中阿合作论坛等机制,强化国际海底区域生物多样性问题在地区层面的交流与合作。同时,借助已参与或开展国际海底区域生物与非生物资源项目国家的力量建设大数据平台,加强深海环境信息共享,提升环境风险评估与防范水平。

其次,国际海底区域生物多样性保护还需要企业、非政府组织、公众共同理解和参与。其中,各国相关企业需要真正认识到国际海底区域生物多样性的重要性,在接受外部规制的同时,发挥自

---

① 即美国作为唯一超级大国,构建自己主导的单极世界的形势逐渐开始受到挑战;欧盟的扩张、发展,并在全球问题上表现十分积极;中国作为最大的发展中国家,国际地位及影响提升迅速,参与国际治理与国际秩序构建热情极高;日本主动参与国际事务,加快谋求政治大国地位的步伐也在加快;其他小岛国家、非洲国家、新兴发展中国家亦有各自的发展诉求等。

我规制作用,肩负企业责任。公众则需要更好地了解和知晓当前人类活动对国际海底区域生物多样性的潜在威胁与影响,在必要时承担起行动角色,为决策者以更加科学、合理的方式正确应对国际海底区域生物多样性提供帮助。此前在国际决策中无处不在的国际非政府组织,同样活跃在包含国际海底区域生物多样性的国家管辖范围外生物多样性资源问题讨论之中。结合已有实践,这类组织主要可通过以下方式在国际海底区域生物多样性议题上发挥作用:① 提供科学和法律专业知识,特别是非政府组织所擅长的海洋保护区和环境影响评估领域。② 保持整个多边谈判过程的连续性。政府间组织以及国家的高级官僚(senior bureaucrats)和高级外事官员(senior foreign affairs officials)存在轮换现象,这一点在西方国家更为明显。[①] 在大量人员更替的情况下,如何保持代表们在国家管辖范围外生物多样性资源谈判这种长期事项中的专业知识连贯性和对谈判过程中先前步骤的熟悉度?此时,非政府间组织可以通过出版物、开展讲习班及会外活动帮助新的政府代表熟悉国家管辖范围外生物多样性资源事项并更加理性地承担其国家责任。③ 促成联盟形成。例如,公海联盟(High Seas Alliance)通过形成集中力量提升相关非政府组织在公开场合与国家主体交流的力度,以及问题的可见度等。④ 建立人际关系。人际关系对于建设性信息的沟通十分重要。通过建立人际关系,可以增加非政府组织与政府代表之间的互动和信任,这将使得相互之间的讨论和磋商变得更加容易。

---

① 有统计显示,在1 523名参加过至少一次国家管辖范围外生物多样性资源工作组会议的人员中,仅45人总计参加过半数以上的会议。

第三章
国家管辖范围外深海资源共享机制的具体内容

第一章对国家管辖范围外深海资源的属性作出了界定,第二章在此基础上对共享这部分资源的制度支撑进行了分析。国际海底管理局在《公约》的授权下,就有关深海矿产资源的勘探开发规则、规章和程序不断出台具体的国际法规范,可以说深海海底资源的勘探开发是目前国际法中最为活跃的领域之一。经过管理局四分之一世纪的实践,国际海底制度愈来愈丰富和完善。管理局根据《公约》及其附件和《1994年执行协定》所构建的国际海底制度为落实人类共同继承财产原则以及国际社会共享这部分深海矿产资源提供了制度上的支撑。与此同时,正在谈判拟订的国家管辖范围外生物多样性资源国际文书从海洋遗传资源(包括惠益分享)、划区管理工具(包括海洋保护区)、环境影响评价、能力建设和海洋技术转让这四个议题对国家管辖范围外的生物多样性资源的利用和保育提供国际法上的依据。最终所形成的国家管辖范围外生物多样性资源国际文书所包含的具体制度将为国际社会共享国家管辖范围外生物多样性资源提供制度上的支撑。

本章将着重讨论国家管辖范围外深海资源共享机制的具体内

容,包括共享原则、共享主体以及共享客体。就共享原则而言,本书认为国家管辖范围外深海资源的共享应当遵循人类共同继承财产原则、预防原则和可持续发展原则;而共享的主体应该是包括当代人和未来世代,具有时间跨度大的特性。共享客体是本章将论述的重点内容,宏观而言,共享客体应当包括经济利益的共享和非经济利益的共享这两个方面。

第一节 共享原则

构建国家管辖范围外深海资源共享机制应当遵循人类共同继承财产原则、预防原则和可持续发展原则。这三大原则实际上是紧密联系的,不可分割、互相促进。人类共同继承财产原则是《公约》所确立的勘探开发深海海底矿产资源必须遵循的原则,该原则的核心目的在于实现全人类对深海资源的利益共享。为了实现此目的,国际海底管理局采取了诸多的措施,第二章已经有比较详细的论述。海洋环境保护制度在深海采矿和国家管辖范围外生物多样性资源的利用和保育中都是一项重要的制度,海洋环境保护措施的采取实际上是落实预防原则的具体体现。深海资源可持续利用的前提是海洋环境的可持续,海洋环境的可持续方能保证深海资源的可持续,而深海资源的可持续是全人类共享这部分资源的前提。因此,采取预防性措施可以促进可持续发展原则的落实,进而可以推动和实现全人类共享国家管辖范围外深海资源。

一、人类共同继承财产原则

国际法上对资源的利用,从国家对其权利主张的强弱角度来看,主要包括这四种不同的类型,包括:国家对管辖范围内资源的永久主权,少数国家共享自然资源,各国都可以参与利用的共同财产,保留给全人类的共同继承财产。① 这四种类型体现的主要精神也不一样。例如,共享自然资源的主要设定原理在于解决少数资源竞用国家间的衡平处理,而共同财产与共同继承财产原则侧重强调大家都有权去开发,其中共同继承财产原则更强调即使未去开发利用的国家仍保有分享权,且采用更强的国际管制规范。

在1967年第22届联合国大会上,马耳他声称,考虑到科学技术的发展,公海区域的资源将会被越来越多的国家使用,这种大规模资源的使用将会导致海底对全人类都有益的资源的减少甚至枯竭,因此马耳他认为应当将海底资源作为人类共同继承财产,并且应当立即采取措施,制定相关国际条约,构建专门国际管制机构作为替全人类管理海底资源的托管人,管制、监督和控制在海底从事的深海活动,以确保在深海从事的活动遵守相关原则以及条约中内容。最终该原则被确立在《公约》中,成为指导全人类从事深海海底资源勘探开发的基本原则。

(一)人类共同继承财产原则的法律属性

从《公约》的相关规定来看,人类共同继承财产概念是一个法律概念,而不是一个政治概念。其法律属性主要表现在:此概念的主体是全人类,包括当代人也包括未来世代,因此代际公平的理念融入了人类共同继承财产原则中;客体是财产,这里的财产是指国家管辖范围外的海床和洋底及其底土的任何部分及其资源;这

---

① 在适用上,一般而言,前三种原则既适用生物资源亦适用非生物资源,而第四种原则一般仅仅适用非生物资源,但是有扩大适用范围的可能。根据《联合国海洋法公约》的规定,区域资源适用的是人类共同继承财产原则,即使技术不发达国家没有去开发区域的资源,其对技术发达国家从开发行为中获得的收益仍然享有分享权。

种财产所有权的性质是共同的,且这种共有的性质是特殊的,即要求国际社会统一管理区域内财产,包括区域内资源和从区域获得的收益。①

《公约》授权国际海底管理局代表全人类统一管理区域内财产,缔约国在管理局的管理过程中所需要做的就是协助管理局落实人类共同继承财产原则并且采取立法或行政的措施以确保在其管辖范围内的主体从事深海活动时遵守《公约》以及相关的国际法律之规定。②

(二)人类共同继承财产原则的要素

《公约》第136条规定,区域及其资源属于人类共同继承财产;第137条规定,任何国家不应对区域的任何部分或其资源主张或行使主权,或主权权利,任何国家或自然人、法人,也不应将区域或其资源的任何部分据为己有。任何这种主权和主权权利的主张和行使,或这种据为己有的行为,都不予以承认。区域内资源的一切权利都属于全人类,由管理局代表全人类行使。

虽然《公约》中确立了人类共同继承财产原则,但是国际社会对该原则的内涵和要素并没有统一的理解。目前,学界一般认为,人类共同继承财产原则包括以下几个要素③:

(1)禁止对区域行使主权性质的权利;

(2)人类作为一个整体对区域资源的享有;

(3)区域资源为和平目的而保留;

---

① 金永明:《人类共同继承财产概念特质研究》,载《中国海洋法学评论》2005年第2期。
② Marie Bourrel, Torsten Thiele, Duncan Currie, The Common of Heritage of Mankind as a Means to Assess and Advance Equity in Deep Sea Mining, *Marine Policy*, 2018, 95, 311-316.
③ Bradley Larschan and Bonnie Brennan, Common Heritage of Mankind Principle in International Law, *Columbia Journal of Transnational Law*, 1983, 21, 305.

(4) 对区域资源勘探和开采所获得利益的公平分享,并注意保护发展中国家的利益;

(5) 通过共同管理机制管制区域资源的开发和利用;

(6) 对海洋环境的保护。

前两个要素是属于对区域资源管辖面向的定义。禁止国家对人类共同继承财产性质的区域主张主权性质的权利,实际上是对国家管辖权的限制。对国家管辖权的限制不仅体现在人类共同继承财产资源这一体制下,在公海自由原则下,国家亦不得对公海等公共区域主张主权性质的权利。但是第二个要素中提及的人类作为一个整体享有区域的资源同公海自由原则所主张的各国有根据各自能力获取渔业或者其他种类的资源不同。第二个要素中的人类,包括现在的人类,当然亦包括人类的子孙后代,因此,开发和利用区域资源时,必须注意保护人类的共同环境,坚持可持续发展的原则。[1]

第三个要素强调对区域资源的和平使用。此一要素意味着各国不仅应当以和平的方式利用资源,而且在出现争端时也应当以和平的方式解决争端,即:① 禁止各国在区域进行威胁国际和平的军事活动,保证区域的非军事化,以使人类共同继承财产实现为全体人类谋取福利之本意;[2]② 各国在区域资源的使用上发生争端时,应在现有国际法的体系内,通过磋商、仲裁、司法等和平手段解决,为此,《公约》设立了国际海洋法庭海底争端分庭。强调和平解决争端的重要性在于,和平地利用共同财产,是每一个国际社会

---

[1] 欧斌,余丽萍,毛晓磊:《论人类共同继承财产原则》,载《外交学院学报》2003年第4期。

[2] Christopher C. Joyner, Legal Implications of the Concept of the Common Heritage of Mankind, *The International and Comparative Law Quarterly*, 1986, 35(1), 192.

成员对其他社会成员所承担的义务,两国之间因争端所致之战争必将影响其他国际社会成员利用和分享共同财产。

第四个要素强调利益之分享。对利益包含的范围可以作出较为宽泛的解释,它包含从事深海海底活动所获得的物质经济上的利益,亦包括某个国家对海底资源的认知和探索过程中所获得的科学上的知识,此种非物质性的知识亦应当在各成员国之间公平地分享。南北关系是国际政治永恒的话题,诸多国际议题都涉及发展中国家与发达国家之间的利益权衡,此种利益的冲突和权衡尤其体现在国际环境法议题的讨论上,如《联合国气候变化框架公约》中所明确规定的共同但有区别的原则。发展中国家多为矿产资源较为丰富的国家(如非洲不少国家,其国内的矿产资源非常丰富),其国家经济来源的一个重要部分便是对本国矿产资源的出口。国际社会从事区域海底资源的勘探和开采必将影响到以出口矿产资源为主的发展中国家的经济利益,因此在构建国际海底制度时应当对发展中国家的利益给予特殊的关注和保护。

第五个要素是要求建立一个国际共同机制来管理勘探开发利用海底资源。这也是海底委员会各次大会以及第三次海洋法会议重点讨论的议题。国际社会主张建立一个国际性组织来统一管制开发利用活动。最终《公约》成立了国际海底管理局,处理请求核准勘探工作计划的申请并监督已核准勘探工作计划的履行;执行国际海底管理局和国际海洋法法庭预备委员会所作出的关于已登记先驱投资者的决定;监测和审查深海海底采矿活动方面的趋势和发展;研究深海海底矿物生产对生产相应矿物的发展中陆地生产国的经济可能产生的影响;制定海底开发活动及保护海洋环境所需要的规则、规章和程序;促进和鼓励进行海底采矿方面的海洋科学研究。

第六个要素中对海洋环境的保护暗含着对利益的分享与义务的分担,并且在从事勘探开发深海海底资源时对环境的保护也是对后代人利益保护的考量,此也是代际公平原则之体现。

(三) 人类共同继承财产原则中环境保护要素之内涵

人类共同继承财产原则既要求全人类共享深海采矿活动带来的经济利益,又要求保育和养护区域内自然资源和海洋环境,即利益分享和环境保护这两个要素在人类共同继承财产原则中是相辅相成的,成员国在分享深海资源勘探开发所带来的利益的同时也需要承担保护环境的义务。[1]

"继承财产"(heritage)一词本身就蕴含了浓厚的代际公平的意味。[2] 美国学者 E. B. 魏伊丝 1989 年在《公平地对待未来:国际法、共同遗产与世代间衡平》一书中系统阐述了代际公平理念。她认为,人类的每一代人都是后代人地球权益的托管人,当代人应该保障后代人对资源的选择权、享受正常质量权和获取权。[3] 当代人对区域资源的开发和利用不应当危及后代人对资源的开发和利用,而达到这一目的的一个重要前提是当代人在利用资源的同时注重对海洋环境的保护。《联合国海洋法公约》中设有专章[4]就海洋环境保护作出了细致的规定,其他有关海洋环境保护的条款也散见于国际海底管理局制定的规章、指南等法律规范中。因此,人类共同继承财产原则要求成员国承担保护环境的初衷是为未来世

---

[1] K. Baslar, *The Concept of the Common Heritage of Mankind in International Law*, Martinus Nijhoff Publishers, 1998.
[2] Aline Jaeckel, Kristina M. Gjerde, Jeff A. Ardron, Conserving the Common Heritage of Humankind — Options for the Deep-seabed Mining Regime, *Marine Policy*, 2017, 78, 151.
[3] [美] 爱蒂丝·布朗·魏伊丝:《公平地对待未来人类:国际法、共同遗产与世代间衡平》,汪劲、于芳、王鑫海译,法律出版社,2000 年,第 41—42 页。
[4] 《公约》第十二部分:海洋环境保护。

代的人类也可以享受到对资源的开发和利用,①而这样的理念实际上同可持续发展原则不谋而合。可持续发展原则的提出旨在权衡当代人和后代人之间的利益、支持发展中国家之发展,并且保持地球生态系统之完整,②该原则的运作涉及经济、社会和环境保护等方面的协调和权衡。

在国家管辖范围外深海矿产资源勘探开发的语境中,权衡人类共同继承财产原则所蕴含的各要素比较棘手。在这个问题上,国际海洋法法庭海底争端分庭(以下简称"海底争端分庭")为我们思考这一问题提供了一定的导向。

海底争端分庭于 2011 年发布了《国家担保个人和实体在区域内活动的责任和义务的咨询意见》。③ 在该决定中,海底争端分庭认为,为使发展中国家能够在深海海底采矿中与发达国家处于平等的地位,《公约》中规定的关于发展中国家特殊利益和需求的条款应得到有效执行,但是海洋环境保护标准对发展中国家和发达国家是同等适用的。④若对发达国家和发展中国家适用不同的环境标准(对发展中国家适用较低的环境保护标准),这将导致的结

---

① C.C. Joyner, Legal Implications of the Concept of the Common Heritage of Mankind, *International & Comparative Law Quarterly*, 1985, 35, 190-199; B.E. Heim, Exploring the Last Frontiers for Minerals Resources: A Comparison International Law Regarding the Deep Seabed, Outer Space, and Antarctica, *Vanderbilt Journal of Transnational Law*, 1991, 23, 819-849; A. Kiss, The Common Heritage of Mankind: Utopia or Reality?, *International Journal*, 1985, 40, 423-441.

② Report of the World Commission on Environment and Development: "Our common future", annexed to UNGA, UN Doc. A/42/427, 4 August 1987.

③ Seabed Disputes Chamber of the ITLOS, Case No. 17, Responsibilities and Obligations of States Sponsoring Persons and Entities with Respect to Activities in the Area, Advisory Opinion (Feb. 1, 2011), available at https://www.itlos.org/fileadmin/itlos/documents/cases/case_no_17/adv_op_010211.pdf, last visited 2019/5/18.

④ Ibid, paragraph 151-157.

果是,发达国家的公司在环保标准较低的发展中国家设立子公司,以获得发展中国家的担保,从事深海海底资源勘探开发活动,如此将不利于对海洋环境和人类共同继承财产的保护。①

根据海底争端分庭的观点,海洋环境保护在深海资源勘探开发中无疑处于一个极为重要的地位,这是人类共同继承财产原则所要求的,也是《公约》所明确规定的。海底争端分庭在论述海洋环境保护的重要性的同时,其欲向缔约国传达的信息是:① 所有缔约国都应该遵守统一的、最高的环境保护标准,环境保护的重要性远远超越发达国家和发展中国家经济发展程度之差异;② 缔约国都应当确保区域活动的安全进行;③ 缔约国就任何区域资源的勘探开发活动都不应该对这一人类共同继承财产造成破坏。②

二、预防原则

（一）环境问题因应中的预防原则

环境问题的制度因应经历了三个阶段:第一个阶段主要是以民法、刑法的适用为主,通过民事赔偿或者刑事责任等方式救济受害人、惩罚污染者,这种应对机制以司法权的行使为主导,具有事后性;第二个阶段是国家大量运用行政管制措施,尤其以命令和控制为主;第三个阶段是采取多种措施,所谓"多元因应阶段",结合市场和法律应对环境问题,这一阶段政府采取污染许可交易、税

---

① Seabed Disputes Chamber of the ITLOS, Case No. 17, Responsibilities and Obligations of States Sponsoring Persons and Entities with Respect to Activities in the Area, Advisory Opinion (Feb. 1, 2011), available at https://www.itlos.org/fileadmin/itlos/documents/cases/case_no_17/adv_op_010211.pdf, paragraph 159, last visited 2019/5/18.
② Aline Jaeckel, Kristina M. Gjerde, Jeff A. Ardron, Conserving the Common Heritage of Humankind — Options for the Deep-seabed Mining Regime, *Marine Policy*, 2017, 78, 152.

收、征收污染费等措施,民主协商式、合作式的管理模式逐渐形成,用以取代以往的强制式、对抗式的行政管理模式。

在第一个阶段,环境问题造成一定的损害之后,民法和刑法为民事权利的救济以及刑事责任的追究提供了法律基础。但是环境法的立法目的不在于事后的民事救济或刑事责任的追究。由于环境问题的特殊性,比如科学关联性,决策于未知,环境损害一旦发生,受害程度可能非常深,范围较广,持续时间长,因此环境立法的目的更在于事先防止这些损害或者危险的出现。现代环境法政策体系应当按照"预防→管制→救济"这一逻辑顺序构建,以预防原则作为首要原则。

预防原则,就内涵而言,不是在对环境产生具体危险时,对具体危险立即反应,而是如有危害出现之可能时,或根本无危害出现时,事先且预防性地对"人"加以保护或对生态环境加以保护,使其免于因为环境品质丧失或环境破坏而遭到损害。德国关于预防原则具体适用之范围及其内容在"联邦政府 1986 年 9 月 19 日关于经由避免及阶段性减少有害物质已达与预防环境受污染指令"中明确规定为:"① 预防具体对环境之危害行为;② 在预防危害之目标内避免或者减少为会产生环境污染危险性的行为;③ 对未来环境之形成为预先保护之措施,特别是为了对基本自然生态之保护及维持其永续存在之行为。但是德国环境法学界却认为预防原则应当只以第二和第三类型所为之计划性与对环境危险性之预防为其内容。"[①]"预防原则主要是说明环境政策与环境法非仅是对具体环境破坏之反应,即不仅限于抗拒对环境具有威胁性之危害及排除已产生之损害,而是更进一步积极地,在一定危险性生产之

[①] 陈慈阳:《环境法总论》,中国政法大学出版社,2003 年,第 169—171 页。

前就预先去防止其对环境及人类生物之危害性的产生。"①

（二）国际法上的预防原则

风险社会中，政府作为政策制定者往往需要决策于未知中，比如应对恐怖袭击、转基因食品、气候变化等风险的策略。预防原则于20世纪80年代第一次在国际层面上使用，②在之后很多的国际司法程序中都被提到，比如国际法庭（International Court of Justice）、国际海洋法法庭（International Tribunal for Law of the Sea）、世界贸易组织上诉机构（World Trade Organization Appellate Body），甚至被印度、加拿大等国内的法院在审判相关案件中适用。③

追溯其源头，预防原则最早出现在1969年的《瑞士环境保护法》。④ 也有学者认为预防原则最初来源于德国，"预防原则"这个短语来源于德语"vorsorgeprinzip"，"vorsorge"字面意思是事前。⑤ 联邦德国的预防性规则中也规定了这一原则，主要是为了防止环境破坏，在潜在危险行为出现之前就作出详细计划。⑥ 美国的联邦法院在审理案件时虽然没有明文提到该原则，但实际上也经常适用预防原则。⑦

---

① 陈慈阳:《环境法总论》，中国政法大学出版社，2003年，第169页。
② Charmian Barton, The Status of the Precautionary Principle in Australia: Its Emergence in Legislation and as a Common Law Doctrine, *Harvard Environmental Law Review*, 1998, 22, 514.
③ Cass Sunstein, *Laws of Fear: Beyond the Precautionary Principle*, Cambridge University Press, 2005, pp. 15-16.
④ Ibid., p.16.
⑤ Charmian Barton, The Status of the Precautionary Principle in Australia: Its Emergence in Legislation and as a Common Law Doctrine, *Harvard Environmental Law Review*, 1998, 22, 514, footnote 32.
⑥ 张梓太、王岚:《论风险社会语境下的环境法预防原则》，载《社会科学》2012年第6期。
⑦ American Trucking Association v. EPA, 283 F.3d 355 (D.C. Cir. 2002); Lead Industries v. EPA, 647 F.2d 1130 (D.C. Cir. 1980).

在国际法层面,预防原则首次是在1987年的第二届北海保护部长级会议上提出的,该原则首先是使用在海洋污染防治方面,在1990年的《卑尔根会议有关可持续发展的部长宣言》上被明确提出,[1]而后在众多国际环保公约中被广泛适用,如《蒙特利尔议定书》《生物多样性公约》《联合国气候变化框架公约》等国际环境保护公约。1992年到1999年期间,欧洲议会至少有27个决议明确提到这一原则,预防原则除了在环境立法上得到广泛的适用,在禁止转基因生物和牛肉中的荷尔蒙的一系列欧洲与美国之间的纠纷中也曾被引用,预防原则甚至还出现在欧盟宪法草案中。[2]

预防原则已经成为国际法上的一个基本原则。有些学者认为该原则已经成为国际习惯法,[3]但也有观点认为,由于对此原则的看法不太统一,称之为国际习惯法还不成熟。[4] 无论如何,可以肯定的是预防原则已是国际、国内环境立法的基本原则。

(三) 强性与弱性预防原则

国际、国内对预防原则的理解并不统一,但是可以划分为三大类,包括弱性预防、强性预防,以及介于两者之间的预防。强性和弱性的预防原则在国际文件中都有体现。弱性的预防原则是指缺乏危险的证据不能作为不实施管理措施的证据;强性的预防原则

---

[1] Charmian Barton, The Status of the Precautionary Principle in Australia: Its Emergence in Legislation and as a Common Law Doctrine, *Harvard Environmental Law Review*, 1998, 22, 515-516.

[2] Cass Sunstein, *Laws of Fear: Beyond the Precautionary Principle*, Cambridge University Press, 2005, pp. 17-18.

[3] Arie Trouwborst, *Evolution and Status of the Precautionary Principle in International Law*, Kluwer Law International, 2002.

[4] Charmian Barton, The Status of the Precautionary Principle in Australia: Its Emergence in Legislation and as a Common Law Doctrine, *Harvard Environmental Law Review*, 1998, 22, 517-518.

是指一旦有证据表明某种行为可能导致危险,则必须采取预防措施来纠正该行为。①

弱性的预防原则指出,缺乏危害证据不应当是拒绝管制的理由。如《里约宣言》的第 15 条表述属于弱性的预防原则:"为了保护环境,各国应根据它们的能力广泛采取预防性措施。凡有可能造成严重的或不可挽回的损害的地方,不能把缺乏充分的科学肯定性作为推迟采取防止环境退化的费用低廉的措施的理由。"这种弱性的预防原则也体现在第二届北海保护部长级会议以及《联合国气候变化框架公约》中:"各缔约方应当采取预防措施,预测、防止或尽量减少引起气候变化的原因并缓解其不利影响。当存在造成严重或不可逆转的损害的威胁时,不应当以科学上没有完全的确定性为理由推迟采取这类措施,同时考虑到应付气候变化的政策和措施应当讲求成本效益,确保以尽可能最低的费用获得全球效益。"弱性预防原则虽然并不严格禁止风险行为,但一般有使用最佳可行技术、最佳环境实践、考虑成本收益、社会经济因素、寻找替代方法等的要求,在实践中采纳的较多。②

但是 1998 年的《温斯布雷德宣言》(Wingspread Declaration)所采取的是强性的预防原则:"当某种活动对人类健康和环境有威胁时,即使某些因果关系还未得到证明,也应当采取预防措施,并且应当由活动的实施方来证明(活动对人类健康和环境没有威胁)。"采取强性的预防原则可能会影响人类社会的进步,因此这种预防原则在实际中少有适用。在这种预防原则下,由风险活动的

---

① Anthony Giddens, *The Politics of Climate Change*, Cambridge, MA: Polity Press, 2009, p. 58.
② 彭峰:《论我国气候变化应对法中谨慎原则之适用及其限制》,载《政治与法律》2010 年第 3 期。

提议者和实施者举证证明自己的活动对人类健康或者环境没有危害。

（四）超越预防原则（Beyond the Precautionary Principle）

预防原则是应对风险的一种方式。除了环境方面的立法中确认该原则，预防原则在其他立法中也有所体现。欧盟向来比较推崇适用预防原则，尤其是在环境管制和贸易管制方面。① 在各类风险中，各国会偏向于对某种风险的预防，比如欧盟国家比较注重对牛肉中是否存在荷尔蒙以及对转基因食品采取预防措施，而美国注重对牛肉中是否存在疯牛病采取预防措施，又如美国的法律比瑞典的法律在职工安全方面更注重采取预防措施。②

从上述列举的国家和地区的立法例可以看出，预防原则在诸多领域都被广泛的承认和适用，政策制定者似乎将其视为真理，适用于应对风险的政策制定中。

然而，美国哈佛大学法学教授凯斯·桑斯坦（Cass Sunstein）在《恐惧的规则：超越预防原则》（*Laws of Fear: Beyond the Precautionary Principle*）一书中对预防原则提出了猛烈的抨击。前文论及，预防原则没有一个固定的形式，包含从弱性的预防原则到强性的预防原则。桑斯坦教授认为，两种形式的预防原则实际上都无法起到指导决策的目的。弱性的预防原则中，缺乏危害证据不应当是拒绝管制的理由，这种弱性形式的预防原则实际上是同义反复，只是叙述了一个自明之理。政府的职能在于保障民众的生命和财产的安全，当出现一定风险时，政府不可能等到风险即

---

① Robert Hahn, Cass. Sunstein, The Precautionary Principle as a Basis for Decision Making, *The Economist's Voice*, 2005, 2(2), 8.
② Cass Sunstein, *Laws of Fear: Beyond the Precautionary Principle*, Cambridge University Press, 2005, p. 20.

将确定时才采取措施。因此,这种弱性的预防原则对政府制定应对风险的政策没有多大的指导意义。①

强性的预防原则中,当某种活动对人类健康和环境有威胁时,即使某些因果关系还未得到证明,也应当采取预防措施,并且应当由活动的实施方来证明(活动对人类健康和环境没有威胁)。如果严格适用这种强性的预防原则,会给政府应对风险的政策制定带来"瘫痪性"后果。②以转基因食品为例,转基因食品对人体健康以及生态的影响存在科学上的不确定性,若适用强性的预防行为,政府应当采取措施禁止这种转基因食品的生产和销售,但是禁止转基因食品的生产和销售也会产生其他的一些风险,比如饥荒、营养不良等。若是为了避免饥荒和营养不良这些风险的产生,应当加大对转基因食品的推广和使用。因此,从这个角度看来,强性的预防原则是矛盾的。桑斯坦在书中还举了有关 DDT 农药、石棉、军事行动、抗生素等例子,证明这种强性的预防原则存在着内在的矛盾。③这些例子的共同点是,政府采取相关的预防措施会导致新的风险产生,而这些风险的产生又违背了预防原则,因此强性的预防原则是矛盾的,无法给政府应对风险的政策制定提供指导。

既然预防原则存在内在的不统一与矛盾,为何该原则被政府和民众广为接受并适用到应对风险的政策制定中?桑斯坦从行为经济学的角度分析并指出,这是由民众对风险的认知导致的。民

---

① Gregory N. Mandel, James Thuo Gathii, Cost-Benefit Analysis Versus the Precautionary Principle: Beyond Cass Sunstein's Laws of Fear, *University of Illinois Law Review*, 2006, 5, 1037-1080.
② Anthony Giddens, *The Politics of Climate Change*, Cambridge, MA: Polity Press, 2009, p. 58.
③ Cass Sunstein, *Laws of Fear: Beyond the Precautionary Principle*, Cambridge University Press, 2005, pp. 27-32.

众时常会关注某一些风险而忽略另一些风险。从行为经济学和民众的认知心理可以解释为何民众会重视某些风险而忽视其他的风险。其中包括：① 经验之谈（the availability heuristics），民众会因为新闻报道经常提到某些风险，而忽略了其他的风险；② 忽略概率（probability neglect），民众经常只会关注风险发生的最坏的情况，而忽略了风险发生的概率；③ 规避损失（loss aversion），民众普遍存在的这种规避损害的心态使他们拒绝接受现实状态的变更；④ 民众认为大自然是仁慈的，这种心态导致他们对人类造成的风险抱有怀疑态度；⑤ 缺乏系统、全面审视问题的能力，这种能力的缺失导致民众经常会无法认识到他们采取规避风险的措施的同时也产生了新的风险。[1]

桑斯坦教授在对预防原则进行批判之后，提出了应对风险所应当遵守的规则——应对恐惧的规则。它包括应对灾难的原则（anti-catastrophe principle），缓和的成本和收益分析（moderated cost and benefit analysis）以及自由家长主义（libertarian paternalism）。每一种规则的适用都有其条件，都应被适用于应对特定形式的风险。桑斯坦教授对预防原则的批判以及提出的新的预防风险的规则有其合理性，尤其是对处于风险社会中的各国政府在制定应对风险政策时应当采取何种态度具有一定的启发性。

（五）国家管辖范围外深海资源共享中的预防原则

《联合国海洋法公约》中有诸多条款授权国际海底管理局制定海洋环境保护的具体管制规范，但是无论是《公约》还是《1994年执行协定》都没有明确提及国际海底管理局需要适用预防原则。而结合国际环境法的发展以及《公约》的整体内容来看，我们可以

---

[1] Anthony Giddens, *The Politics of Climate Change*, Cambridge, MA: Polity Press, 2009, p. 59.

认为预防原则实际上是暗含在《公约》之中的。

虽然《公约》本身未提及预防原则,但是《公约》要求缔约国和国际海底管理局采取与预防原则相关的行动,例如进行海洋科学研究、环境影响评估以及划定禁止海底采矿的保护区。① 此外,《公约》允许采取临时措施"以防止对海洋环境造成严重损害"。② 正如特雷夫斯法官(Judge Treves)在南蓝鳍金枪鱼案(Southern Bluefin Tuna)③的单独意见中所言:"在我看来,预防措施暗含于临时措施中(a precautionary approach seems to me inherent in the very notion of provisional measures)。"④同样,国际法院另一位法官爱德华·莱恩(Judge Edward Laing)在所撰写的有关南蓝鳍金枪鱼案的单独意见书中⑤指出,鉴于《公约》中众多环境保护规定,"不能否认《公约》实际上是承认了预防措施"。⑥

《公约》的谈判早于国际法中预防措施的兴起。但是,随着环境意识的主流化,预防的概念已经很好地并真正地进入了海

---

① UNCLOS, articles 143, 162(2)(x), 165(2)(d), (l), 256, 206.
② UNCLOS, article 290(1).
③ Southern Bluefin Tuna Cases (New Zealand v. Japan, Australia v. Japan) (Provisional Measures) (ITLOS Cases No. 3 & 4, 27 August 1999), https://www.itlos.org/cases/list-of-cases/case-no-3-4/, last visited 2020/2/10.
④ Separate Opinion of Judge Treves, available at https://www.itlos.org/fileadmin/itlos/documents/cases/case_no_3_4/published/C34-O-27_aug_99-SO_T.pdf paragraph 9; see also M/V 'Louisa' Case (Saint Vincent and the Grenadines v. Kingdom of Spain) (Provisional Measures) (ITLOS Case No. 18, 23 December 2010) (Dissenting Opinion of Judge Wolfrum), paragraph 4.
⑤ Separate opinion of Judge Laing, available at https://www.itlos.org/fileadmin/itlos/documents/cases/case_no_3_4/published/C34-O-27_aug_99-SO_L.pdf, last visited 2020/4/10.
⑥ Southern Bluefin Tuna Cases, paragraph 17; see also the argument by Malaysia in Case concerning Land Reclamation by Singapore in and around the Straits of Johor (Malaysia v. Singapore) (Provisional Measures), verbatim record of 25 September 2003, ITLOS/PV.03/02/Corr.1, pp.17-20.

洋法。① 有越来越多的证据表明预防原则已经逐渐成为一项国际习惯法，② 预防原则也已融入诸多的国际条约和国际文件中。③《公约》作为一份不断发展和丰富的法律规范，国际社会对它的解释和运用应当结合国际法的最新发展。④ 因此，在将来《公约》的适用中，我们应当将预防原则融入其中。

国际法院(ICJ)的司法实践也支持此种"发展式"(evolutionary approach)法条解释，尤其体现在南极捕鲸案(Whaling in the Antarctic case)。在随后的 Gabčíkovo-Nagymaros 案以及 Pulp Mills 案中，国际法院的法官认为：国际条约都是时代的产物，有关环境保护的条约的解释和运用都应当结合预防原则，无论这些条约是何时通过的。⑤ 这样的解释路径同前文提及的南蓝鳍金枪鱼案中法官的解释路径是一致的。

迄今为止，国际法庭对预防原则的最明确的司法认可是专门针对《公约》第十一部分"区域"制度的。2010 年，瑙鲁代表团向国际海底管理局提交了"就担保国的责任和赔偿责任问题请国际海

---

① Rosemary Rayfuse, Precaution and the Protection of Marine Biodiversity in Areas beyond National Jurisdiction, *The International Journal of Marine and Coastal Law*, 2012, 27, 773-781.
② Arie Trouwborst, *Evolution and Status of the Precautionary Principle in International Law*, Kluwer Law International, 2002.
③ Aline Jaeckel, *The International Seabed Authority and the Precautionary Principle: Balancing Deep Seabed Mineral Mining and Marine Environmental Protection*, Brill Nijhoff, 2017, pp.29-35.
④ Alan Boyle, Further Development of the Law of the Sea Convention: Mechanisms for Change, *International & Comparative Law Quarterly*, 2005, 54, 563-584.
⑤ Whaling in the Antarctic (Australia v. Japan: New Zealand intervening) (Judgment) (ICJ, 31 March 2014) (Separate Opinion of Judge Ad Hoc Charlesworth), paragraph 9; see also Legal Consequences for States of the Continued Presence of South Africa in Namibia (South West Africa) notwithstanding Security Council Resolution 276 (1970) (Advisory Opinion) [1971] ICJ Rep 31, paragraph 53.

洋法法庭海底分庭提供咨询意见的提议",即国际海洋法法庭海底争端分庭的第 17 号咨询案。海洋法法庭海底争端分庭在咨询意见中明确表示：结合当前对环境问题的考量，海底争端分庭应当采用渐进式的方法来解释第十一部分的制度，特别是应当采用发展的眼光来看待预防原则的适用。①

咨询意见认为，缔约国作为担保国所需要履行的义务主要包括两个方面。第一，"确保遵守"的原则性义务。担保国应确保被担保的承包者遵守合同条款和《公约》及相关法律文书中规定的义务。这是一种"尽职"（due diligence）的义务。担保国必须尽最大努力确保被担保的承包者履行义务。尽职义务要求担保国在其法律制度范围内采取措施，这些措施应由法律、规章和行政措施构成，所采取的措施必须"合理和适当"。第二，其他直接义务：① 根据《公约》第 153 条第 4 款的规定协助管理局的义务；② 履行《多金属结核规章》《多金属硫化物规章》《富钴铁锰结壳规章》和《里约宣言》第 15 项原则所规定的预防性措施（precautionary approach）的义务，该项义务也是担保国"尽职"义务的一部分；③《多金属硫化物规章》中规定的"最佳环境做法"的义务同样适用于《富钴铁锰结壳规章》；④ 在国际海底管理局为保护海洋环境发布紧急命令的情形下，担保国有采取措施确保履行担保条款的义务；⑤ 提供追索赔偿的义务。根据国际海底管理局颁布的勘探规章，担保国有义务采取预防措施，这既是担保国应当履行的直接义务，也是其尽职义务的重要内容。②

---

① Seabed Disputes Chamber of the ITLOS, Case No. 17, Responsibilities and Obligations of States Sponsoring Persons and Entities with Respect to Activities in the Area, Advisory Opinion (Feb. 1, 2011), available at https://www.itlos.org/fileadmin/itlos/documents/cases/case_no_17/adv_op_010211.pdf paragraph 135.
② Ibid., paragraph 131-132.

三、可持续发展原则

（一）可持续发展原则之提出

可持续发展理论既可追溯到古代文明的哲理精神，又体现了现代人类的认识和实践。它以人与自然的关系、人与人的关系作为研究的基础，探讨人类活动对生态环境的影响和反馈、人类对自身活动的理性调控、人与自然的演化规律、人类社会的伦理道德规范，最终实现人与自然之间的协调一致以及人与人之间的和谐统一。

1980年3月国际自然与保护联盟（IUCN）发表《世界自然保护大纲》，标志着可持续发展思想的正式形成。该报告首次提到"可持续发展"一词，并明确要求各国政府改变目前只注重开发，以致与环境保护脱节的做法，宣传将两者紧密联系起来。

1987年联合国世界环境与发展委员会发表著名的报告——《我们共同的未来》（Our Common Future），指出今日的发展已使环境问题越来越恶化，并对人类后续发展造成严重的消极影响，因此，我们需要一个新的且能持续进步的发展途径。报告系统地提出和诠释可持续发展的思想，同时第一次提出将环境保护与人类发展结合，认为两者不是孤立的两种挑战，而是紧密相关的。1992年，联合国环境与发展大会在巴西里约热内卢召开地球高峰会，大会以可持续发展思想为指导，通过了《里约热内卢环境与发展宣言》和《21世纪议程》，以促进现有社会转变为可持续发展的社会，因而取得广泛的国际共识，第一次将可持续发展由理论和概念推向行动。这次会议是人类告别传统发展模式和开拓现代文明的一个重要的里程碑。直至2002年联合国在南非约翰内斯堡再次召开环境大会，即可持续发展世界高峰会议（World Summit on

Sustainable Development）。大会针对 1992 年至 2002 年两次高峰会议之间全球对于可持续发展之实践进行检讨，故以十年之全面检讨（10-year comprehensive review）为其主题。会后通过了《约翰内斯堡可持续发展宣言》（Johannesburg Declaration on Sustainable Development）与约翰内斯堡行动计划（Johannesburg Plan of Implementation），强调各国应共同合作对抗当前追求可持续发展之挑战，并作成行动计划，以之为各国内政与国际合作之参考依据。

（二）可持续发展原则之含义

可持续发展揭示了自然的内在价值，要求人们尊重、实现和维护自然，重新规范对自然的态度和行为，建立一种人与自然互利共生、和谐共进的新型关系。有别于传统经济活动中人类对自然抱持纯粹功利主义的态度，往往只看到自然资源满足人类物质需要的外在价值和工具价值，而以人的利益作为唯一的价值尺度，忽视自然界本身的价值。因此，可持续发展之本质强调人类必须改变对自然界乃为我所用的传统态度，而应当树立起一种全新的现代文化观念；用生态的观点重新调整人与自然的关系，将人类仅仅当作自然界大家庭中的一个普通成员，从而真正建立起人与自然和谐相处的崭新观念。

"可持续发展"虽然是当代人提出的概念，实际上在我国古代法律思想及相关立法中已包含这种观念的萌芽。① 如我国古代立法中特别强调对自然资源的保护，而保护的目的则是让自然资源能够永续不断地为人类所利用。"春三月，山林不登斧，以成

---

① 张梓太：《中国古代立法中的环境意识浅析》，载《南京大学学报》（哲学·人文科学·社会科学）1998 年第 4 期。

草木之长;夏三月,川泽不入网,以成鱼鳖之长。"①"五谷不时、果实不熟,不粥于市;木不中伐,不粥于市;禽兽鱼鳖不中杀,不粥于市。"②从这两条规定中能够看出,当时的法律很重视对自然资源主要是生活资源的保护,以期为当时的人们提供持续的供给。朴素的可持续发展观在荀况的思想中得到了集中体现,他认为:"圣王之制也,草木荣华滋硕之时,则斧斤不入山林,不夭其生,不绝其长也;鼋鼍鱼鳖鳅鳝孕别之时,罔罟毒药不入泽,不夭其生,不绝其长也,污地渊沼川泽,谨其时禁,故鱼鳖优多而百姓有余用也;斩伐养长不失其时,故山林不童而百姓有余材也。"③这里特别强调了持续利用的意义。从现存的有关法律规定的文献看,对可持续发展有比较系统规定的是《秦律》。《秦律》规定:"春二月,毋敢伐材木山林及雍(壅)堤水。不夏月,毋敢夜草为灰,取生荔麛卵鷇,毋□□□□□毒鱼鳖,置阱罔(网),到七月而纵之。唯不幸死而伐绾(棺)享(椁)者,是不用时,邑之(近)皂及它禁苑者,时毋敢将犬以之田。百姓犬入禁苑中而不追兽及捕兽者,勿敢杀;其追兽及捕兽者,杀之。"④该条规定不仅含有持续发展的思想,而且在我国古代立法中首次规定了对动物的保护。保护的范围涉及森林、水、植被、其他植物和动物(包括野生动物)。这是一条较为典型的环境立法。

由此观之,可持续发展之内涵包括如下:

(1) 公平性。可持续发展所追求的公平性,包括两层含义:第一层是同代人之间的横向公平性,即要求满足全体公民的基本需

---

① 《逸周书·大聚篇》。
② 《荀子·王制》。
③ 《荀子·王制》。
④ 《秦律·田律》。

求和均等的发展机会,因此,在国际环境资源法领域,要给世界各国公平的分配权和公平的发展权,要将消除贫困列为可持续发展进程之特别优先考量问题;第二层是代际的纵向公平性,即要求世世代代公平地利用自然资源。美国学者魏伊丝于1989年在《公平地对待未来:国际法、共同遗产与世代间衡平》一书中系统阐述了代际公平理念。她认为,人类的每一代人都是后代人地球权益的托管人,前代人应该对后代人的三项权利进行保护:① 选择权,要求各世代保护自然和文化遗产的多样性,未来世代有权享有同其以前世代相当的多样性,保证其根据自身价值进行选择的空间不受限制;② 享受正常质量权,要求各世代维持地球的质量,后世代有权享有与前世代所享受的相当的地球质量;③ 获取权,后世代成员都有权公平地获取其从前代继承的财产,包括自然、生态、物质和文明。①

(2) 永续性。永续性的核心是指人类的经济和社会发展不能超越资源与环境的承载能力,资源的永续利用和生态系统的持续保持是人类发展的首要条件。可持续发展要求人们在生态允许的条件范围内,调整自己的生活方式,对自然资源的耗竭速率应考虑资源的临界性,可持续发展不应损害支持地球生命的自然系统。因为发展一旦破坏了人类生存的基础,也就不能被称为发展,而是衰退。

(3) 共同性。鉴于世界各国历史、文化和发展水平的差异,可持续发展的具体目标、政策和实施步骤不可能是唯一的,但可持续发展作为全球发展的总目标,所体现的公平性和永续性则是共同的,且必须采取全球共同的联合行动通过法律规范始得

---

① 韩缨:《气候变化国际法问题研究》,浙江大学出版社,2012年,第52页。

以实现。

（4）需求性。可持续发展是坚持满足所有人的基本需求，向所有的人提供实现美好生活愿望的机会。承上所述，可持续发展本质上要求在生态环境承受能力范围内，不危及后代人之需要，以及不危害全人类整体经济发展之前提下，解决当代经济社会与生态发展、当代与后代经济发展的协调关系，从而真正把现代经济发展建立在节约资源、增强环境支撑能力、生态良性循环的基础之上，使人类的经济活动和发展行为保持在地球资源环境的承载能力和极限之内，最终实现可持续发展。可见，可持续发展清楚表明重视环境保护，并将环境保护作为积极追求实现的基本目标之一。而为达此目标，首先需要明了全球所面临的严重的问题，就是不适当的消费和生产模式，导致环境恶化、贫困加剧和各国的发展失衡。对于现时不符合生态环境之经济发展进行限制首先需要认知。无法认识环境与发展的现有内部矛盾，而仅是采取回避态度是无助于解决问题的，且将会使问题持续恶化而错过解决问题的良好时机。若想达到适当的发展，还需要提高生产的效率，以及改变消费方式，以最高限度地利用资源和最低限度地产生废弃物。可持续发展就是要及时坚决地扬弃传统的生产和消费方式，并要求加快环境资源保护科学技术的研发与普及，并提高公众的环境意识。只有大量先进生产技术的研发、应用和普及，才能使单位生产量的能源耗损、物质耗损大幅度地下降，并开拓新的能源与物质，进而减轻对环境的排污压力。换言之，可持续发展与环境保护的关系十分密切，它既是环境保护追求的目标，又是环境保护的具体内容和措施；既是国家环境保护战略与政策的指引，也是环境立法的观念与制度目标。

综上所述,环境法之真正目的乃保持环境生态系统整体的价值,实现生态的可持续发展,而非仅保护某一部分,因为生态的可持续发展是人类、社会、经济得以持续发展的根本前提。因此,可以说可持续发展是环境法的最终且唯一的目的。

(三)国家管辖范围外深海资源共享中的可持续发展原则

矿业和金属对实现联合国 2030 年可持续发展目标①至关重要。随着世界人口持续增长,对关键金属的需求也随之水涨船高。例如,据欧盟委员会预计,到 2050 年,铜(深海海底采矿的主要目标矿物之一)的需求相比 2010 年将增长 341%。②

可持续发展原则与前文所论述的人类共同继承财产原则以及预防原则是紧密联系的。人类共同继承财产原则中所暗含的代际公平,实际上就是要求当代人在利用国家管辖范围外深海资源的过程中要兼顾后代人的利益,而这一点正是可持续发展原则所强调的。可持续发展原则所蕴含的公平性也正是人类共同继承财产原则所呼吁的,要兼顾发达国家和发展中国家的利益,惠益分享是人类共同继承财产原则的重要内容和体现,也是《公约》为国际海底管理局规定的一项重要职责,惠益分享制度的构建要坚持可持续发展原则和人类共同继承财产原则。

国际海底管理局出台的勘探规章和正在拟定的"开发规章"中都明确提出管理局要采用《关于环境与发展的里约宣言》

---

① 联合国可持续发展目标是一系列新的发展目标,将在千年发展目标到期之后继续指导 2015—2030 年的全球发展工作。2015 年 9 月 25 日,联合国可持续发展峰会在纽约总部召开,联合国 193 个成员国在峰会上正式通过了 17 个可持续发展目标。可持续发展目标旨在从 2015 年到 2030 年间以综合方式彻底解决社会、经济和环境三个维度的发展问题,转向可持续发展道路。
② 迈克尔·洛奇:《"采矿行为准则"能否让深海海底采矿变得可持续?》,参见 https://chinadialogueocean.net/7082-can-a-mining-code-make-deep-seabed-extraction-sustainable/?lang=zh-hans,最后访问:2020 年 4 月 2 日。

原则十五①所述的预防性措施。在国际海底资源勘探开发的语境下,这些预防性措施包括前文所论述的有关海洋环境保护的措施。采取这些预防性环境保护措施的目的是为了实现海洋环境的"可持续",环境的"可持续"是资源利用"可持续"的前提。值得注意的是,发达国家和发展中国家作为担保国履行其担保国的"尽职"责任上(包括在环境标准的适用上)是无差别的,这一点在国际海洋法法庭海底争端分庭所发布的第 17 号咨询意见中有明确的论述。②

在论述担保国在发生环境损害时是否可能承担不同的责任和可能的赔偿责任时,海底争端分庭将其论述与人类共同继承财产原则联系起来。海底争端分庭承认,《公约》中关于给予发展中国家优惠待遇的规定,旨在落实人类共同继承财产的经济层面。然而,分庭认为,海洋环境对人类的极端重要性超越了国家之间的经济差异,因此,担保国的责任和赔偿责任同等地适用于所有国家,不论是发展中国家还是发达国家,否则,就无法实现"海洋环境保护标准的最高标准的统一适用和区域内活动的安全进行以及对人类共同继承财产的保护"。③

《公约》也规定缔约国有关海底资源(无论是国家管辖范围内还是管辖范围外)勘探开发的国内立法的环境保护标准亦不得低

---

① 《里约宣言》原则十五规定:为了保护环境,各国应根据它们的能力广泛采取预防性措施。凡有可能造成严重的或不可挽回的损害的地方,不能把缺乏充分的科学肯定性作为推迟采取防止环境退化的费用低廉的措施的理由。
② Seabed Disputes Chamber of the ITLOS, Case No. 17, Responsibilities and Obligations of States Sponsoring Persons and Entities with Respect to Activities in the Area, Advisory Opinion (Feb. 1, 2011), available at https://www.itlos.org/fileadmin/itlos/documents/cases/case_no_17/adv_op_010211.pdf, paragraph, 158.
③ Ibid., paragraph, 159.

于国际海底管理局所公布的标准。① 从《公约》和海底争端分庭 17 号咨询意见对环境保护标准的适用作出如此的限制可以看出海洋环境保护在国家管辖范围外深海资源勘探开发过程中的重要性。

第二节　共　享　主　体

从上文对人类共同继承财产原则内涵的分析可以看出,国家管辖范围外深海资源作为人类共同继承财产应当由全人类继承和享用,而这里的全人类应当包括当代人和未来世代。这一点实际上也是可持续发展原则所强调的,正如可持续发展原则的定义所言:当代人在满足自身对资源需求的同时不得危及下代人对资源的需求。

美国学者魏伊丝在《公平地对待未来:国际法、共同遗产与世代间衡平》一书中提出"行星托管"的概念,认为人类的每一代都是后代人的地球权益托管人,必须实现每代人之间在开发利用自然资源方面平等的权利。同理,以国际海底矿产资源为例,这部分深海资源是全人类共同享有的,也是后代人信托给当代人管理的自然资源,②当代人是后代人对这部分资源的受托人,而国际海底管

---

① 《公约》第 208 条第 1 款规定:沿海国应制定法律和规章,以防止、减少和控制来自受其管辖的海底活动或与此种活动有关的对海洋环境的污染以有来自依据第 60 条和第 80 条在其管辖下的人工岛屿、设施和结构对海洋环境的污染。
　　第 209 条规定:1. 为了防止、减少和控制"区域"内活动对海洋环境的污染,应按照第十一部分制订国际规则、规章和程序。这种规则、规章和程序应根据需要随时重新审查。2. 在本节有关规定的限制下,各国应制定法律和规章,以防止、减少和控制由悬挂其旗帜或在其国内登记或在其权力下经营的船只、设施、结构和其他装置所进行的"区域"内活动造成对海洋环境的污染。这种法律和规章的要求的效力应不低于第 1 款所指的国际规则、规章和程序。
② 王明远、孙雪妍:《论国际海底矿产资源的法律地位》,载《中国人民大学学报》2019 年第 4 期。

理局正是代表当代人来管理这部分受托财产的国际组织。

法制史学者普遍认为信托理论起源于罗马法《查士丁尼法典》中的规定。[①]"根据自然法,空气、流动的水、海洋以及海岸是公众共有的。"[②]公共信托制度始于罗马法,在英国法中得到发展,该原则被英国殖民者带到美国,在美国得到进一步的发展和利用。美国法院法官在案件审理中不断适用英国普通法中"公众对某些自然资源享有不可侵犯的权利"这一理念,这一理念的普遍接受和适用对公共信托制度在美国的形成和发展起到了重要的作用。

1970年美国环境法学者萨克斯发表了一篇名为"The Public Trust Doctrine in Natural Resources Law Effective Judicial Intervention"的文章,在环境法学界引起了轰动。[③] 文章中,萨克斯教授认为,阳光、水、野生动植物等环境要素是全体公民的共有财产,公民为了管理它们的共有财产,而将其委托给政府,政府与公民从而建立起信托关系。[④] 萨克斯认为,公共信托制度可以用来作为保护环境与资源的工具,但是公共信托制度必须要满足以下三种条件:该原则中必须包含一种公众所享有的权利;这种权利应当对政府有约束力;对这种权利的解释应当符合当代人类对环境质量的考量。文章点评了 Illinois Central[⑤] 一案的判决,并指出该判决意见被之后的许多州法院引用。文章花了大量篇幅论

[①] Charles F. Wilkinson, The Headwaters of the Public Trust: Some Thoughts on the Source and Scope of the Traditional Doctrine, *Environmental Law*, 1989, 19, 425, 429.
[②] Erin Ryan, Public Trust and Distrust: The Theoretical Implications of the Public Trust Doctrine for Natural Resource Management, *Environmental Law*, 2001, 31, 481.
[③] Joseph L. Sax, The Public Trust Doctrine in Natural Resources Law Effective Judicial Intervention, *Michigan Law Review*, 1970, 68, 474.
[④] 候宇:《美国公共信托理论的形成与发展》,载《中外法学》2009年第4期。
[⑤] Illinois Central Railroad v. Illinois, 146 U.S., 387, 453 (1892).

述先例中州法院对公共信托制度的适用。这些诉讼中,政府的行政行为威胁到信托财产或者公众对信托财产的使用,并论证了公共信托制度在环境和资源保护中的作用。

萨克斯教授的这篇文章的革命性意义在于他试图拓展传统公共信托制度的适用范围,公共信托制度保护的对象从最开始的"联邦航行地役权"扩展到对一般水资源的保护。① 随着公共信托制度在美国法院的适用,该原则保护的范围进一步扩大,包含除了水资源以外的其他自然资源,比如海洋生物、河床上的沙粒、海滩上干燥的沙地、乡村公园、历史战场遗址、野生动物、考古遗址等,还有些起诉的原告请求法院将公共信托制度的适用范围进一步扩展到对空气资源和公共墓地的保护。②

在公共信托制度拓展适用的程度上,美国各州的做法不同。有的州采取比较灵活的适用原则,比如加州、新泽西州、威斯康星州,但是马萨诸塞州则是比较限制性地适用该原则。③ 必须肯定的是,公共信托制度是在不断地发展的,人们对公共信托产品的理解也在不断地变化,这个概念处于一个动态的发展中。对公共信托制度的扩展适用比较有争议的是该原则是否适用于地下水。反对者认为,地下水在历史中并不属于公共信托财产,传统

---

① Richard J. Lazarus, Changing Conceptions of Property and Sovereignty in Natural Resources Law: Questioning the Public Trust Doctrine, *Iowa Law Review*, 1986, 71, 648; Erin Ryan, Public Trust and Distrust: The Theoretical Implications of the Public Trust Doctrine for Natural Resource Management, *Environmental Law*, 2001, 31, 482.
② Richard J. Lazarus, Changing Conceptions of Property and Sovereignty in Natural Resources Law: Questioning the Public Trust Doctrine, *Iowa Law Review*, 1986, 71, 649-650.
③ Allan Kanner, The Public Trust Doctrine, Parens Patriae, and the Attorney General as the Guardian of the State's Natural Resources, *Duke Environmental Law and Policy Forum*, 2005, 16, 78-81.

的公共信托制度只适用于对地表水的保护。公共信托制度最初只适用于航行权、渔业权,是因为那个时期这些权利对公众的发展至关重要。但是随着社会的发展,公众的生存和发展也依赖于地下水,而且科技的进步也促进了人们对地下水和地表水的互相作用形成的水循环的认识和了解,公共信托制度适用于地下水也是合乎情理的。总而言之,公共信托制度是一个比较灵活、动态发展的原则,其发展与适用应当反映社会发展过程中出现的新的需求。

萨克斯的这篇文章将古老的公共信托理论加以翻新,论证了其在资源保护方面的角色和作用,为保护环境与自然资源提供了一种法律途径,受到很多环境保护主义者的支持。随后,美国陆续有很多州将公共信托制度写入州的宪法中。《宾夕法尼亚州宪法》第 27 章第 1 条规定:"人们有享有清洁的空气、纯净的水源和保有自然资源和自然环境的审美风景和历史价值的权利。宾夕法尼亚州的自然资源属于所有公民包括未来人的公共财产。作为这些资源的保管人,联邦应该基于全体公民的利益来保护和管理这些资源。"[1]其他州也将这一原则写入州的宪法中。比如《佛罗里达州宪法》规定,该州范围内尚未转让的可航水域下的土地,包括平均高水位线以下的海岸,其所有权经由州的当局,受全体公民的信托,由州所拥有。法律可以授权销售这些土地,但只能是为了公共利益。法律可以授权私人使用部分土地,但前提是不能违背公共利益。《夏威夷州宪法》第六章第一节也规定:为了当代和未来世代人的利益,州和其政治分支应保有和保护本州的自然风光和自然资源,包括土地、水、空气、矿藏和能源,并以符合资源保护目标

---

[1] Constitution of Pennsylvania, Article 1, § 27.

和促进本州自给自足的方式,促进这些资源的开发和利用。①

萨克斯提出的公共信托理论实质上是社会所有公民基于对环境和资源的共有关系,都同等地对各种环境要素享有权利。为了管理之方便,民众将这部分资源受托于政府,由政府进行支配和管理,政府对民众负责,民众可以通过司法途径对政府的管理进行监督。根据公共信托理论,地球资源是人类所共有的,当代人作为受托人为后代人掌管地球,同时有权从地球资源受益。当代人作为受托人对地球资源有保管的义务,不得随心所欲超出合理限度使用或占有信托财产。

1970年后以公共信托制度保护环境与自然资源向法院提起的诉讼大量增加,主要是三种诉讼:① 私人起诉政府的行为违反公共信托制度;② 私人诉另一方私人的行为违反公共信托制度;③ 政府起诉私人的行为违反公共信托制度。早期的诉讼是以第一种为主,环保组织等因为政府不合理管理自然资源而起诉政府,比较有代表性的案例是发生于1983年的莫诺湖(Mono Lake)案,法官引用公共信托制度,认为加州水资源管理局在处理洛杉矶市申请从莫诺湖中引水申请时必须权衡好洛杉矶居民的用水权利与莫诺湖的公共信托价值,②水资源委员会则负责水资源的规划和分配,法律要求它对这些权益进行考虑,它有义务在水资源的规划和分配中考虑公共信托,并在可能的情况下保护公共信托用途。水资源委员会在管理先占水权制度时如不考虑公共信托,则很可能导致对信托利益的不必要和没有理由的损害。③ 到

---

① 肖泽晟:《自然资源国家所有权的宪法限制》,载《南京工业大学学报》2011年第4期。
② Erin Ryan, Public Trust and Distrust: The Theoretical Implications of the Public Trust Doctrine for Natural Resource Management, *Environmental Law*, 2001, 31, 479.
③ 肖泽晟:《自然资源特别利用许可的规范与控制——来自美国莫诺湖案的几点启示》,载《浙江学刊》2006年第4期。

后期则以第三种诉讼为主,政府向私人的诉讼也体现了政府作为受信托人加强了对自然资源的管理和保护。①

在国际海底矿产资源勘探开发的语境中,当代人将其共同继承的这部分资源受托于国际海底管理局进行管理,管理局在《公约》的授权下,根据《公约》及其附件和《1994 年执行协定》,通过出台规则、规章和程序来细化和丰富国际海底制度,履行其作为受托人管理信托财产的义务。管理局在构建国际海底制度时必须遵循人类共同继承财产原则、可持续发展原则和预防原则,在海底资源分配中兼顾当代人和未来世代的利益。

国内法语境中,在判例法国家公共信托制度广泛用于各种关于自然资源保护的诉讼中。前文论及,关于公共信托制度提起的诉讼主要有三种,分别是私人诉政府、私人诉私人以及政府诉私人。从这几种诉讼的发展过程可以看出,政府不断加强其作为受信托人所应当承担的义务。公共信托制度是司法程序中所创造出来的制度,为保护自然资源提供了救济的途径,起到了监督政府利用自然资源的行为的作用。类似地,在国家管辖范围外深海资源勘探开发的语境中,管理局在履行其作为受托人的义务、行使《公约》赋予其制定勘探开发规章的权力时,也受到缔约国和利益相关方的监督。根据《公约》第 187 条的规定当缔约国与管理局之间因管理局的行为违反《公约》规定或管理局具有逾越管辖权和滥用权力的不当行为而产生争端时,海底争端分庭对所涉争端拥有管辖权。② 因此,虽然海底争端分庭不能通过司法审查来制约国际海

---

① Richard J. Lazarus, Changing Conceptions of Property and Sovereignty in Natural Resources Law: Questioning the Public Trust Doctrine, *Iowa Law Review*, 1986, 71, 645-646.
② 王明远、孙雪妍:《论国际海底矿产资源的法律地位》,载《中国人民大学学报》2019年第 4 期。

底管理局制定规则、规章和程序的立法职能,其管辖权仅限于裁决个别案件,[①]其对管理局立法权的制衡存在一定的局限,但是同国内法语境中的公共信托原则相同,国际法中作为公共信托受托人的国际海底管理局在"照料"受托财产时同样也受到司法层面的监督。

第三节 共享客体

在国际层面,通常使用的是"惠益分享"这一概念,惠益分享和惠益共享本质上是一致的。本书认为,惠益分享包括经济性利益分享和非经济性利益分享(也就是通常所说的货币分享和非货币分享)。而非经济性利益分享至少包括信息共享和技术共享。因此,本书中所讨论的国家管辖范围外深海资源共享客体应当包括经济利益共享、信息共享和技术共享这三个核心要素(见图3 共享客体三要素)。共享客体的三要素中,经济利益共享是核心也是目的,信息共享和技术共享是手段,共享后两者的最终目的是为了更好实现经济利益共享这一目的。

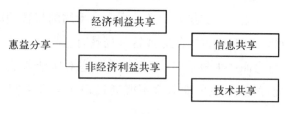

图3 共享客体三要素

[①] 参见前文中"争端解决机制"对这一问题进行的论述。

一、经济利益共享[①]

（一）深海采矿中的经济利益共享

经济利益共享是人类共同继承财产原则的重要内容和体现，也是《公约》为国际海底管理局规定的一项重要职责。《公约》第140条规定，区域内活动应为全人类的利益而进行。管理局应通过任何适当机构，在无歧视的基础上公平分配从区域内活动取得的财政及其他经济利益。制定"开发规章"不能将经济利益分享排除在外。经济利益的分享尤其要考虑到发展中国家的利益，因为这些国家缺乏独立进行深海海底采矿的技术和资金。深海海底采矿的经济利益最终会成为全人类的共享福利，而这部分经济利益将来自从事采矿活动的承包者向国际海底管理局缴纳的费用。

1. 深海采矿经济利益共享的考量因素

宏观而言，经济利益共享作为区域资源开发整体制度设计中的重要一环，应与深海开发其他问题一并处理，并且需要作以下的几点考虑。

（1）经济利益共享与缴费机制密不可分。两者本质上都是对区域内活动产生的收益的处置和再分配，应该同时在一个法律文件中加以规范。

（2）对受深海采矿影响的发展中陆上生产国的援助离不开经济利益共享。《1994年执行协定》附件第7节规定，管理局应设立经济援助基金，用以向受到深海采矿影响的发展中陆上生产国提供援助，且有关资金只能源于承包者（包括企业部）的付款和自愿

[①] 本节所述的利益共享主要是指经济利益的共享，有关非经济利益的共享在信息共享和技术共享部分作出讨论。

捐款。如果利益分享机制缺位,则将难以设立上述经济援助基金。

(3) 保护深海环境应与经济利益共享机制统筹考虑。《开发规章(草案)》规定了环境补偿基金,其资金应源于区域内资源开发收益,这充分体现了利益分享与环保的密切关系。开发规章应涵盖全面完整的经济利益分享机制,以便通过更多渠道和方式促进深海环境保护。

(4) 建立经济利益共享机制可考虑如下原则:一是公平原则,以实现全人类利益与开发者商业利益的合理平衡,当代人与后代人代际利益的平衡。二是发展中国家优惠待遇原则,以确保发展中国家能够按照《公约》和《1994年执行协定》从深海资源开发中获利。三是公开透明度原则,无论是规则制定还是实际分享采矿收益,都应公开透明。

(5) 建立经济利益共享机制应充分发挥财务委员会的作用,并借鉴其他国际实践。财务委员会是大会的一个附属机构,根据《1994年执行协定》第9节的规定,将其列入国际海底管理局的体制框架。设立该委员会是为了确保国际海底管理局在财政上自给自足之前以具有成本效益的方式运作,并响应《公约》第162条第2款(y)项的要求,即"设立一个附属机构,负责拟订财务细则、条例和程序草案"。《1994年执行协定》附件第9节第7条(f)项规定,有关公平分配从区域内活动取得的财政及其他经济利益的规则、规章和程序以及为此而作的决定,大会和理事会应考虑到财务委员会的建议。

深海采矿利益分配的财务模式是实现深海资源公平分配的重要机制,也是国际海底管理局贯彻执行人类共同继承财产原则的重要体现,因此财务制度的构建是"开发规章"的重要内容。在规范层面,《公约》中对如何设计财务制度提出了指引性的规定,比如：① 该财务制度必须确保管理局的最佳收入（optimum revenues）；② 财务制度应能够吸引承包者的投资和技术，并确保各承包者的财务待遇平等；③ 财务制度必须对管理局和承包者公平，且费率应在陆上采矿的普遍费率范围内；④ 财务制度不应复杂或造成重大行政费用，而且必须有适当手段来确定承包者的遵守情况。① 具体而言，目前有关财务机制的讨论是以开放式的工作小组形式（open-ended working group）举行的，其中参考了利益相关方和公约成员国的相关意见。虽然在财务制度的构建中仍然存在诸多不确定的要素，但是经过数轮讨论，有关资源分配的财务机制在不断成形中。尤其是以麻省理工学院（MIT）设计的财务模式最为可能成为最终"开发规章"所采取的财务分配模式。MIT 提出的模式主要采取的是两阶式的从价税（ad valorem，即根据开采的矿产资源的数量和市场价值支付费用）的模式，在这种模式中第一阶段是前五年对承包者按照一个固定的税率征收费用，随后税率每年增加一定的比例。②

2. 企业部与经济利益共享

企业部是《公约》规定的最具创新性的机构之一，也被称为国际海底管理局的商业部门。③《公约》第 158 条第 2 款规定设立企业部，其章程载于《公约》的附件四。根据《公约》的设想，企业部是从事运输、加工和销售从国际海底区域回收的矿物的管理局机关，代表广大发展中国家的利益，是发展中国家共享深海采矿利益的重要手段。目前，企业部尚未开始运作。

---

① 《公约》附件三第 13(1)(a) 条；《1994 年执行协议》附件第 8(1) 条。
② Klaas Willaert, *Regulating Deep Sea Mining: A Myriad of Legal Frameworks*, Springer, 2021, p. 24.
③ 《公约》第 170 条第 1 款。

《1994年执行协定》规定,应当暂缓运作企业部,它的职务由秘书处代为履行,直至其开始独立于秘书处而运作。管理局从秘书处工作人员中任命一名临时总干事(interim director-general),负责监督企业部初期相当有限的工作,包括监测海底采矿活动的趋势,评估最新的技术发展,以及评估海洋科学研究的成果,特别是关于海底采矿对环境影响的研究结果。如果企业部全面开始运作,它将成为国际海底管理局的一个机关,但在开展业务方面享有自主权。

至于何时实质性运作企业部,理事会应根据协定所规定的客观标准,并且根据《公约》第170条第2款①的规定作出判断。企业部初期的海底采矿业务应当以联合企业的方式进行,此外适用于承包者的义务应适用于企业部。如此的规定意味着企业部与其他承包者在深海活动中所承担的义务是相同的,双方是平等竞争的。

《公约》规定,企业部的资金从申请费、利润提成和参加公约的国家按向联合国缴费的比例向管理局提供。但是《1994年执行协定》将《公约》所规定的此种直接提供资金的义务删除,在该协定的附件第2节中规定:"《公约》附件四第11条第3款所规定缔约国向企业部一个矿址提供资金的义务应不予适用;缔约国应无任何义务向企业部或在其联合企业安排下的任何矿址的任何业务提供资金。"

在国际海底管理局近几年的年会中,如何启动企业部的运作都是一个重要的议题。根据《公约》及其附件和《1994年执行协

---

① 《公约》第170条第2款规定:企业部在管理局国际法律人格的范围内,应有附件四所载章程规定的法律行为能力。企业部应按照本公约、管理局的规则、规章和程序以及大会制定的一般政策行事,并应受理事会的指示和控制。

定》的机制构建,企业部初期的深海海底采矿业务应以联合企业的方式进行。2018年波兰提出与企业部成立联合企业,秘书长任命企业部特别代表与之谈判合作方案。① 但是在2019年的管理局第25届年会上,波兰表示由于《开发规章(草案)》对联合企业的规定尚不确定,其将不再推动联合建议。

企业部是发展中国家参与深海采矿利益分享的重要渠道,它能够与发展中国家合作在"保留区"(reserved area)内进行这种采矿活动,因此企业部的运作是落实人类共同继承财产原则的重要手段。在有关《1994年执行协定》谈判的非正式协商期间,联合国秘书长指出:"我们应当认识到,企业部的目的是为所有国家,特别是发展中国家提供参与深海海底采矿的机会。"② 此外,管理局中的非洲集团也指出:"企业部是绝大多数发展中国家能够参与区域内活动的唯一机制,是发展中国家能够直接参与区域内活动并最大限度地从区域内活动中获益的关键机制,非洲集团欢迎为运作《公约》所设想的企业部的任何举措。"③ 目前的《开发规章(草案)》对企业部相关问题的规定较简略,理事会有关企业部问题的处理和讨论也暴露了无规可依的现状。中国政府也密切关注"开发规

---

① Considerations Relating to a Proposal by the Government of Poland for a Possible Joint-venture Operation with the Enterprise, available at https://ran-s3.s3.amazonaws.com/isa.org.jm/s3fs-public/files/documents/iba24c-12-en.pdf, last visited 2020/4/15.
② Information Note Concerning the Secretary-General's Informal Consultation on Outstanding Issues Relating to the Deep Seabed Mining Provisions of the UN Convention on the Law of the Sea, New York, 23 July 1991, paragraph.5, available at https://ran-s3.s3.amazonaws.com/isa.org.jm/s3fs-public/documents/EN/Pubs/SG-InformConsultations-ae.pdf, last visited 2020/4/20.
③ Statement by Algeria on Behalf of the African Group, Request for Consideration by the Council of the African's Group's Operationalization of the Enterprise, 6 July 2018, paras. 11 and 14, available at https://ran-s3.s3.amazonaws.com/isa.org.jm/s3fs-public/files/documents/alg-oboag-entp.pdf, last visited 2020/3/25.

章"中关于企业部的规定,建议"开发规章"对以下三点作出规定：① 澄清"健全的商业原则"的含义和标准；② 尽快制定成立联合企业的标准和程序；③ 对联合企业安排的股份作出规定。

3. 平行开发制与经济利益共享

《公约》规定发展中国家参与深海采矿的一种重要的方式是平行开发[①]。每项勘探开发申请,除了企业部或任何其他实体就保留区域所提出者外,应包括一个总区域,它不一定是一个单一连续的区域,但须足够大并有足够的估计商业价值,可供从事两起采矿作业。申请者应指明坐标,将区域分成估计商业价值相等的两个部分,并且提交其所取得的关于这两个部分的所有资料。这两块区域中的一块是申请人将来要从事勘探开发的区域,另一块商业价值相当的区域被称为"保留区",用于企业部或者发展中国家申请进行勘探开发。平行开发制是落实人类共同继承财产原则的重要手段。

然而,目前的平行开发制对《公约》原本设计的制度作了修正,其运作模式实际上已经发生了很大的变化。根据国际海底管理局已经出台的三个勘探规章,《多金属结核规章》仍然遵循《公约》原本设计的平行开发制的模式,但是《多金属硫化物规章》和《富钴铁锰结壳规章》在运作平行开发制时给申请人提供了两种选择[②]：一是申请人需要提交总面积两倍于勘探区的拟勘探申请区,并将其分成两块具有同等估计商业价值的海底区域,由国际海底管理局指定其中一块作为其"保留区",留待企业部或者发展中国家进行勘探开发,另一块分配给申请人作为勘探区,这同《公约》原本设计的制度相同；二是申请人提交与勘探区等同面积的拟勘探申请区,

---

① 《公约》第 153 条,附件三第 8、9 条。
② 《多金属硫化物规章》第 16—20 条。

但是申请人必须允许企业部在未来商业开发时以参股的方式与承包者成立联合企业参与矿区的开发,其参股比例不超过50%。①股份利益/联合企业模式(或企业部参股模式)为运作平行开发制度提供了新思路,是国际海底管理局制度上的一大创新,这对落实人类共同继承财产原则有一定的影响。

申请人提供"保留区"实际上给企业部或发展中国家主体申请对"保留区"的勘探开发提供了很大的便利,因为发展中国家主体无须去寻找具有商业开采价值的国际海底区块,节省了大量技术和财务上的成本。然而,平行开发制的此种运作模式所欲实现的目的在实务中实际上受到了一定的侵蚀。

截至2022年9月,已经有7块"保留区"是由发展中国家担保的承包者从事勘探活动(这七块"保留区"的勘探合同列于表3)。但是在实务中许多来自发达国家的企业也参与某些发展中国家所担保的承包者在"保留区"的资源勘探活动。② 发达国家的采矿公司主要通过两种方式参与保留区的资源勘探开发。其一,在发展中国家设立全资子公司(如加拿大企业Deep Green在瑙鲁和汤加设立全资子公司,并获得瑙鲁和汤加提供的国家担保,申请保留区的资源勘探)。发达国家采取此种模式一方面是考虑到在发展中国家设立公司申请矿区在监管上较为宽松、费用较低、程序更加简单;另一方面是因为通过这种模式可以申请对保留区的勘探。③

---

① 陆浩主编:《中华人民共和国深海海底区域资源勘探开发法解读》,中国法制出版社,2017年,第67页。
② Aline Jaeckel, Jeff A. Ardron, Kristina M. Gjerde, Sharing Benefits of the Common Heritage of Mankind — Is the Deep Seabed Mining Regime Ready?, *Marine Policy*, 2016, 70, 201.
③ Klaas Willaert, *Regulating Deep Sea Mining: A Myriad of Legal Frameworks*, Springer, 2021, p.36.

表3 "保留区"勘探合同现状(统计至2022年9月)[①]

担保国	承包者	保留区	合同生效时间
瑙鲁	瑙鲁海洋资源公司	克拉里昂-克利珀顿区	2011年7月22日
汤加	汤加近海开采有限公司	克拉里昂-克利珀顿区	2012年1月11日
基里巴斯	马拉瓦研究与勘探有限公司	克拉里昂-克利珀顿区	2015年1月19日
库克群岛	库克群岛投资公司	克拉里昂-克利珀顿区	2016年7月15日
中国	中国五矿集团	克拉里昂-克利珀顿区	2017年5月12日
新加坡	新加坡海洋矿产有限公司	克拉里昂-克利珀顿区	2015年1月22日
牙买加	牙买加蓝矿有限公司	克拉里昂-克利珀顿区	2021年4月4日

其二,发达国家的采矿公司以合资企业的方式,作为分包商参与保留区的资源勘探开发。如管理局于2016年核准授予库克群岛投资公司(Cook Islands Investment Corporation)在一块"保留区"从事多金属结核勘探活动权利的合同。库克群岛投资公司由库克群岛担保,是库克群岛的国有企业。但是在库克群岛投资公司从事勘探活动中,比利时的G-TEC海洋矿物资源公司

---

① Jonna Dingwall, *International Law and Corporate Actors in Deep Seabed Mining*, Oxford University Press, 2021, Appendix 2: Status of Contracts for Exploration in the Area.

(G-TEC Sea Mineral Resources NV)与该公司合作开展联合勘探考察,前者提供技术资源和能力,并获得一定的利益。根据国际海底管理局公布的《法律和技术委员会就库克群岛投资公司请求核准多金属结核勘探工作计划的申请书提交国际海底管理局理事会的报告和建议》,库克群岛投资公司所获得的"保留区"正是由比利时的 G-TEC 公司在 2012 年 5 月申请多金属结核勘探合同时所提供的。①

发达国家和发展中国家的采矿公司之间的合作可能对有关的发展中国家有利,因为这些国家往往依赖外国实体的财政或技术能力,但发达国家在保留领域的实际主导地位影响了企业部运作的未来前景,因为企业部必须以联合企业(joint ventures)的方式开展初期采矿业务。②一国或一公司提出联合企业的动机是为了获得保留区的勘探开发权利,而保留区的数量不断减少将会导致今后提出联合企业的可能性降低。保留区的减少会降低缔约国或其他采矿公司同企业部建立联合企业的动力,这又会影响企业部在将来的全面运作,从而更加阻碍了国际海底管理局落实人类共同继承财产原则。此外,亦有学者指出发展中国家作为担保国而不是通过企业部集体参与对保留区的勘探开发,增加了发展中国家的风险,因为它们可能对其担保的实体造成的环境损害负有责任。③

相比之下,在企业部参股模式的平行开发制中,申请人并没有

---

① ISBA/20/C/18(9 July 2014), paragraph 13, available at https://ran-s3.s3.amazonaws.com/isa.org.jm/s3fs-public/files/documents/isba-20c-18_1.pdf, last visited 2020/4/22.
② 《1994 年执行协定》附件第二节第 2 条。
③ Aline Jaeckel, Benefitting from the Common Heritage of Humankind: From Expectation to Reality, *International Journal of Marine and Coastal Law*, 2020, 35, 660-681.

直接在技术和能力上协助发展中国家，而是仅仅通过企业部给予了发展中国家经济上的利益。因此，这种模式并不会对发展中国家参与深海海底资源勘探开发的海洋科学研究、科学技术等方面的能力建设（capacity building）起到积极的作用，这无疑削弱了《公约》的第143、144以及148条对发展中国家参与深海活动以及加强其海洋科学研究和技术转让等方面规定的效力。因此，企业部参股模式的平行开发制有可能为企业部带来比较稳定的经济上的收益，以给发展中国家带来经济性利益的共享，但是这种运作模式削弱了《公约》所强调的加强发展中国家从事深海活动能力建设之构想。

平行开发制是落实人类共同继承财产原则的重要手段，但是从上文有关国际海底区域平行开发制的实践现状来看，目前的制度运作已经与公约谈判时国际社会所设想的制度有所偏差。这也意味着国际海底管理局作为落实人类共同继承原则的国际组织，在将来设计"开发规章"中具体的财务制度上面临着更大的挑战。① 需要指出的是，企业部的实质运作和平行开发制的运行除了实现发展中国家对深海矿产资源的经济性利益的分享以外，另一个目的在于增加发展中国家在深海活动中的参与，这其实也是《公约》第十一部分所要实现的一个重要目的，从这个角度来看，企业部和平行开发制的运行实际上兼有实现经济性利益和非经济性利益共享之目的。

（二）国家管辖范围外深海生物多样性资源的经济利益共享

利益共享同样也是国家管辖范围外生物多样性资源保育与共享利用机制的核心。遗传资源及传统知识的利益共享指社区或国家拥有的遗传资源及传统知识被某主体获取并使用受益后，该主

---

① Jonna Dingwall, *International Law and Corporate Actors in Deep Seabed Mining*, Oxford University Press, 2021, p.144.

体应将获益与该社区或国家进行分享。利益共享制度源自《生物多样性公约》《波恩准则》和《名古屋议定书》等生效的国际条约,超过五十多个国家有相关国内规定。利益共享制度在遗传资源及传统知识丰富的发展中国家与利用遗传资源技术发达的国家之间寻求利益平衡,有助于维护资源丰富地区或者国家的生物多样性,让资源提供和维护方公平合理地参与分享资源使用方的获益。

从深海生物体内提取的抗病毒、抗肿瘤因子对癌症和艾滋病的治疗有着显著疗效,在促进医疗事业发展的同时,也能为医药行业带来巨大的经济利益。利益分享议题在国家管辖范围外生物多样性资源谈判中矛盾最为突出,77国集团、非洲集团、小岛屿国家联盟、太平洋岛国、加勒比共同体和内陆发展中国家等形成"利益共享派",坚持国家管辖范围外海域海洋遗传资源应适用"人类共同继承财产原则",进而要求在获取、研究和开发的不同阶段分享利益,并要求无偿获取包括衍生物在内的样本、数据和遗传序列信息。小岛屿发展中国家和拉美国家强调应对获取海洋遗传资源的活动建立全面监管和可追踪的管理制度。此外,"利益分享派"主张建立国际信托基金,并将利益分享与能力建设和海洋技术转让挂钩。

以欧盟、澳大利亚、新西兰等区域和国家及众多非政府国际组织为代表的"协调务实派",建议谈判不应纠结于原则之争,应重点讨论具体制度安排。日本、俄罗斯等"海洋开发派"强调利益分享仅限于非货币化,坚持信托基金应是自愿性质,并强调新协定不能阻碍海洋科学研究和技术创新。

二、信息共享

信息共享与国际海底管理局的决策公开透明以及决策中融入公众参与是紧密联系的。晚近,国际组织决策过程中的公开透明原则越来越被国际法承认①,目前诸多国际条约中都已经纳入这一原则。② 国际海底资源勘探开发语境中的公开透明包括参与决策机构的会议,公布会议纪要、工作文档,以及公布环境信息,包括风险评估指南、环境影响评估和环境数据。公开透明对于具有全球影响的新活动(例如深海矿物开采)尤其重要。信息的公开透明有助于国际海底管理局落实预防原则,公开透明有助于判断管理局的决策在多大限度上受科学知识、不确定性和价值考虑的影响。与政治和经济考虑相比,透明度尤其可以帮助确定环境影响评估在决策中是否具有足够的权重。③

虽然信息的公开共享有上述诸多优点,但是国际海底制度中这一原则并没有被强调,《公约》和《1994年执行协定》以及国际海底管理局颁布的勘探规章、建议和指南中都没有专门的条款对信息的公开共享作出明确的规定。④

值得注意的是,与相关资源的勘探规章相比,目前的《开发规章(草案)》规定,有关工作计划、合同和开发活动的任何数据和信息都是公开的,除非它们属于详尽列出的保密信息类别之一,但其

---

① Andrea Bianchi, "On Power and Illusion: The Concept of Transparency in International Law" in Andrea Bianchi and Anne Peters (eds), *Transparency in International Law*, Cambridge University Press, 2013, p. 6; UNGA, UN Doc A/Res/66/288 (27 July 2012), paragraphs 76, 228, available at https://www.un.org/en/development/desa/population/migration/generalassembly/docs/globalcompact/A_RES_66_288.pdf, last visited 2020/3/15.

② Convention on Access to Information, Public Participation in Decision-Making and Access to Justice in Environmental Matters (adopted 25 June 1998, entered into force 30 October 2001) 2161 UNTS 447 (Aarhus Convention); FSA, article 12; Rio Declaration, principle 10.

③ Aline Jaeckel, *The International Seabed Authority and the Precautionary Principle: Balancing Deep Seabed Mineral Mining and Marine Environmental Protection*, Brill Nijhoff, 2017, p.261.

④ Ibid., p. 260.

中不能包括与保护和维护海洋环境有关的信息,①也就是说,不得以保密为理由而不公开环境保护方面的信息。同时,国际海底管理局还启动了"深海数据"(deep-data)这一可公开访问的在线数据库,收集承包者勘探开发活动中获得的环境数据和生物多样性信息,公开更多关于承包者合同和年度报告内容的信息。②

尽管国际海底管理局在信息公开方面采取了以上措施,但是国际海底管理局内的决策程序仅提供有限的信息透明。例如,在收到新申请时,国际海底管理局会通过简短的公共公告告知成员国和利益相关方拟议勘探工作的总体位置。国际海底管理局实质性工作的核心是在法律和技术委员会的会议上进行的,这些会议基本上对管理局观察员乃至管理局成员国都是不公开的。法律和技术委员会很少举行公开会议来讨论环境议题。③

对于勘探合同的新申请,管理局通常会公布法律和技术委员会向理事会提出是否准予授予勘探合同建议之决定,但是并不会公开法律和技术委员会对该申请审查的详细信息,也不会公开法律和技术委员会认为该勘探申请包含"有效保护和保全海洋环境"措施的理由,或该勘探申请的任何有争议的地方。

理事会在审查法律和技术委员会所提出的有关是否授予勘探合同之建议时,并没有机会审阅法律和技术委员会审查申请的会议纪要或者申请人的申请材料,因此理事会实际上无法审查法律和技术委员会提出是否授予勘探合同建议的理由:法律和技术委

---

① 《开发规章(草案)》第89条。
② Klaas Willaert, *Regulating Deep Sea Mining: A Myriad of Legal Frameworks*, Springer, 2021, p.39.
③ Aline Jaeckel, *The International Seabed Authority and the Precautionary Principle: Balancing Deep Seabed Mineral Mining and Marine Environmental Protection*, Brill Nijhoff, 2017, p. 261.

员会的建议在多高程度上是在科学知识的基础上作出的,在多高程度上受到政治因素的影响?有学者对勘探合同申请人在申请阶段所提交的"初步环境影响评估"(preliminary EIA)之实际意义提出了质疑。申请人在申请勘探合同时需提交初步环境影响评估,才有可能通过法律和技术委员会的审查,但是勘探规章没有就此初步环评的具体内容作出进一步的规定。根据勘探规章的规定,申请人在申请阶段无须提交具体的环境基线(environmental baseline)数据,而只需要提交一份"关于按照本规章及管理局制定的任何环境方面的规则、规章和程序进行的海洋学和环境基线研究方案的说明,这些研究是为了能够参照法律和技术委员会所提任何建议,评估提议的勘探活动对环境的潜在影响,包括但不限于对生物多样性的影响"。① 具体的环境基线数据是在勘探合同签署之后、开始从事勘探活动之前提交的,因此在申请阶段所提交的初步环境影响评估的实际意义是有待商榷的,因为只有结合环境基线去分析、评估勘探活动对环境有何影响才有意义。② 法律和技术委员会在决策中是否融入了对申请人提交的"初步环境影响评估"的考量不得而知。

构建国际海底矿产资源共享机制要求承包者和管理局同利益相关方共享勘探开发活动中所搜集的信息。国际海底管理局作为国际海底矿产资源这一人类共同继承财产的受托人,应当更加强调其决策程序中的公开透明和相关信息的共享,但是目前无论是承包者还是管理局在公开透明和信息分享方面所做的都还

---

① 《多金属结核规章》第 18 条 b 款。
② Aline Jaeckel, *The International Seabed Authority and the Precautionary Principle: Balancing Deep Seabed Mineral Mining and Marine Environmental Protection*, Brill Nijhoff, 2017, p. 161.

远远不够。有学者研究指出,在国际机构决策透明程度的评价中,国际海底管理局的决策公开透明程度甚至低于区域性国际渔业组织。①

对此,笔者认为至少有以下两点措施可以改进国际海底矿产资源开发中信息分享的困境。

第一,在承包者方面,应该要求承包者公开其环境影响评估报告以及在后期勘探开发②中所获得的环境数据以及年度报告中环境相关的信息,国际海底资源勘探开发涉及全人类的利益,环境议题更是深海采矿中的最重要议题之一,不应当基于对机密的保护而不公开环境数据,这一点已经在目前的《开发规章(草案)》的第89条有所体现,值得肯定。

第二,国际海底管理局作为管控深海活动的国际组织,应当履行其作为人类共同继承财产受托人的职责,增加其工作中的透明度,尤其是法律和技术委员会工作的透明度,减少闭门会议,给予利益相关方公开参与涉及环境事项的讨论会的机会,公开其会议的会议记录、会议概要等。从人类共同继承财产原则的角度来说,国际海底管理局作为深海活动的决策机关,其信息的公开共享更是符合该原则的要求。信息的公开透明和共享对财务委员会制定利益分享规则尤其重要。③ 根据《1994年执行协定》附件第九节第

---

① Jeff A. Ardron, Transparency in the Operations of the International Seabed Authority: An Initial Assessment, *Marine Policy*, 2018, 95, 324-331.
② 《开发规章(草案)》第11条规定,秘书长应将环境计划(包括环境影响评价、环境管理与监督计划以及关闭计划)公开于管理局的网站上,为期60天,并邀请管理局成员和利益相关方根据相关准则提交书面意见。这是国际海底管理局在信息透明度方面的一项重大改进。
③ Aline Jaeckel, Jeff A. Ardron, Kristina M. Gjerde, Sharing Benefits of the Common Heritage of Mankind — Is the Deep Seabed Mining Regime Ready?, *Marine Policy*, 2016, 70, 202.

7段,管理局大会和理事会诸多与财务事宜相关的决定应考虑财务委员会的建议,其中一项重要事宜便是公平分配从区域内活动取得的财政及其他经济利益的规则、规章和程序,以及为此而作的决定。深海采矿的财务制度一直都是《公约》谈判中一项技术性极高、难度极大、分歧最大的议题,也是目前"开发规章"拟订过程中的一项重要议题,财务委员会在构建具体的深海资源利益共享制度时一定要重视信息的共享和利益相关方的参与,以规避国际法规则形成过程中通常出现的"民主赤字"①之问题。

国家管辖范围外生物多样性资源国际文书的谈判中,信息共享机制的构建应本着共商、共建、共享的原则,建立公开透明、各利益相关方共享的信息交流平台。该信息交换机制旨在整合各方面的资源,不仅通过链接方式将现有的政府间、非政府间的信息交换平台纳入其中,包括政府间海洋委员会(IOC)、海洋生物地理信息系统(OBIS)等,而且也应收集和储存国家管辖范围外生物多样性资源相关信息和数据,包括能力建设和技术转让方面的信息。

三、技术共享

人类共同继承财产原则中的一个要素就是公平,包括代际公平,也包括发达国家与发展中国家之间的公平。该原则要求各国能够平等地参与区域活动。但是发展中国家囿于技术上的限制,无法与发达国家享有同等参与深海活动的机会。马耳他代表提出国际海底资源应当被指定为人类共同继承财产这一原则正是出于对发达国家凭借其发达的技术瓜分国际海底资源的担忧。事实上,早在20世纪70年代联合国展开对国际经济新秩序的讨论时,

---

① 姚金菊:《全球行政法的兴起:背景、成因与现状》,载《环球法律评论》2015年第4期。

技术转让就已经成为备受国际社会关注的话题。联合国大会通过了一系列文件设定了在技术转让上的宏观发展目标,也为所有的成员国施加了积极促进技术向发展中国家流转的抽象义务,如应对气候变化中的技术转让。①

技术共享是实现人类共同继承财产原则的重要手段,是构建国家管辖范围外深海资源共享机制的核心要素。同平行开发制中的保留区类似,技术共享的目的也是为了增加发展中国家(包括企业部)参与深海活动的能力,因此深海技术的分享应当遵循人类共同继承财产原则。《1994年执行协定》取消了《联合国海洋法公约》有关强制性技术转让的规定,仅指明在公平合理的商业条件下,从公开市场以及组建联合企业获取深海技术的两条弹性路径。根据《1994年执行协定》的规定,企业部或发展中国家应在公开市场上以公平合理的商业条件获得必要的技术,当它不能以这种方式获得这种技术时,国际海底管理局可以要求承包者及其担保国在符合有效保护知识产权的情况下帮助获得这种技术,同时担保国必须为此目的与国际海底管理局充分合作。这一规定在实践中如何适用以及是否能产生良好的实际效果,还有待观察。②

具体而言,《公约》第144条以及附件三第5条是关于技术转让的条款。《公约》第144条规定:

1. 管理局应按照本《公约》采取措施,以:

(a) 取得有关区域内活动的技术和科学知识;并

(b) 促进和鼓励向发展中国家转让这种技术和科学知

---

① 马忠法:《论应对气候变化的国际技术转让法律制度完善》,载《法学家》2011年第5期。
② Klaas Willaert, The Enterprise: State of Affairs, Challenges and Way Forward, *Marine Policy*, 2021, 131, 104590.

识,使所有缔约国都从其中得到利益。

2. 为此目的,管理局和各缔约国应互相合作,以促进有关区域内活动的技术和科学知识的转让,使企业部和所有缔约国都从其中得到利益。它们应特别倡议并推动:

(a) 将有关区域内活动的技术转让给企业部和发展中国家的各种方案,除其他外,包括便利企业部和发展中国家根据公平合理的条款和条件取得有关的技术;

(b) 促进企业部技术和发展中国家本国技术的进展的各种措施,特别是使企业部和发展中国家的人员有机会接受海洋科学和技术的训练和充分参加区域内活动。

《1994年执行协定》附件第5节对技术转让的规则进行了补充和废除。《公约》第144条所规定的是适用于管理局和缔约国有关区域活动的技术和科学知识转让的一般规定。《公约》附件三第5条涉及承包者向企业部技术转让的义务,但《1994年执行协定》规定《公约》附件三第5条应不适用,这就减轻了承包者(包括缔约国或担保国)转让区域内活动的技术和科学知识的义务。同时,为能使主要发达国家(如美国)参加《公约》,并增加《公约》的普遍性,《1994年执行协定》对《公约》关于转让区域内活动技术的条款作了修改。①

修改后的技术转让条款规定,企业部和希望取得深海海底采矿技术的发展中国家应设法"按公平合理的商业条件,从公开市场或通过联合企业安排获取这种技术"。如果无法获取这种技术,承包者及其担保国则有义务按公平合理的条件,合作提供获得深海

---

① 金永明:《国际海底区域的法律地位与资源开发制度研究》,华东政法学院博士学位论文,2005年,第84页。

海底采矿技术的便利。在履行这一义务的过程中,承包者有权以"与知识产权的有效保护相符"为由,保护自身的相关权利。总体而言,《公约》和附件原先所确立的技术转让制度发生了本质上的改变:① 技术信息披露义务转变为技术能力的一般性说明;② 强制技术转让义务转变为自愿技术转让;③ 缔约国的集团合作义务转变为促进技术转让的承诺。

虽然《1994年执行协定》并未否定人类共同继承财产原则,但该商业性技术转让规则却呈现出市场自由原则取代人类共同继承财产原则发挥主导作用的趋向。① 在市场自由原则主导的商业性规则中,区域技术转让的具体操作,主要依据体现市场机制的知识产权法律体系和WTO下与贸易相关的协议体系。

在区域技术转让这个议题上,国际海底管理局的决策由技术要素的分配者转变为协调者,且需要让位于知识产权的有效保护,对技术转让实施的影响力被削弱。而这正是以美国为首的发达国家所期望的,美国反对加入《公约》的一个原因是对国际海底制度的组织原则持怀疑态度。《公约》授权国际海底管理局制定勘探开发深海矿产资源的规则、规章和程序,以落实人类共同继承财产原则。但是美国主张建立一个松散的国际组织,反对将资源的勘探和开发置于国际海底管理局的集体管理之下,反对管理局所确立的生产限额、技术转让、财政税收、经济援助以及审查制度等具体政策。②

《公约》和《1994年执行协定》所构建的技术转让机制为深海技术商业化提供了法律保障,其目的是为了激发持有人转让技术

---

① 李志文、吕琪:《国际海底区域技术转让规则的理想和现实之协调》,载《政法论丛》2018年第2期。
② 沈雅梅:《美国与〈联合国海洋法公约〉的较量》,载《美国问题研究》2014年第1期。

的意愿,以帮助发展中国家及其国内企业引进技术或取得受让技术的便利。①《1994年执行协定》免除管理局强制发达国家承包者转让深海技术的义务,以及规定"以公平合理的商业条件;从公开市场或通过联合企业安排获取这种技术",表明国际社会对"强制许可"是否适用于深海技术转让领域存有分歧,并以向发达国家利益妥协而告终。

技术共享同发展中国家的能力建设是紧密相关的,提高发展中国家从事深海海底资源勘探开发的能力也是落实人类共同继承财产原则的重要方式。②为了促进发展中国家技术人员和科学家参与深海海底采矿活动,承包者必须在其勘探工作框架内提供培训方案。③此外,国际海底管理局设立了一个区域内海洋科学研究捐赠基金(Endowment Fund for Marine Scientific Research),目的是支持发展中国家的科学家和技术人员参加科学研究方案和合作。④该基金最初的资金来源是由先驱投资者支付的申请费余额提供,现在继续通过自愿捐款提供资金。然而,这些培训方案和捐赠基金是否足以使发展中国家能够参与海底采矿制度有待观察。

国家管辖范围外生物多样性资源的国际文书的一个重要内容就是能力建设和技术转让,这本质上是一种技术的共享。能力建设和技术转让的目标是促进各国在国家管辖范围以外区域海洋生

---

① 林家骏、李志文:《深海技术商业化机制初探》,载《太平洋学报》2018年第7期。
② 《公约》第140、143、144、148条。
③ ISBA/19/LTC/14,12 July 2013, available at https://ran-s3.s3.amazonaws.com/isa.org.jm/s3fs-public/files/documents/isba-19ltc-14_0.pdf, last visited 2020/1/25.
④ ISBA/12/A/11, 16 August 2006, available at https://ran-s3.s3.amazonaws.com/isa.org.jm/s3fs-public/files/documents/isba12-a11_1.pdf, last visited 2020/1/20. ISBA/13/A/6, 19 July 2007, available at https://ran-s3.s3.amazonaws.com/isa.org.jm/s3fs-public/files/documents/isba-13a-6_1.pdf, last visited 2020/2/1.

物多样性的探索、认识、养护和可持续利用。各国应在能力所及的范围内促进与发展中国家在能力建设和海洋技术转让方面的国际合作,切实提升发展中国家养护和可持续利用国家管辖范围外生物多样性资源的能力,特别是顾及最不发达国家、内陆发展中国家、地理不利国和小岛屿发展中国家以及非洲沿海国家的特殊需求。国家管辖范围外生物多样性资源的国际文书可充分利用包括政府间海洋委员会在内的现有国际组织的模式加强能力建设和海洋技术转让,也可考虑在充分协商基础上建立新的机制,加强能力建设和技术转让方面的国际合作和信息分享。海洋技术转让应鼓励科学研究,促进技术创新和尊重知识产权,并由供应方和接受方在平等自愿、公平合理、互利互惠基础上商定技术转让的条件。

第四章
国家管辖范围外深海资源共享机制的中国方案

前三章主要集中论述国际层面的制度和理论,从国家管辖范围外深海资源属性判定,到共享深海资源的制度支撑,再到共享机制的具体内容,如共享原则、共享主体、共享客体。深海海底矿产资源勘探开发的国际法律制度构建已经进入了快车道,有关深海生物多样性资源利用与保育的国际文书谈判亦在紧锣密鼓地进行。我国作为国际社会的一名成员,作为发展中深海大国、资源勘探大国、资源利用大国,在构建深海资源共享机制的过程中不仅不能缺席,还应当主动积极地贡献中国智慧,提出中国方案。

本章重点研究内容是设计和构建国家管辖范围外深海资源共享机制的中国方案。一方面,在国内层面,我国要从制度和法律规范层面做好迎接"深海时代"的准备,构建、完善我国国内深海资源利用、保育的法律体系和制度规范;另一方面,在国际层面,我国要抢占深海资源共享的制高点,在国际谈判上发出自己的声音,影响和形塑深海资源共享的国际法律制度和规范,推动构建海洋命运共同体。

第一节　深海矿产资源勘探开发之中国法律体系构建与法律规范

在第三次海洋法会议期间,就海底制度而言,发达国家和发展中国家之间的分歧较大,这一点尤其体现在发达国家对将要成立的企业部宽泛的角色持保留态度,此外,发达国家还对谈判中所涉及的强制技术转让、采矿生产限制以及采矿合同中的财务条款都持有一定的反对意见。在谈判陷入僵局时,美国、德国、日本、法国、意大利等发达国家已经率先通过其本国有关海底资源勘探开发的法律,以宣夺区域的矿产资源,并且在其内部之间构建所谓的"互惠国制度"(reciprocating states regime),旨在《公约》所欲构建的海底制度达成协议之前,先另起炉灶构建一个临时的国际采矿制度,[①]这部分在前文中已经有所论述。发达国家的这一举动引起发展中国家的强烈反对。国际海底制度在《公约》通过之后,尤其是在《1994年执行协定》通过之后逐步确立下来,随后海洋大国以及其他国家积极开始其国内的立法,通过法律制度的构建并采取相关的行政措施,以规范接受其担保的相关机构从事深海海底活动。

如果说在《公约》通过之前发达国家通过本国立法是为了抢占勘探开发深海海底资源的制高点,那么在《公约》通过之后缔约国制定本国的立法更多的是在于采取国内立法和行政方面的措施来承担担保义务,配合国际海底管理局规范和协调受到本国担保的承包者从事深海活动。观察域外的深海海底资源勘探开发立法,

---

[①] Jonna Dingwall, *International Law and Corporate Actors in Deep Seabed Mining*, Oxford University Press, 2021, pp. 82-83.

我们可以看到目前越来越多的国家通过了国内的深海专项立法，比如斐济 2013 年的《国际海底资源管理法》（International Seabed Mineral Management Decree 2013），德国 2010 年的《海底开采法》[Seabed Mining Act of 6 June 1995 (the Act). Amended by article 74 of the Act of 8 December 2010]，捷克共和国 2000 年的《关于国家管辖范围外海底矿产资源的探矿、勘探和开发的第 158/2000 号法令》（Act No. 158-2000 of 18 May 2000 on Prospecting, Exploration for and Exploitation of Mineral Resources from the Seabed beyond Limits of National Jurisdiction）①，英国 2014 年的《深海开采法》（Deep Sea Mining Act 2014），美国 1980 年的《深海海底硬矿物资源法》（Deep Seabed Hard Mineral Resources Act 1980），日本 1982 年的《深海海底采矿暂行措施》（Act on Interim Measures for Deep Seabed Mining 1982），库克群岛 2019 年的《海底矿产资源法》（Seabed Minerals Act 2019）②，法国 1981 年的《深海海底矿物资源勘探开发法》（Law on the Exploration and Exploitation of Mineral Resources of the Deep Seabed 1981），汤加 2014 年的《海底矿产

---

① 该法令规范居住在捷克共和国的自然人和以捷克共和国领土为所在地的法人实体在该国管辖范围外的海底和洋底及其底土从事矿产资源探矿、勘探开发的权利和义务以及相关的国家行政管理活动。该法令的宗旨是实施相关的国际法原则和规则，而根据这些原则和规则，该法令第 1 节明列的海底及其底土和矿产资源被视为人类的共同继承财产。

② 库克第一部管控海底资源勘探开发的法律是 2009 年通过的《海底矿产资源法》，该法于 2013 年 3 月生效，该法的主要目标是为有效管理库克群岛专属经济区海底矿产建立法律框架。值得注意的是，库克群岛 2013 年对这部法律已经进行了修订，修订后的法律将国际海底资源的勘探开发也纳入了法律的管制范围，修订后新的管制法律可见于：https://static1.squarespace.com/static/5cca30fab2cf793ec6d94096/t/5d3f683993ea3f0001b7379c/1564436729995/Seabed＋Minerals＋Act＋2019，最后访问：2020 年 4 月 15 日。

资源法》(Tonga Seabed Minerals Act 2014)①,图瓦卢 2014 年的《海底矿产资源法》(Tuvalu Seabed Minerals Act 2014),新加坡 2015 年的《深海海底开采法》(Singapore Deep Seabed Mining Act 2015)。②

　　这些国家的深海专项立法大致可以分为三个阶段:③第一个阶段是 1980 年代在国家互惠体制下通过的立法,如美国、日本和法国的立法;第二阶段是《公约》生效以后到国际海洋法法庭海底争端分庭发布咨询意见之前通过的立法,如捷克、德国的立法;第三阶段是 2011 年国际海洋法法庭海底争端分庭发表咨询意见之后通过或修订的立法,如英国对 1970 年《深海法》修订后公布的《2014 年深海开采法》,斐济、汤加的法律都是在这一阶段颁布的。海底争端分庭的咨询意见明确了担保国的担保义务,促进了各国加快其国内的立法进程,我们有理由相信随着深海采矿时代的到来,会有越来越多的《公约》缔约国制定其国内的深海专项法律。

　　缔约国国内的深海海底资源勘探开发法具有其特殊性,其中一个重要的元素是,该法一定要同国际海底管理局制定的有关资源的勘探开发规章相衔接,相协调,因此协调原则是深海立法所需要重点关注的原则。国内法律要处理好国内程序中的国家担保同国际程序中的签订勘探开发合同等程序之间的关系,这部分制度上的对接与协调是深海法制定过程中的重点,亦是难点。在制定国内法律前需要对深海海底资源勘探开发国际面向的法律有深入

---

① 汤加王国的此部法律于 2014 年 8 月 20 日获得皇室御准,正式生效。
② 张梓太、沈灏、张闻昭:《深海海底资源勘探开发法研究》,复旦大学出版社,2015 年,第 85—161 页。
③ See Comparative Study of the Existing National Legislation on Deep Seabed Mining, available at https://ran-s3.s3.amazonaws.com/isa.org.jm/s3fs-public/files/documents/compstudy-nld2_0.pdf, last visited 2020/4/14.

的了解,方可做好国内立法同国际立法之间的衔接和协调。各国在制定其国内管制深海资源勘探开发的法律时,应当本着协调原则,也正因为如此,深海资源勘探开发法在各个国家之间具有相当的共性,各国均需要在一个大的国际法律背景和框架下制定相关国内法律,相关制度和原则亦可能具有诸多共同之处。

一、《中华人民共和国深海海底区域资源勘探开发法》

根据《公约》第 137 条第 2 款的规定,区域及其资源为人类共同继承财产,国际海底管理局作为受托人代表全人类管理这部分资源的勘探和开发。1996 年 5 月 15 日,第八届全国人大常委会第十九次会议审议通过了关于批准《公约》的决定,我国成为缔约国。《公约》规定,缔约国有责任确保具有其国籍或者其控制的自然人或者法人依照《公约》开展区域内活动,并对此活动提供担保。担保国对承包者因没有履行《公约》规定的义务而造成的损害负有赔偿责任,但如担保国已经制定法律和规章,并采取行政措施有效管控其担保的承包者在区域内的活动,则担保国可以此提出免责抗辩。

2016 年 2 月第十二届全国人大常委会第十九次会议表决通过了《中华人民共和国深海海底区域资源勘探开发法》(以下简称《深海法》),该法的通过是我国在深海海底资源勘探开发立法上的重大突破。《深海法》包括七个章节,分别为总则、勘探开发、环境保护、科学技术研究与资源调查、监督检查、法律责任、附则,为我国公民、法人或者其他组织申请从事深海海底区域资源勘探开发活动提供了国内的法律基础:我国公民、法人或者其他组织欲从事深海活动,需要向国务院海洋主管部门提出申请,提交相关材料(《深海法》第 7 条),国务院海洋主管部门对申请者的材料进行审查，对符合一定资质的申请者颁发勘探、开发许可，获得许可的申请者方可同国际海底管理局签订勘探、开发合同（《深海法》第8条）。

《深海法》的制定和通过不是一蹴而就的。在我国通过《深海法》之前，一系列标志性事件为我国走向深海奠定了坚实的基础。1991年中国大洋矿产资源研究开发协会（以下简称中国大洋协会）登记为国际海底先驱投资者，获太平洋多金属结核资源开辟区；2001年5月中国大洋协会获东北太平洋7.5万平方公里国际海底多金属结核矿区勘探合同；2005—2006年，"大洋一号"船开展我国首次环球科考；2011年7月中国大洋协会获西南印度洋1万平方公里国际海底多金属硫化物勘探矿区；2011年9月中国命名的7个太平洋国际海底地名获批；2012年6月"蛟龙"号载人潜水艇在马里亚纳海沟完成7000米海试；2013年7月中国大洋协会获西北太平洋3000平方公里国际海底富钴结壳勘探矿区；2015年7月中国五矿集团公司获东北太平洋7.2万平方公里国际海底多金属结核保留矿区勘探权。

深海海底资源勘探开发活动是一个渐进的过程。我国对深海海底资源的需求比任何国家都迫切，我国的企业要走向大洋，进行深海海底资源的勘探开发，必须要有相应的国内法律制度的规范、促进和保障；我们要有足够的立法自信，在处理好与国际立法关系的同时，要及早掌握深海海底资源勘探开发制度构建、标准制定的话语权，因此《深海法》是一部非常具有战略意义的法律。

《深海法》所蕴含的诸多制度为我国履行国家担保义务提供了制度上的支撑，其中勘探开发许可证的行政许可制度是我国履行国家担保义务的重要手段，也是《深海法》的制度亮点之一。《深海法》中设有专章对海洋环境保护作出规定，凸显了我国对深海活动过程中环境保护之重视。以下就我国《深海法》许可证制度和海洋环境保护制度的内涵作深入论述和剖析。

(一)《深海法》的制度亮点之一:许可证制度

《深海法》第 7 条规定,中华人民共和国自然人、法人或者其他组织在向国际海底管理局申请深海海底区域资源勘探、开发前,应当向国务院海洋主管部门提出申请。第 8 条第 1 款规定,国务院海洋主管部门对符合相关条件并符合国家利益的申请予以许可,出具相关文件。结合这两条的规定可以看出,我国的深海资源法律采取的是许可证制度并且许可证的种类包含勘探许可证以及开发许可证。

根据《公约》的规定,承包者若欲从事国际海底区域资源的勘探和开发活动,必须同国际海底管理局签订相关的勘探合同和开发合同,而签订此类合同的前提之一是承包者获得相关《公约》缔约国的担保,并向国际海底管理局提供担保证书。国家的此种担保义务在《公约》的相关条款以及国际海洋法法庭海底争端分庭的咨询意见中都有体现,前文已有相关论述。

观察域外国家在深海海底资源勘探开发方面的专项立法可知,斐济、捷克、德国、英国、汤加、图瓦卢、新加坡、比利时、瑙鲁这九个国家的立法是配合国际海底管理局协调和规范在区域进行资源勘探和开发的活动。其中,英国和德国采取的是许可证制度,它们的立法中没有提到国家担保制度。其他七国的立法中对国家担保制度都作出了规定,以汤加、图瓦卢的规定最为详细,而新加坡的立法中仅以一个条款对国家担保制度作了笼统的规定。①

在国际层面,国际海底区域资源勘探开发中的国家担保制度

---

① 张梓太、沈灏、张闻昭:《深海海底资源勘探开发法研究》,复旦大学出版社,2015 年,第 88—100 页。

是《公约》以及国际海底管理局出台的规章中明确规定的。在国内层面,域外大部分国家的立法中都规定了国家担保制度。如此看来,我国的《深海法》对国家担保制度未作明确规定是否有违反国际法义务之嫌,值得思考。在《深海法》的立法进程中,社会各界对深海资源勘探和开发两种许可的设立的质疑一直存在。在2014年之后国务院不断简政放权、严格控制新设行政许可的背景下,新设深海资源勘探和开发许可之所以得到最终认可,与其重要意义密不可分。深海资源勘探和开发许可是我国履行担保国责任的重要手段,也是在发生承担担保国责任之时我国政府免责的重要依据。事实上,在《深海法》的立法过程中,还经历了"许可制"与"担保制"之争。最终,社会各界达成共识,许可制更符合我国实践情况,更有利于我国履行担保国责任。对于此问题,应当从以下四个方面来理解我国《深海法》所作出的制度选择。

1. "国际+国内"双重管制结构的法理

从事深海海底资源勘探、开发的公民、法人和其他组织实际上是受到两个层面的管制:一是国际层面,国际海底管理局作为管控这部分人类共同继承财产开发利用的国际机构,制定和出台勘探、开发规章,以及其他同勘探、开发相关的指南和规程。承包者和国际海底管理局最终是通过签署勘探、开发合同的方式来确定双方的法律关系;另一个是国内层面,缔约国承担国家担保义务。根据海洋法法庭海底争端分庭第17号咨询意见,此种担保义务包括直接义务和间接义务。间接义务是一种"确保"义务,缔约国有义务通过制定国内的法律、采取国内的行政措施来确保受其担保的承包者遵守国际海底管理局颁布的规章、指南和规程。这种国际和国内两个层面的行政管制,可以最大限度地实现《联合国海洋法公约》有关"区域"的制度目的。

我国《深海法》采用了许可证制度来实现对申请人和承包者的管控，通过事前设立准入门槛、对申请人的申请材料的审查，事中对承包者（被许可人）行为的监督检查来履行国家担保义务。获得国务院海洋主管部门发放的勘探、开发许可是申请人向国际海底管理局提交矿区申请、启动申请程序的前置条件。许可申请人获得国内许可之后，并不意味着被许可人可以绕过国际海底管理局而直接从事深海海底资源的勘探开发。国内层面获得勘探、开发许可的被许可人还受到前文所述的国际层面相关法律的约束，被许可人应当积极地向国际海底管理局申请矿区，获得勘探、开发合同。

需要指出的是，我国《行政许可法》中被许可人获得的许可一般属于权利性，不是义务性的。但是《行政许可法》中有例外的规定，比如第 66 条的规定是有关自然资源开发利用的特许，的确存在被许可人行为的义务；第 67 条实质上是基于对第三方用户生存权的考量而要求被许可人实施的一些义务。也就是说，行政许可事项并非都是权利性的。除了《行政许可法》中特别规定的，其他许可事项一般都带有比较浓厚的权利属性。深海海底区域资源勘探、开发许可证授予许可人之后，被许可人是否启动向国际海底管理局申请矿区的程序是被许可人的权利。

作为国内的深海海底资源勘探开发许可证的申请人，需要理解的是：此种"国内＋国际"的双重管制结构，是由这部分资源的属性所决定的。根据《公约》的规定，深海海底区域的资源是人类共同继承财产，任何国家不应对"区域"的任何部分或其资源主张或行使主权或主权权利，任何国家或自然人或法人，也不应将"区域"或其资源的任何部分据为己有。任何这种主权和主权权利的主张或行使，或这种据为己有的行为，均应不予承认。因此，对这部分资源的勘探开发是需要遵循人类共同继承财产之原则，而不是公海自由原则。

总而言之,深海海底资源勘探开发活动对承包者的资质要求极高。我国《深海法》的许可制度对申请人从事深海活动的资质作出了限定,由国务院海洋主管部门进行事前审查。具备相关资质的申请人获得国务院海洋主管部门发放的许可后,才可以向国际海底管理局申请勘探开发合同。我国国内有关行政许可的实践中,亦有诸多其他许可强调对申请人的资质的要求。具有相关资质的申请人方可从事相关行业,如律师执业许可、医师执业许可等。具备相关资质是从事某种行业工作的前提,这类许可属于"提供公众服务并且直接关系公共利益的职业、行业,需要确定具备特殊信誉、特殊条件或者特殊技能等资格、资质的事项"。

2. 我国《深海法》许可证制度的功能定位

《公约》之所以要求缔约国承担担保义务,其目的并不在于要求缔约国承担被担保的承包者造成的损失,而是要求缔约国采取相应的措施来有效地管理和控制承包者的行为。仅从海洋环境保护的层面来谈,深海活动对海洋环境的损害影响目前还存在科学上的不确定性,但是一旦损害发生,其对海洋环境将会产生巨大的影响,甚至会造成不可弥补的损害,因此从事深海活动应当更注重事前采取有效的措施来防止损害的发生,这也符合《公约》中所规定的预防原则。

根据《公约》的规定,缔约国有义务确保其所担保的承包者遵守《公约》以及国际海底管理局出台的规章,缔约国通过制定国内法以及采取相应的行政措施来达到对承包者行为的管控,因此,国家担保制度是具有浓厚的行政管制属性的制度,同民事法律中的担保制度有着根本的区别。从域外的立法例可以看出,这些国家国内法中的担保制度的构建一般是通过事前设定一定的准入条件,事中对其进行监督和检查来实现对承包者的管控。

我国的《深海法》虽然没有提及国家担保制度,但是这并不意味着我国作为缔约国不承担国家担保义务,承担国家担保义务是《公约》的法定义务,国际海洋法法庭海底争端分庭在 17 号咨询意见中对担保国义务也作了细致的分析和论证。我国《深海法》在制订过程中为了避免因使用"国家担保制度"这一术语而同民事法律中的担保制度混淆,选择了在《深海法》中规定许可证制度,这是为了保证《深海法》同现行法之间用语保持一致而作出的制度上的取舍。行政许可是行政管制中惯用的制度,许可证制度通过对申请人的资质、申请程序、权利和义务作出规定,同样也可以实现国家管控的目的。因此,可以说勘探开发许可证制度就是我国履行担保义务的手段,目的就是为了实现对申请人、承包者深海活动的管控,以确保其遵守《公约》《1994 年执行协定》以及国际海底管理局出台的规则、规章和程序。

具体而言,我国《深海法》许可证制度的功能有对外和对内的两个方面。其一,对外而言,《深海法》行政许可是我国履行国际法下国家担保义务的方式和重要手段之一。宏观而言,可将我国承包者从事深海活动分为三大阶段:勘探开发合同申请阶段(事前)、勘探开发合同履行期间(事中)、勘探开发合同终止后(事后)。合同申请阶段,我国通过许可证制度审查申请人的资质,设立准入门槛,这一阶段许可证制度是我国履行担保国责任的重要手段。合同履行期间,我国通过对勘探、开发活动的监督检查来实现对承包者深海活动的管控。合同终止之后,承包者国内的许可也随之到期,在承包者执行关闭计划期间,我国通过对承包者的监督检查来履行担保国责任。因此,许可证是我国规范申请人、承包者的行为并履行国际法义务的重要手段。其二,对内而言,《深海法》的行政许可制度为我国海洋主管部门管控、规范我国从事深海活动的承包者的行为提供了法律基础("管控好");为承包者的权利提供法律上的保障("保障好")。

3. 许可证制度的优点

我国的《深海法》采取许可证制度的另一个原因是考虑到许可证制度的灵活性。国际海底区域资源勘探开发制度在将来必然会进一步发展,许可证制度的优点在于:一方面,许可人和被许可人的权利和义务条款可以在许可证中载明,即使法律中已经规定了许可人和被许可人之间的权利和义务,双方仍然可以根据实际情况在许可证上附加额外的权利和义务;另一方面,在外部情况发生变化的时候,可以直接修改许可证中的条款,而避免了反复修法,以保证国内法律的稳定性。在上文的域外国内立法中,只有英国和德国的法律中采用了许可证制度。英国的法律只规定许可证制度而没有关于国家担保的规定的原因:其一,受到其国内政治制度的影响,英国认为提供国家担保是一种外交行为,此种权力是皇室的特权,无须写在法律中。在实践中,承包者仍然需要向英国政府申请国家担保证书,将证书以及其他相关材料提交给国际海底管理局,经过国际海底管理局审核,然后双方签订勘探或者开发合同。英国政府所提供的国家担保证书往往是一种简单的说明,证明该公司受到国家的担保。其二,许可证制度的灵活性亦是英国法律采取该制度的重要原因之一。

承包者在《公约》第十一部分所构建的国际海底资源勘探开发法律框架下从事深海活动,需要向国际海底管理局提供担保证书,承包者所在的缔约国的国内法无论是否规定了担保制度,缔约国的担保义务都不得免除。缔约国所承担的担保义务目的在于管控承包者的行为。在国内立法中,无论采取的是许可证制度还是国家担保制度,都会涉及对申请人的资质进行审查,如申请人需要拥有一定的技术和资金的能力,需要履行《公约》及其附件、《1994年执行协定》、勘探开发规章、勘探开发合同中规定的义务等。

4. 有关实务中补发许可证问题之探讨

中国大洋矿产资源研究开发协会是我国从事深海资源勘探开发非常活跃的承包者。协会在2001年与国际海底管理局签署了为期15年的资源勘探合同(2001年5月22日—2016年5月21日),彼时《深海法》尚未出台,也就没有目前所谓的勘探许可,但是根据国际法规范的要求,中国为中国大洋矿产资源研究开发协会提供国家担保,因为这是国际法的要求。2016年5月21日该合同到期,大洋协会和国际海底管理局签了5年的延期合同(2016年5月22日—2021年5月21日),即该延期合同2021年5月21日到期。根据国际海底管理局出台的勘探规章,大洋协会有权利向国际海底管理局申请为期5年的合同。根据《深海法》的相关规定,在国际层面,承包者欲延期资源勘探开发合同,首先要延期其在国内的勘探开发许可。但是问题在于,如前所述,2001年大洋协会签勘探合同时中国并不存在许可制度,若要延期许可,首先需要国务院海洋主管部门补发一个勘探许可证。因此,值得探讨的是,此种补发许可的行政行为是否可行,是否会违反《行政许可法》?从行政法角度、特别是《行政许可法》角度,该如何看待这个问题?对于补发中国大洋矿产资源研究开发协会勘探许可证这一问题而言,应当从以下两个方面来思考。

第一,2018年大部制改革后,作为《深海法》中所规定的"国务院海洋主管部门"的自然资源部是否可以实施这一补发许可的行为?

《深海法》中的许可同一般意义上的行政许可实际上是有区别

的。因为它不是直接准许被许可人从事深海资源勘探开发,它是中国政府对被许可人资质的肯定:只有达到一定技术和资金等资质条件,中国政府才同意为申请人提供国家担保。获得国内的勘探开发许可(国家担保)后,被许可人向国际海底管理局申请矿区,最终能否拿到矿区,并顺利进行勘探开发活动,决定权在于国际海底管理局。

中国政府作为担保国有义务确保承包者遵守其同国际海底管理局签订的合同、《公约》以及国际海底管理局出台的其他规则。但是,此种担保义务不是绝对的,担保国只需要尽到最大注意义务,采取最合理的措施来保证承包者遵守相关规定即可。这些措施包括担保国制定相关的法律来规范接受其担保的承包者从事深海活动,并采取相关的行政措施来确保这些法律被贯彻和实施。根据《深海法》第 7 条的规定,中华人民共和国的公民、法人或者其他组织在向国际海底管理局申请从事深海海底区域资源勘探、开发活动前,应当向国务院海洋主管部门提出申请,获得勘探、开发许可。我国所采用的许可证制度实际上是我国履行国家担保义务的手段,是国务院海洋主管部门对申请人从事深海活动资质的先行审查。只有经过国务院海洋主管部门审查并获得勘探、开发许可的申请人,方可以同国际海底管理局提出勘探、开发合同的申请。

2001 年中国大洋协会同国际海底管理局签首次 15 年期限合同前,实际上已经走了"提交材料,国家审核,获得国家担保"这个程序,这个程序本质上就是目前《深海法》以及许可管理办法(草案)所规定的申请许可的程序,只是当时没有《深海法》,尚未有所谓的勘探开发许可制度。从而在形式上少了最后的主管部门发许可证这一步。既然已经走过首次申请的程序,并且成功获得国家担保,现在大洋协会按照《深海法》的规定,也是可以拿到许可的。因此,自然资源部向大洋协会补发一个许可证具有正当性。

第二,补发的勘探许可从何时起算?

自然资源部没有法律依据给2001年的勘探合同补发许可,因为彼时《深海法》尚未出台,不存在深海海底资源勘探开发许可。《深海法》于2016年5月1日生效,深海海底资源勘探开发许可制度正式确立,因此自然资源部补发的许可最早可以从2016年5月1日起算。此外,补发勘探许可在操作中还需要面对的一个难题就是,实务中自然资源部要能够做到可以追溯补到2016年许可证的证号。

(二)《深海法》的制度亮点之二:海洋环境保护制度

深海资源勘探和开发活动对深海环境的影响具有极高的科学上的不确定性,环境保护制度是海底资源勘探和开发法律中的重要内容,在深海活动中担保国应当确保承包者履行其在海洋环境保护方面的义务,保护海洋环境以及海洋的生物多样性。我国《深海法》的一大亮点是该法对深海环境保护的重视。我国《深海法》共29条,同以上其他国家的国内立法相比,篇幅较短,但是有关环境保护的规定却相对较多,"环境"一词在我国《深海法》中一共出现了20次之多。在法条的具体规定中,除了设立第三章专门规定深海活动中的环境保护制度以外,在其他章节亦有关于环境保护的规定。

1. 深海活动中加强海洋环境保护的极端重要性

勘探开发深海资源的过程可能对海底生物的栖息地造成影响,甚至可能导致海底生态环境不可恢复,而挖掘深海矿物所产生的沉积物云(sediment plumes)可能覆盖生活在海底的具有极高的科学研究价值的动植物,甚至导致它们死亡。沉积物云不仅对海底生物的生存造成威胁,它漂浮在水体中亦会影响海里浮游生物的光合作用,如此可能影响海洋里整个生物食物链的循环。除此之外,深海作业过程中所产生的污染,包括固体废水污染、噪声污染、光污染也会对海洋环境以及海洋的生物造成严重的影响。

深海勘探开发活动对海洋环境到底有多大的影响目前还存在很大的科学上的不确定性,但是随着科学技术的发展,人类逐渐加深对深海环境和生物多样性的认识,各国也意识到在从事深海活动过程中加强对深海环境和生物多样性的保护的重要性。我国在看到深海活动可以带来的巨大的经济利益的同时也认识到此种活动可能对深海环境和深海生物造成的影响。若不采取措施防止和减少深海活动所产生的这些影响,深海活动将可能严重影响海洋的生物多样性资源,影响人类对海洋资源的可持续利用。因此,深海活动中的环境保护是极为重要的,在构建深海海底资源勘探开发相关制度的过程中应当强调环境保护制度的建立。

2. 国际以及域外国家国内法中有关环保措施的规定

在国际层面,《公约》以及国际海底管理局出台的相关规则、规章等对环境保护制度作出了具体的规定,前文已经有诸多论述,在此不再赘述。

在国内层面,各国国内专项深海法律中都包含在深海活动过程中采取保护海洋环境措施之规定。但是考虑这些法律的位阶较高,其相关规定都较为宏观和笼统,具体的环境保护措施有待于授权相关行政机关制定相关的规章予以细化。

如英国 2014 年的《深海开采法》第 5 条规定:"在考量是否要颁发勘探和开发证书之时,国务大臣(或者苏格兰部长)需要考虑作业者的活动在可能的范围内保护海洋生物、植物以及其他动物和它们的栖息地。在不同第 2 条第 3A 款冲突(without prejudice)的情况下,国务大臣(或者苏格兰部长)所颁发的勘探和开采许可证中应当载明作业者应当采取相应的措施避免或者减小对海洋环境的影响。"又如斐济 2013 年的《国际海底资源管理法》第 2 条的定义部分对预防原则的界定是：当存在严重或者不可逆损害的危险时，为了保护环境，虽然科学上仍然存在一定的不确定性，也不能推迟采取成本有效（cost effective）的措施来防止环境的进一步恶化。第 8 条有关斐济国际海底管理局的目标，其中有一项是确保海洋环境的保护和保存（protection and preservation）。法案的第 10 条规定了斐济国际海底管理局的权力，其中包括：制定相关保护和保存区域自然资源、防止海洋动植物和海洋环境损害的规则、规章、程序和相关标准。

德国 2010 年的《海底开采法》第 4 条规定了申请人从事深海活动前所需要提供的材料。其中第 2 款的规定涉及环保事项：申请人向国家采矿、能源和地理办公室［Landesamt，the Landesamt für Bergbau，Energie und Geologie，LBEG（State Office for Mining，Energy and Geology）in Hanover and Clausthal-Zellerfeld］[1]提交申请材料，申请材料包括合同、计划书、联邦海事和水文局（Federal Maritime and Hydrographic Office）对计划书的评论。该评论包括对船舶事务以及环境保护事务方面的评论。在环保事务方面，联邦海事和水文局应当与联邦环保局联合提供意见和评论。申请人需要保证作业期间的安全以及环境保护，能够提供足够的资金，并保证在区域进行的活动在商业基础上（on a commercial basis）进行。

3.《深海法》设专章规定海洋环境保护制度

如前文所述，我国《深海法》篇幅虽短，但是包含大量要求承包

---

[1] 德国 2010 年《海底开采法》第 2 条第 7 款。

者在深海资源勘探开发过程中采取环境保护措施的条款。

首先,在总则部分,《深海法》第1条就规定,制定该法的目的之一便是保护海洋环境,促进深海海底区域资源的可持续利用。随后第3条规定,环境保护是在深海勘探开发活动中所需要坚持的原则之一。第4条规定,国家制定有关深海区域资源勘探开发的计划采取经济、技术政策和措施以提升海洋环境保护的能力。第6条又规定,国家鼓励和支持深海环境保护方面的国际合作。

其次,《深海法》的第三章对环境保护制度作出了专门的规定,其中所列出的制度包括确定环境基线、环境影响评估、环境监测等制度,承包者需要采取必要措施保护和保全稀有或者脆弱的生态系统,以及衰竭、受威胁或者有灭绝危险的物种和其他海洋生物的生存环境。

最后,其他章节亦包含有关深海环境保护的规定。如第二章(勘探、开发)第7条规定,申请人向国务院海洋主管部门提交的材料中需要包括勘探、开发活动可能对海洋环境造成影响的相关资料,海洋环境严重损害等的应急预案;第9条、第11条规定承包者的义务包括保护海洋环境,并且发生或者可能发生严重损害海洋环境等事故时,承包者应当立即启动应急预案,采取一切实际可行与合理的措施防止、减少、控制对海洋环境的损害。又如,第五章(监督检查)还作了规定,要求对海洋环境保护执行情况进行检查,被检查者要给与配合。除了第三章、第五章的规定以外。第六章(法律责任)作了进一步规定,承包者如果违反相关的环境保护的规定要承担相应的法律责任,包括行政责任、民事责任和刑事责任。

我国国内立法所规定的这些深海环境保护措施不低于《公约》以及国际海底管理局的相关标准,《深海法》中规定的这些环境保护制度将会在今后的具体行政规章中进一步细化和充实。事实上，我国在海洋环境保护方面已经积累了十分丰富的经验。我国的《海洋环境保护法》以及《防治海洋工程建设项目污染损害海洋环境管理条例》中规定了诸多制度用以应对海洋资源开发和利用过程中可能造成的环境污染和生态的破坏。这些制度包括排污总量控制制度、海洋环境质量标准制度、突发污染事故通报制度、重大海上污染事故应急计划制度等。这些制度为我国完善深海活动中的环境保护制度奠定了良好的基础。

4. 解读《深海法》第三章环境保护条款

我国《深海法》第三章有关环境保护的规定共包含3条，这3条包含了丰富的环境保护制度和原则。

第12条强调了先进的科学技术在防止、减少、控制海洋环境污染方面的作用，要求承包者在合理、可行的范围内采用先进的科学技术来应对可能产生的海洋环境污染，此条属于对承包者在合理范围内采用先进技术的义务性的规定。

第13条中罗列了基线制度、环评制度、监测制度这三种制度。如前文所述，这三种制度在国际海底管理局出台的规章中都有相关规定。因此，实施这三种环境保护措施既是承包者作为合同一方履行其对国际海底管理局的环保义务，也是其作为被许可人所应当履行的国内法义务。

第14条是有关保护生物多样性以及可持续利用海洋资源的原则性规定。可持续发展原则并不是新的概念，早在不同的领域被强调，并且已经受到全球的广泛认同，是调和环境和发展的精神指标。在国际环境法中，通过诸多国际条约、宣言的实践，可持续发展隐约已经具有国际习惯法的地位。我国《深海法》的这条规定强调当代人在开发和利用深海资源的过程中不应当威胁到后代人对此种资源的利用。《公约》规定深海区域海底资源是人类共同继承的财产,这里的人类应当理解为包括后代人。代际公平是可持续发展的一个重要内容,从这个意义上说,可持续发展原则也起到了协调当代人和后代人之间利益冲突的作用。

深海海底区域内蕴藏着极其丰富的资源,深海海底资源勘探和开发在20世纪七八十年代就开始受到各国关注,然而囿于技术尚未成熟等原因,深海活动尚未真正的开展。如今,随着科学技术的发展,深海资源的勘探开发逐渐成为可能,该议题再一次受到各国关注。我国作为海洋大国,已经切实做到积极履行我国在《公约》下的义务,采取一切可能采取的立法、行政等措施,规范受到我国担保的承包者的深海活动,确保他们的行为符合《公约》以及国际海底管理局的相关规定。制定《深海法》是维护我国海洋利益的重要一步。我国作为负责任的大国,深知深海活动可能对海洋环境以及海洋生物多样性造成的影响。我国的《深海法》强调在深海活动中承包者的环境保护义务,要求承包者采取诸多环保措施以使深海活动对海洋环境的影响最小化,本着可持续发展的原则开发和利用这块属于"全人类共同继承财产"的资源。

二、构建中国深海海底资源勘探开发法律体系

(一)构建中国深海海底资源勘探开发法律体系之必要性

1. 为我国深海资源勘探开发实践提供法律保障

作为管理局理事会的主要成员,我国在区域资源的勘探和研究开发方面开展了大量的工作,取得了非常显著的成就。我国目前在国际海底区域已经有五块资源勘探的海域,其中三块是中国大洋协会作为承包者同管理局就多金属结核、多金属硫化物、富钴铁锰结壳这三种资源签订的勘探合同。

2014年4月29日,中国大洋矿产资源研究开发协会与国际海底管理局在北京签订国际海底富钴结壳矿区勘探合同,标志着我国继 2001 年在东北太平洋获得 7.5 万平方公里多金属结核矿区、2011 年在西南印度洋获得 1 万平方公里多金属硫化物矿区后获得的第三块具有专属勘探权和优先开采权的矿区。2015 年 7 月 20 日,在牙买加首都金斯敦举行的国际海底管理局第 21 届会议上,中国五矿集团公司提交的多金属结核勘探工作计划获得批准。这是我国获得的第四块位于国际海底区域的专属矿区,也是发展中国家以企业名义获得的第一块矿区。2017 年 5 月 12 日,中国五矿集团公司与国际海底管理局在北京举行了多金属结核勘探合同签署仪式。2019 年 10 月 18 日,北京先驱高技术开发公司与国际海底管理局在中国北京签订了多金属结核勘探合同。未来十年将是深海活动发展的重要阶段,我国将继续在国际海底区域积极拓展深海资源勘探开发的新疆域,捍卫我国的海洋权益。

作为发展中深海大国、资源勘探大国、资源利用大国,积极参与深海海底资源的勘探开发对我国无疑具有重要的战略意义。因此,从现实需求的层面来看,我国在国际海底区域越来越多的资源勘探活动以及将来的开发活动对我国建立和完善深海法律制度提出了迫切的需求,我国亟待构建深海法律体系为我国捍卫深海利益保驾护航。

2. 履行国家担保义务

为了规范深海海底区域资源勘探开发活动,推进深海科学技术研究、资源调查,保护海洋环境,促进深海海底区域资源可持续利用,维护人类共同利益,我国于 2016 年 2 月 26 日通过了《深海法》,该法于 2016 年 5 月 1 日生效。我国的《深海法》对深海活动的行政管制机关、勘探和开发许可证制度、承包者的权利和义务、深海活动中的海洋环境保护等事项作出了相关规定。

在国内层面,制定《深海法》是捍卫我国深海利益的第一步,为受到我国担保的承包者从事深海活动提供了法律上的保障;在国际层面,制定《深海法》是我国对《公约》中要求缔约国承担国家担保义务的回应,是我国作为负责任大国承担国际义务的体现。

就缔约国的国家担保义务而言,国际海洋法法庭海底争端分庭针对瑙鲁代表团向管理局提交的"就担保国的责任和赔偿责任问题请国际海洋法法庭海底分庭提供咨询意见的提议"发布了第17号咨询案,对国家担保义务的内涵进行了阐释:

(1) 担保国确保受其担保的承包者的行为合规是担保国承担的一种尽职的义务。因此,该义务要求担保国采取一切合理的措施,通过制定国内法律和行政法规,有效管控其管辖的人员;

(2) 担保国尽职义务的程度同深海活动可能带来的风险高低相关;风险较高的活动(如开发活动),需要更高程度的监督和照顾;

(3) 尽职义务要求担保国通过制定法律法规和采取"行政措施"确保承包者的行为符合《公约》、国际海底管理局出台的规章,以及其他国际法的规定;

(4) 担保国可以采取预防措施、使用最佳环保做法,并要求承包者进行环境影响评估(environmental impact assessment,EIA)等措施来履行其尽职义务;

(5) 担保国在区域活动范围内的尽职义务不会因为其国家发展状况不同(如是否是发达国家)而不同,即发达国家与发展中国家的尽职担保义务标准是一样的；

（6）担保国可能对其未履行其尽职义务而造成的损害负责，但此种损害赔偿责任非严格责任（strict liability），即担保国可以以尽到尽职义务来抗辩，无须承担损害赔偿责任。

在此种背景下，英国议会于2013年6月启动了对其1981年《深海开采法律》（临时规定）修订的工作。自2013年6月19日起，经过英国下议院一审程序、下议院二审、下议院委员会辩论、下议院报告阶段、下议院三审、上议院一审、上议院二审、上议院委员会阶段、上议院三审等程序，最终于2014年5月14日通过皇室之御准（Royal Assent），通过2014年的《深海采矿法》。此外，斐济、捷克共和国、汤加、图瓦卢、新加坡、比利时、瑙鲁等国家也陆续通过了本国的管制国际海底区域资源勘探开发的法律。①

因此，缔约国有义务采取一切必要措施，确保受其担保的承包者遵守《公约》以及国际海底管理局制定的规章、国际习惯法等。这里的"采取一切必要措施"包括制定相关的国内法律和规章并采取行政措施，如缔约国安排国内行政管理机构对受该国担保的承包者的深海海底资源勘探开发活动进行监督和检查，确保对承包者的活动进行有效管控。如果缔约国已经制定相关法律且在正常情况下受其担保的承包者遵守相关法律便可以避免某种损失发生，则该国对相关损失没有赔偿责任，此即"担保国免责"规则。缔约国的国家担保义务是一种尽职（due-diligence）义务，缔约国必

---

① Fiji: International Seabed Mineral Management Decree 2013; Singapore: Deep Seabed Mining Bill 2015; Tonga: Seabed Minerals Act 2014; Czech Republic: Prospecting, Exploration for and Exploitation of Mineral Resources from the Seabed beyond Limits of National Jurisdiction. Act No. 1582000 of 18 May 2000; Belgium: Law on Prospection, Exploration and Exploitation of Resources of Seabed and Sub-soil thereof Beyond Limits of National Jurisdiction 2013; Nauru: International Seabed Minerals Act 2015; Tuvalu: Seabed Minerals Act 2014.

须履行这一义务。①

根据《公约》的规定，缔约国有义务确保其所担保的承包者遵守《公约》以及国际海底管理局出台的规章。缔约国通过制定国内法以及采取相应的行政措施来达到对承包者行为的管控，因此，国家担保制度是带有浓厚的行政管制属性的制度，与民事法律中的担保制度有着根本的区别。从域外的立法例中可以看出，这些国家国内法中规定的担保制度的构建一般是通过事前设定一定的准入条件，事中对承包者进行监督和检查来实现对承包者的有效管控。因此，国内行政机关在深海活动中承担着重要的角色。在国内行政管制机构的组成方面，各国的立法一般有两种做法：其一，将深海活动的管制事务纳入现存的行政机构中，即扩大现有管制机构的职能，如英国、新加坡的做法；其二，成立新的行政机构来履行深海活动管制的职责，如斐济、汤加、图瓦卢、瑙鲁等国的做法。

目前，在我国的实务操作中，(原)国家海洋局下设中国大洋矿产资源研究开发协会办公室，作为管理和监督中国在国际海底区域开展勘探开发活动的管理机构。大洋协会办公室通过颁布和执

---

① 沈灏：《我国深海海底资源勘探开发的环境保护制度构建》，载《中州学刊》2017年第11期。有关国家担保义务的论述请参见张辉：《国际海底区域开发国之担保义务研究》，载《中国地质大学学报(社会科学版)》2014年第4期；谭宇生：《国际海底勘探开发的国家义务与责任》，载《太平洋学报》2013年第9期；I. Plakokefalos, Seabed Disputes Chamber of the International Tribunal for the Law of the Sea, *Journal of Environmental Law*, 2012, 24, 133-144. See also T. Poisel, Deep Seabed Mining: Implications of Seabed Disputes Chamber's Advisory Opinion, *Australian International Law Journal*, 2012, 19, 213-233; David Freestone, Advisory Opinion of the Seabed Disputes Chamber of International Tribunal for the Law of the Sea on "Responsibilities and Obligations of States Sponsoring Persons and Entities with Respect to Activities in the Area," *American Society of International Law Insights*, 2011, 15, 7, available at https://www.asil.org/insights/volume/15/issue/7/advisory-opinion-seabed-disputes-chamber-international-tribunal-law-sea-, last visited 2023/2/26.

行相关条例和细则,一直在严格管理和监督我国在国际海底区域进行的与测量设计、活动方案、探测设备、样本收集和采用有关的活动,以确保大洋协会在国际海底区域开展活动时遵守《公约》和其他相关法律文书。①

根据我国《深海法》的相关规定,我国深海海底活动的行政监管机构是国务院海洋主管部门。该法规定了国务院海洋主管部门诸多职责,其中包括对深海海底区域资源调查和勘探、开发活动的监督管理;对申请者提交的材料进行审查,对于符合国家利益并具备资金、技术、装备等能力条件的,应当在 60 个工作日内予以许可,并出具相关文件;对承包者履行勘探、开发进行监督检查。②

我国《深海法》采纳了许可证制度来实现事前的准入审查。《深海法》第 7 条规定,中华人民共和国的公民、法人或者其他组织在向国际海底管理局申请深海海底区域资源勘探、开发前,应当向国务院海洋主管部门提出申请。第 8 条第 1 款规定,国务院海洋主管部门对符合相关条件并符合国家利益的申请予以许可,出具相关文件。结合这两条的规定,可以看出我国的《深海法》采取的是许可证制度并且许可证的种类包含勘探许可证和开发许可证。

《深海法》是我国拓展深海新疆域的行为规范,是我国深海战略实施的途径和手段,《深海法》的制定和执行是为了实现"管控好、保障好、准备好"我国深海海底区域活动这一目标。

《深海法》的出台是捍卫了我国在国际海底区域从事资源勘探开发的利益,我国作为负责任的大国,有义务保证我国所担保的承包者遵守《公约》以及国际海底管理局出台的勘探和开发规章。目

---

① 张梓太、沈灏、张闻昭:《深海海底资源勘探开发法研究》,复旦大学出版社,2015 年,第 233 页。
② 《深海法》第 5、8、19 条。

前国际海底管理局已经出台了三个勘探资源的规章,有关开发资源的规章也正在紧锣密鼓地制订中。按照国际海底管理局的规划,预计近几年可以正式出台有关海底资源的开发规章。届时随着各承包者勘探合同陆续到期,深海海底资源开发活动也将拉开序幕。

我国出台的《深海法》是我国管制承包者深海活动的"基本法"。然而仅仅有《深海法》是不够的,《深海法》中的诸多制度性的规定都是笼统的、原则性的,需要出台相关的配套制度。建立一个完整的管制我国承包者深海活动的法律体系,进一步细化、落实《深海法》中所规定的这些制度,是我国承担国际义务、规范受我国担保的承包者从事深海海底资源勘探开发活动的必要,亦是我国捍卫海洋权益、走向海洋大国和海洋强国的战略需求。制定《深海法》的相关配套法律制度的出发点同我国制定《深海法》的出发点是一致的,都是为了实现和加强对我国承包者深海活动的有效管控,履行我国在国际法下的义务。①

3. 形塑国家管辖范围外深海资源开发利用的国际规则

我国积极参与全球海洋治理。针对国际海底管理局发布的《开发规章》(草案),我国强调,《开发规章》作为落实"'区域'及其资源属于人类共同继承财产"原则的重要法律文件,应完整、准确、严格地遵守《公约》以及《1994年执行协定》的规定和精神。《开发规章》应明确、清晰地界定区域内资源开发活动中有关各方的权利、义务和责任,确保国际海底管理局、缔约国和承包者三者的权利、义务和责任符合《公约》以及《1994年执行协定》的规定,确保承包者自身权利和义务的平衡;应以鼓励和促进区域内矿产资源

---

① 张梓太:《构建我国深海海底资源勘探开发法律体系的思考》,《中州学刊》2017年第11期。

的开发为导向,同时按照《公约》及其《1994年执行协定》的规定,切实保护海洋环境不受区域内开发活动可能产生的有害影响。《开发规章》的制订应从当前社会、经济、科技、法律等方面的实际情况出发,基于客观事实和科学证据,确立相适应的制度、规则和标准;还应借鉴各国在陆上或国家管辖海域内开发矿产资源的惯常实践和有益经验,考虑与拟议中的国家管辖范围外生物多样性资源的国际协定的相关规定相协调。①

全球治理体系正处于调整变革的关键时期,我们要积极参与国际规则的制订,做全球治理变革进程的参与者、推动者、引领者,全球海洋治理是全球治理重要的一环。在国际层面,有关深海海底矿产资源的《开发规章》以及国家管辖范围外生物多样性资源的国际协定正在谈判和制订中,我国在国际谈判中已经不断发出中国声音,影响国际谈判的走向以及最终国际规则的制定。我国应当尽快出台有关国家管辖范围外深海资源开发利用的中国方案,建成顶层设计高瞻远瞩、政策制定和执行统筹协调的高效有力的海洋管理体系机制,如此将更加有利于我国在国际谈判上发出中国声音,影响和形塑国家管辖范围外深海资源开发利用的国际法律制度和规范。

(二) 构建中国深海海底资源勘探开发法律体系的总体思路

自我国第一部专门规范深海海底区域活动的法律——《深海法》于2016年2月26日发布,我国拉开了构建深海海底资源勘探开发法律体系的大幕。按照国家海洋主管部门的规划,2017年5月发布的《深海海底区域资源勘探开发许可管理办法》以及2017

---

① 中华人民共和国政府关于《区域内矿产资源开发规章草案》的评论意见,https://ran-s3.s3.amazonaws.com/isa.org.jm/s3fs-public/documents/EN/Regs/2018/Comments/China.pdf,最后访问:2019年2月19日。

年12月发布的《深海海底区域资源勘探开发样品管理暂行办法》和《深海海底区域资源勘探开发资料管理暂行办法》只是完善《深海法》配套法规体系的第一步,更多的配套法规将陆续问世。这些法律法规将构成我国深海海底资源勘探开发法律体系,一同为我国深海海底区域活动的开展保驾护航。

尽管构建中国深海海底资源勘探开发法律体系是一个循序渐进的过程,但我国对于深海海底资源勘探开发法律体系构建研究的需求急迫。一是我国需尽快制订深海行政法规、部门规章和采用行政措施来履行担保国责任;二是我国政府部门、企业、科研机构等不同主体进入深海活动的兴趣与日俱增,但深海勘探与开发等活动的有序进行有赖于深海海底资源勘探开发法律体系的确立。随着国际海底区域资源开发规章制订工作的逐步开展与国际海底管理局定期审查的稳步推进,深海海底区域国际法律秩序正经历着大调整与改革,我国正处在一个变革的深海法律秩序时代。我国在国际海底区域拥有三种资源五块矿区,积累了先期战略优势。目前国际海底区域从资源勘探向资源开发过渡,要维持在国际海底区域的先期战略优势,我国必须第一批进入深海资源开发。缺乏完善的国内立法,无论是从履行国际义务、规范保障我国深海活动还是从国际舆论角度看,都对我国极为不利。

构建深海资源勘探开发法律体系需统筹规划,既要结合我国深海实践、深海安全战略目标、《深海法》的基础,又要考虑深海科技发展、深海商业开发时机的预判、国际制度和规则的发展;既要维持法律规则的稳定性,又需要保持深海相关技术标准、规程的开放性。

因此需在充分研究的基础上,统一规划,兼顾近期/中期/远期目标,按进度安排,最终做到整个法规体系内容完善、层次分明、结构合理。在构建配套法规体系的过程中,国务院海洋主管部门应发挥主导作用,不仅需要制订职权范围内的配套法规,还应依据《深海法》联合相关政府部门,共同构建配套法规体系。在这一过程中,国务院海洋主管部门应当占据主导地位,运筹帷幄。具体来讲,对于《深海法》中促进深海科技发展、人才培养、企业鼓励、深海公共平台等规定,应依据《深海法》第 5 条确立的管理体制,国务院海洋主管部门应积极主动联合其他职能部门,促进出台指导意见,将相关政府部门的管理职能统一并纳入以《深海法》为基石的法规体系中,避免造成各自为政的局面。

在步骤方面,我国深海资源勘探开发法律体系的构建是一个循序渐进的过程,不可能在短期内实现,因此应当步步为营,稳扎稳打,以深海战略为指导、以《深海法》为依据、以深海实践需求为导向,逐步构建。

（三）构建中国深海海底资源勘探开发法律体系的基本原则

国际海底管理局有关开发国际海底区域资源的规章以及其他配套管制措施有望在近几年出台,国际海底资源勘探的国际法律制度将会在未来几年迅速地发展和完善。部分承包者的勘探资源合同已经到期并处于 5 年的延期状态,[1]随着深海科学技术的发展,商业性开发深海海底区域资源也将逐渐成为现实。我国在建立以《深海法》为基石的深海海底资源勘探开发法律体系的过程中,应当密切关注国际层面法律制度和资源勘探开发实践的最新发展,坚持科学性原则、协调性原则和开放性原则。

---

[1] See Status of contracts for exploration and related matters, including information on the periodic review of the implementation of approved plans of work for exploration, https://ran-s3.s3.amazonaws.com/isa.org.jm/s3fs-public/files/documents/isba-26c-4-en.pdf, last visited 2020/6/4.

1. 科学性原则

构建深海海底资源勘探开发法律体系应当从实际出发,结合我国承包者深海海底资源勘探开发活动的实践,以我国出台的深海战略规划和《深海法》为基础,遵行科学性原则。深海海底资源勘探开发法律体系的构建应当具有一定的前瞻性。深海资源勘探开发的科学技术在迅速的发展。2017年9月,日本已经在其专属经济区成功大规模地试验采矿,这为日本在深海海底区域资源开发奠定了坚实的技术层面的基础。我国在深海资源勘探开发实践方面亦非常积极,中国五矿集团公司在2017年5月同国际海底管理局签订多金属结核的勘探合同之后,便于8月29日从青岛启航,奔赴东太平洋克拉里昂-克利珀顿断裂带区域执行多金属结核矿区调查任务。我国在构建国内深海海底资源勘探开发法律体系的同时也应当强调我国在国际舞台上的积极参与,影响深海海底资源勘探开发国际法律规则的制订。

2. 协调性原则

同其他国内法相比,缔约国制定的有关深海海底资源勘探和开发的国内法具有其特殊性,其中一个重要的特点是:该法一定要同国际层面国际海底管理局制定的有关勘探和开发的规章相衔接、相协调,要处理好国内程序中的国家担保同国际程序中的签订勘探和开发合同等程序之间的关系。①

国际海底区域资源勘探和开发活动包括探矿、勘探和开发这三个阶段,涉及三方面的主体:担保国(缔约国)、承包者以及国际海底管理局。这三者之间在国际海底区域资源勘探开发活动中的

---

① Hao Shen, International Deep Seabed Mining and China's Legislative Commitment to Marine Environmental Protection, *Journal of East Asia and International Law*, Volume 10, Number 2, 2017.

权利和义务关系如下:

（1）国际海底管理局与缔约国之间：这两者之间的义务是单向的，只存在缔约国对国际海底管理局的义务，此种义务关系规定在《公约》中；

（2）国际海底管理局与承包者之间：在国际海底管理局接受承包者勘探开发资源的工作计划之后，承包者与国际海底管理局签订勘探开发合同，合同中载明双方相互之间的权利和义务，此种权利和义务是双向的；

（3）缔约国与承包者之间：它们两者之间的法律关系是通过国内的立法以及相关的行政措施进行规制的，其权利和义务关系亦是双向的。

我国在构建深海法律体系的过程中应当把握好这三个主体之间的权利和义务关系。一方面，我国作为担保国应当采取措施管制承包者的勘探开发活动，使其符合《公约》和国际海底管理局出台的相关规章的规定；另一方面，我们也不应当给承包者施加过多的义务，过多过重的义务可能会降低潜在承包者投入深海活动的积极性。为了维护我国的海洋权益，我们应该为公私企业积极投入深海海底资源的勘探和开发活动提供一定的激励，此种激励措施包括税收、政府采购、政府为公私企业的深海活动提供信贷支持等措施，鼓励公私企业和民众积极投入深海活动，拓展国家海洋权益。①

3. 开放性原则

当前，越来越多的受到《公约》缔约国担保的潜在承包者都在积极地向国际海底管理局提交深海海底资源的勘探申请，申请的

---

① 张梓太、沈灏：《深海海底区域资源勘探开发立法研究——域外经验与中国策略》，载《2014年全国环境资源法学研讨会（2014.8.21～22·广州）论文集》。

主体也呈多元化的趋势,深海海底资源的勘探开发实践和科学技术都在迅猛地发展。为了迎接即将成为现实的海底资源的开发,国际海底管理局也在抓紧资源开发的制度建设和规章的草拟,法律和技术委员会也在不断地更新海底资源勘探开发的规程和相关的指南,可以说深海海底资源勘探开发国际法律制度正在形成、完善和充实。在此种国际大背景下,我国在构建的深海海底资源勘探开发法律体系应当本着开放的原则。深海海底资源勘探开发法律体系应当是不断完善和丰富的,是非封闭的,需要积极地去关注国际上深海制度的最新发展,并在立法和制度上作出相应调整和更新。

(四)中国深海海底资源勘探开发法律体系的具体内容

1.宏观层面的框架与体系

国际海底区域是人类拓展生存新空间的战略支点,是国际社会完善全球治理的前沿阵地,是我国海洋强国建设的重要组成部分。我国将维护和拓展这一领域的利益纳入 2015 年《国家安全法》和 2016 年《深海法》。尤其是《深海法》的实施,使得我国对外履行国际海底区域活动担保国责任、对内促进深海能力建设有法可依。《深海法》内容概括、提纲挈领,是规范我国深海活动的基本法,它需要一整套配套法规来实现规范深海活动、提升深海能力的立法目标。因此,我国亟须构建以《深海法》为基石的配套法规体系,来回应现实需求。

(1)构建以《深海法》为基石的配套法规体系的目标

① 落实《深海法》的目的,推进我国的深海战略

《深海法》是我国深海战略的行为规范,是我国深海战略实施的途径和手段,制定《深海法》的目的是为了规范深海海底区域资源勘探开发活动,推进深海科学技术研究、资源调查,保护海洋环

境,促进深海海底区域资源可持续利用,维护人类共同利益。

《深海法》规定了勘探开发许可制度、检查监管制度以及责任追究制度,是为了实现"管控好"我国承包者从事深海活动之目的;《深海法》中有关海洋环境保护、人身财产保护之规定是为了实现"保障好"我国承包者从事深海活动之目的;《深海法》中有关推进深海科学技术研究、资源调查以及提升资源勘探开发和环境保护能力的规定是为了实现为我国承包者"准备好"从事深海活动之目的。

② 科学反映《深海法》所囊括的制度内涵,构建深海海底区域活动法律框架

同域外国家国内立法相比,我国《深海法》的篇幅不算长,但是其中所内含的制度却极其丰富,这些配套制度是构成我国深海法律体系的要素。构建以《深海法》为基石的配套法规体系的目标亦在于将《深海法》中所蕴含的诸多制度进一步细化,形成环环相扣的制度体系,为我国推进深海战略提供法律上的保障。

(2) 构建以《深海法》为基石的配套法规体系的具体内容

仔细阅读《深海法》的条文,将《深海法》所蕴含的诸多制度进行梳理,笔者认为,我国配套法规应当至少包括《许可证管理办法》《环境保护管理办法》《深海样品汇交与利用管理办法》《应急预案指南》《深海公共平台建设和运行指南》《深海科学技术标准》《促进深海科学技术发展指导意见》《促进深海科学普及指导意见》以及《促进深海国际合作指导意见》。这九大配套规范构成了我国以《深海法》为基石的配套法规体系,这些法规所规定的相关制度也正是对《深海法》所包含的诸多制度的阐释与细化。这些法规的制定依据、具体内容、必要性、可操作性、紧迫性以及规范的法律位阶罗列于表4。

表 4 以《深海法》为基石的配套法规

规范名称	依据	内容	必要性	可操作性	紧迫性	规范级别
《许可证管理办法》①	《深海法》第7、8、10、23条等	规范深海海底区域勘探开发主体的法律准入条件以及国家对深海勘探开发实施之有效监督管理这两大问题	具体落实《深海法》"管控好"深海海底区域资源勘探开发活动的重要目标，履行国家担保义务	借鉴我国行政许可、海洋环境保护、矿产资源法律制度，国际海底管理局勘探规章等内容	高，应当尽早制定完成	高，如部门规章
《环境保护管理办法》	《深海法》第12、13、14条等	规范深海海底区域资源勘探开发活动中进行环境调查、环境监测与环境影响评价	环境保护是开展深海海底区域活动的重要要求，是"管控好"深海活动的重要目标，履行国家担保义务	借鉴我国海洋环境保护的相关法律制度、国际海底管理局勘探规章等内容	高，应当尽早制定完成	高，如部门规章
《深海样品汇交与利用管理办法》②	《深海法》第18条	规范深海资源勘探开发活动获得的样品资源的汇交、保管利用	开展深海活动的重要要求，促进深海科学技术交流，合作及成果共享，履行国家担保义务	借鉴我国大洋样品管理的相关规定	高，应当尽早制定完成	高，如部门规章

① 国家海洋局已于 2017 年 4 月 27 日出台《深海海底区域资源勘探开发许可管理办法》，http://www.comra.org/2018-01/04/content_40131552.htm，最后访问：2019 年 2 月 17 日。

② 国家海洋局已于 2017 年 12 月 29 日出台《深海海底区域资源勘探开发样品管理暂行办法》和《深海海底区域资源勘探开发资料管理暂行办法》。

续 表

规范名称	依 据	内 容	必要性	可操作性	紧迫性	规范级别
《应急预案指南》	《深海法》第3、11条	规定面对突发事件如严重损害海洋环境、人身、财产的应急管理、指挥、救援计划等	开展深海活动的重要要求,"保障好""管控好"深海活动的重要目标,履行国家担保义务	借鉴我国相关应急预案管理办法以及国际海底管理局勘探规章等内容	高,应当尽早制定完成	高,如部门规章
《深海公共平台建设和运行指南》	《深海法》第16条	规范深海公共平台的建设和运行,建立深海公共平台共享合作机制	建设及运行深海公共平台有利于促进我国深海事业发展,避免资源浪费	借鉴我国其他领域及域外公共平台的建设	中,应当在充分规划研究后制定	中,如部门规范性文件
《深海科学技术标准》	《标准化法》	规定深海科学技术、环境保护等方面的标准	规范深海活动,促进海事业发展,推动建立海活动秩序,促进深海活动,环境保护,资料汇交等方面在技术上相互协调和配合	借鉴国际海底管理局出台的有关深海科学技术和环境保护等方面的指南	中,应当在充分规划研究后制定	中,如部门规范性文件

续 表

规范名称	依 据	内 容	必要性	可操作性	紧迫性	规范级别
《促进深海科学技术发展指导意见》	《深海法》第4、15条	规定如何推进深海科学技术研究与资源调查,支持企业进行深海科学技术装备研究和技术装备研发	开展深海活动的基本前提,"准备好"深海活动的重要目标	借鉴《科学技术法》、《科学技术成果转化法》,我国其他领域促进科技发展的相关规定等内容	中,应当在充分规划研究后制定	低,如行政指导
《促进深海科学普及指导意见》	《深海法》第17条	规定促进深海科学普及活动的相关指导性措施	提高公众的科学素质,为公众了解基本的深海科学知识提供官方的途径	借鉴《科学技术普及法》等内容	中,应当在充分规划研究后制定	低,如行政指导
《促进深海国际合作指导意见》	《深海法》第6条	规定促进深海国际合作方面的指导性措施	深海海底区域资源勘探开发是一个国际性议题,各国应当互相合作,这是《深海法》的要求,也是相关国际法的规定	借鉴我国其他领域国际合作的内容	中,应当在充分规划研究后制定	低,如行政指导

2. 微观层面的制度与规范

(1)《深海法》配套法律规范现状之检讨

自从《深海法》于 2016 年 5 月 1 日施行以来,为了实施《深海法》,作为国务院海洋主管部门的原国家海洋局制订了一系列配套制度。2017 年 4 月 27 日,国家海洋局正式印发实施《深海海底区域资源勘探开发许可管理办法》(以下简称《许可管理办法》)。[①]《许可管理办法》根据《深海法》《中华人民共和国行政许可法》等有关法律制定,以期加强对深海海底区域资源勘探、开发活动的管理,规范深海海底区域资源勘探、开发活动的申请、受理、审查、批准和监督管理,促进深海海底区域资源可持续利用,保护海洋环境。2017 年 12 月 29 日,国家海洋局印发了《深海海底区域资源勘探开发样品管理暂行办法》(以下简称《样品管理暂行办法》)[②]和《深海海底区域资源勘探开发资料管理暂行办法》(以下简称《资料管理暂行办法》)[③]。这两部暂行办法根据《深海法》《中华人民共和国保守国家秘密法》和《中华人民共和国档案法》等有关法律法规制定,旨在规范深海海底区域资源勘探、开发和相关环境保护、科学技术研究、资源调查活动中所获取深海样品与资料的管理,充分发挥深海样品与资料的作用,促进深海科学技术交流、合作及成果共享,保护深海样品与资料汇交人权益。

[①] 国海规范〔2017〕6 号,海洋局关于印发《深海海底区域资源勘探开发许可管理办法》的通知,http://www.gov.cn/gongbao/content/2017/content_5227831.htm,最后访问:2020 年 1 月 2 日。

[②] 国海规范〔2017〕14 号,海洋局关于印发《深海海底区域资源勘探开发样品管理暂行办法》的通知,http://www.gov.cn/gongbao/content/2018/content_5299621.htm,最后访问:2020 年 1 月 2 日。

[③] 国海规范〔2017〕15 号,海洋局关于印发《深海海底区域资源勘探开发资料管理暂行办法》的通知,http://www.gov.cn/gongbao/content/2018/content_5299622.htm,最后访问:2020 年 1 月 2 日。

自这三份规范性文件颁布以来,国际和国内的形势都发生了巨大的变化。国际层面,深海海底资源勘探开发在实务层面和法律规范层面的发展如火如荼。2018年3月、7月和2019年3月、7月国际海底管理局召开了两届年会,有关深海海底资源开发的《开发规章》已形成初稿,并且经过成员国、利益相关方的评论,日趋完善,国际海底管理局预计近几年正式出台《开发规章》。国内层面,2018年3月十三届全国人大一次会议表决通过了国务院机构改革方案,国务院大部制改革落定,决定组建新的自然资源部。新组建的自然资源部整合了原国土资源部、国家发改委、水利部、农业部、林业局等八大部委对水、草原、森林、湿地及海洋等自然资源的确权登记管理等方面的职责。同时组建的生态环境部,将原环境保护部的职责及其他六个部委的相关职责整合了起来。国家海洋局被"分解"成三大块,主体并入新组建的自然资源部,环保职能并入生态环境部,海警则编入武警序列。至此,中国海洋管理将开启新模式。

国际、国内层面诸多因素的变化对已出台的三份规范性文件提出了新的挑战,修订这三份规范性文件具有相当的必要性和紧迫性。具体而言,下文将从宏观层面(三份文件的位阶)和微观层面(三份文件的具体内容)这两个面向进行论述。

首先,宏观层面而言,三份规范性文件的法律位阶较低,应当提高到行政规章的位阶。根据《深海法》的规定,国务院海洋主管部门是管理深海活动的主要行政机关,在大部制改革之前由国家海洋局担任这一角色。[①] 但是《许可管理办法》《资料管理暂行办

---

① Yen-Chiang Chang, Xiuhua Li, The Disappearance of the State Oceanic Administration in China? — Current Developments, *Marine Policy*, 2019, 107, 103588.

法》以及《样品管理暂行办法》只是国家海洋局发布的规范性文件，位阶较低，权威性亦有待提高。大部制改革之后，管理深海海底资源勘探开发的牵头部门变成自然资源部，国务院其他有关部门按照国务院规定的职责负责相关管理工作。如此一来，自然资源部作为执行《深海法》的行政机关，有权力也有义务根据《深海法》中的具体授权条款制定相应的行政管制规章。如根据《深海法》第7条的授权，自然资源部有权制定有关行政许可的行政规章；根据第18条的授权，自然资源部有权制定有关样品、资料汇交的行政规章。因此，大部制改革后，自然资源部所面临的一个紧迫的任务是根据《深海法》的相关授权条款，出台相应的行政规章。

其次，就微观层面而言，三份规范性文件的具体内容应当满足以下两个要求：其一，以《深海法》以及全国人大出台的《深海法》的权威解释为基础，不得与两者有冲突；其二，应当反映出国际层面有关资源开发规章的最新内容。纵观国家海洋局2017年出台的三份规范性文件，在满足前述的两大要求方面，它们都存在一定的问题。如，《许可管理办法》第18条第2款规定，被许可人向国际海底管理局提交年度报告时，应同时将年度报告报国家海洋局备案。按照该条的规定，被许可人在向国家海底管理局提交年度报告时仅仅需要向海洋局备案，而该条中的"备案"制度是同国家担保这一制度精神相背离的，也不符合制定《深海法》所要达到"管控好"承包者深海活动这一目的。根据《深海法》的立法初衷，为了切实履行国家担保义务，凡是需要提交到国际海底管理局的材料都应当经过缔约国国内主管海洋事务的相关机关的审核。又如，国际层面有关开发规章的讨论在国际海底管理局的每一年的年会都是重点，经过多次征求意见和大会讨论，开发规章的具体内容和相关制度也越来越翔实，但是这些最新的发展并没有融入三份规范性文件中,因此对这三份文件的修订亦需要结合国际层面有关规范的最新发展。

综上,诸多因素决定了我国目前迫切需要修改2017年国家海洋局出台的三份规范性文件:在宏观层面,三份规范性文件的位阶较低、自然资源部既有权力亦有义务根据《深海法》的授权制定相应的规章;在微观层面,三份规范性文件的具体内容亟待修订和更新。为了更好地履行我国在《公约》下的国家担保义务,进一步做好有关深海活动的"管控好""准备好""保护好"三方面工作,我国修订三规范的具体内容并提升其法律位阶的工作迫在眉睫。

(2) 勘探开发许可和海洋环境保护配套规范

前文从宏观层面就我国深海海底资源勘探开发法律体系的框架、结构和所包含的规范进行了探讨,我国制定《深海法》的初衷是为了实现对申请人/承包者深海活动的管控,履行国家担保义务。而勘探开发许可制度和海洋环境保护制度是《深海法》所包含的"制度群"中的核心,是我国履行国家担保义务所必须构建和完善的两大制度。在前文所罗列的所有《深海法》的配套规范中,制订这两个配套制度的紧迫性是最高的,规范级别也是最高的,因此下文就我国《深海法》的这两个制度亮点——勘探开发行政许可制度以及海洋环境保护制度的配套法律规范的制订(或修改)作出探讨。

① 勘探开发许可制度与规范

a. 出台部门规章级别的许可管理办法的必要性与紧迫性

i. 出台部门规章之必要性

根据《立法法》《行政诉讼法》《行政复议法》《行政处罚法》《规章制定程序条例》《自然资源部立法工作程序规定》《自然资源规范性文件管理规定》等有关法律、法规规章的规定,自然资源部有权根据《深海法》第7条、第8条的授权制定有关深海海底资源勘探、开发许可的规范性文件或部门规章。

作为具体执行《深海法》的国务院海洋主管部门,自然资源部有必要出台部门规章级别的许可管理办法,而不仅仅是规范性文件。下文将从部门规章和规范性文件在功能方面、法院审判依据方面、是否可以被行政相对人提出审查方面的不同来论证出台部门规章级别的许可管理办法的必要性。

（i）功能上

《许可管理办法》作为大部制改革之后,自然资源部出台的第一个执行《深海法》的配套法律规范,其目的和功能不仅在于进一步细化《深海法》中有关许可和监督检查的相关规定,更在于理顺、构建中国大洋管理体制,加快中国大洋协会办公室从项目管理向事务管理转型的步伐,强化大洋行政管理的统筹协调和综合管理,使得中国大洋事务管理局进入实质运作阶段。通过修订原《许可管理办法》,以部门规章级别的法律规范赋予中国大洋事务管理局对深海资源勘探和开发活动的行政许可及相关职能。《许可管理办法》是大部制改革后首个将要出台的《深海法》配套法律规范,通过此《许可管理办法》所建立的大洋管理体制将贯穿于整个以《深海法》为基石的法律体系。

唯有自然资源部部门规章才是实现此"体制构建"功能之合适规范载体,部门规范性文件的法律位阶太低,不应当也不能够成为实现此功能之规范载体。

（ii）部门规章可以作为人民法院审判案件的参照

《立法法》第91条第1款规定,国务院各部、委员会、中国人民银行、审计署和具有行政管理职能的直属机构以及法律规定的机构,可以根据法律和国务院的行政法规、决定、命令,在本部门的权限范围内,制定规章。据此,自然资源部有权在本部门权限范围内制定部门规章。根据《行政诉讼法》的规定,部门规章可以作为审判相关行政案件的参照依据。

《行政诉讼法》并未对规范性文件能否作为审判行政案件的依据作出规定。《行政诉讼法》第 63 条规定:"人民法院审理行政案件,以法律和行政法规、地方性法规为依据。地方性法规适用于本行政区域内发生的行政案件。人民法院审理民族自治地方的行政案件,并以该民族自治地方的自治条例和单行条例为依据。人民法院审理行政案件,参照规章。"

根据《行政诉讼法》第 63 条规定,规范性文件未被列举在依据或者参照范围之内,因此规范性文件应当不能作为法院审理行政案件的依据或者参照。

因此,若申请人或被许可人因为勘探开发许可或监督检查等事项提起行政诉讼,自然资源部出台规章级别的《许可管理办法》可以直接作为人民法院在审理有关深海海底资源勘探开发许可以及监督检查相关的行政纠纷之依据或者参照。

(ⅲ) 部门规章可以免于行政相对人提出的合法性审查

根据现有规定,行政相对人可对规范性文件申请合法性审查,但不能对部门规章申请合法性审查。

《行政复议法》第 7 条规定:

"公民、法人或者其他组织认为行政机关的具体行政行为所依据的下列规定不合法,在对具体行政行为申请行政复议时,可以一并向行政复议机关提出对该规定的审查申请:(一) 国务院部门的规定;(二) 县级以上地方各级人民政府及其工作部门的规定;(三) 乡、镇人民政府的规定。

前款所列规定不含国务院部、委员会规章和地方人民政府规章。规章的审查依照法律、行政法规办理。"

据此,行政相对人(申请人或被许可人)认为自然资源部依据规范性文件作出的具体行政行为不合法时,在提起行政复议的同时可以申请复议机关对该规范性文件做合法性审查,这给规范性文件的合法性以及将来的执行都带来了一定的不确定性。以上是行政相对人申请审查自然资源部规范性文件的一个方式,行政相对人不能单独申请审查自然资源部规范性文件的合法性,并且《行政复议法》明确规定了,可申请行政复议机关审查合法性的文件范围不包括自然资源部的规章。

ii. 出台部门规章之紧迫性

除了前文所论证的出台部门规章的必要性外,国内层面和国际层面的诸多因素都决定了自然资源部出台部门规章级别的勘探开发许可管理办法的紧迫性。

其一,在国内层面,我国《立法法》第66条规定,法律规定明确要求有关国家机关对专门事项作出配套的具体规定的,有关国家机关应当自法律施行之日起一年内作出规定。《深海法》从2016年开始实施,就其配套规定而言,目前仅有2017年国家海洋局出台的三个规范性文件。这三个规范性文件的法律位阶太低,且实体规范上亦存在诸多瑕疵。在规章层面,我国目前尚无任何相关法律规范。因此,自然资源部出台部门规章级别的《许可管理办法》是对《立法法》相关规定的回应,具有相当的紧迫性。此外,将《许可管理办法》提升为部门规章将更加有效地落实和执行《深海法》。部门规章级别的《许可管理办法》具有更高的权威性,可以更有效地实现对承包者(被许可人)深海活动的管控,规范承包者的深海行为。《深海法》中有明确的法律条款授予自然资源部制定许可规章的权力,自然资源部应当根据《深海法》的授权尽快在其权限范围内制定具体的许可规章。

其二,在国际层面,我国目前在国际海底区域拥有五块勘探矿区,且深海活动正进入发展的快车道,随着承包者勘探合同的到期,深海海底资源的开发活动也将拉开序幕。而同勘探活动相比,开发活动给海洋带来的不确定性更多,可能引发的纠纷和责任亦随之增加。因此,将原《许可管理办法》提升为部门规章具有相当的紧迫性。

将《许可管理办法》提升为部门规章,有助于提高《许可管理办法》的权威性,将更有利于我国履行国家担保义务。我国国内所采取的立法和行政措施是我国履行《公约》下国家担保义务的具体体现。根据国际海底管理局的相关要求,缔约国应当将其在国内所采取的立法和行政措施提交于管理局,管理局已经建立了缔约国国内法的数据库,以便国际社会可以公开获取各缔约国所采取的立法和行政措施的相关信息。

将原《许可管理办法》提升至部门规章可以向管理局和各缔约国传达一个信息,即中国作为负责任大国,作为国际海底区域五块矿区承包者的担保国,承诺将严格履行国家担保义务这一国际法义务,中国将采取一切合理的立法和行政措施来规范承包者的深海活动,确保承包者遵守《公约》及其附件、《1994年执行协定》以及国际海底管理局颁布的规则、规章和程序。

出台法律位阶较高的部门规章来规范我国承包者的深海活动是我国在深海活动从勘探阶段向开发阶段过渡时期在立法层面的必然选择,是构建以《深海法》为基石的深海法律体系的重要一步,这一举措无疑将给国际海底管理局乃至国际社会一颗"定心丸",彰显负责任大国之姿态,体现了中国的国际责任感与大国担当。深海海底资源是人类共同继承财产,落实全人类和平、有序、公平的共享深海海底资源是构建习总书记所提出的

"海洋命运共同体"①的重要组成部分。而我国出台法律位阶较高的部门规章来规范我国承包者的深海活动是我国履行国家担保义务、推动全人类构建"海洋命运共同体"的必要措施,是我国为构建"海洋命运共同体"所贡献的中国智慧。此外,我国通过法律位阶较高的部门规章来实现对承包者深海活动的管控,这也为其他国家积极履行国家担保义务带来示范效应。

b. 主要考量因素

修订原《许可管理办法》,主要考虑三个基本因素:一是严格依据《深海法》《行政许可法》等上位法律;二是体现深海海底区域资源勘探开发的特殊需求,尤其是做好一定前瞻性的立法安排;三是同国际层面有关资源的勘探、开发规章接轨,反映国际层面相关规则的最新发展。

第一,《深海法》《行政许可法》等法律为《许可管理办法》的修订提供了依据、指引和限制。《深海法》规定了深海海底区域资源勘探开发许可的申请审批、延期、转让、变更和终止的基本要求。如《深海法》第7条规定了申请材料的类别及范围;第8条对审查及批准申请的程序及期限等基本问题作出规定;第10条规定转让勘探开发权利义务前应当报经国务院海洋主管部门同意,转让、变更或者终止合同后应备案等。这些制度及《行政许可法》中一些普

---

① 2019年4月,习近平主席在集体会见出席海军成立70周年多国海军活动外方代表团团长时指出,海洋对于人类社会生存和发展具有重要意义。海洋孕育了生命,联通了世界,促进了发展。我们人类居住的这个蓝色星球,不是被海洋分割成了各个孤岛,而是被海洋连结成了命运共同体,各国人民安危与共。海洋的和平安宁关乎世界各国安危和利益,需要共同维护,倍加珍惜。习近平主席希望大家集思广益、增进共识,努力为推动构建海洋命运共同体贡献智慧。这一重要讲话顺应人类社会的共同意愿和基本追求,提出了构建海洋命运共同体的重要倡议。参见范恒山:《积极推动构建海洋命运共同体》,《人民日报》2019年12月24日第9版:http://paper.people.com.cn/rmrb/html/2019-12/24/nw.D110000renmrb_20191224_2-09.htm,最后访问:2020年6月2日。

遍性要求，都应体现在新《许可管理办法》的具体规定中。

第二，深海海底区域资源勘探开发在我国目前尚未形成全社会普遍参与开展的活动，尤其是在国内外尚未开展真正意义上的商业性开发活动，国际海底管理局关于资源开发的相关规范也尚未出台。国内外关于深海海底区域资源的勘探开发管理制度仍处于不断发展变化中。因此，新《许可管理办法》与《深海法》一样，应体现深海海底资源开发的未来发展需求，具有一定的前瞻性、引导性，预留将来实际开发管理的适度空间，不宜过于繁琐。

第三，申请人所提交的勘探、开发许可申请材料（以及许可延期和变更的申请材料）都应当同国际海底管理局所要求申请材料保持一致，避免申请人因为国内的管制需要而准备两套材料。修订后的新《许可管理办法》的主体部分主要是关于勘探、开发许可实施流程的规定，辅之以附件的形式将申请人申请勘探、开发许可的相关材料附在新《许可管理办法》正文之后，附件所规定的相关材料反映出国际层面勘探、开发规章的最新发展。如此安排在于强调《许可管理办法》的流程属性（procedure-oriented），勘探、开发许可的实施流程是不变的，而实体规范却可能随着国际层面有关规范的发展而需要不断更新。以附件的形式对相关内容作出规范，便于日后对这些内容的修订和更新。

c. 有关原《许可管理办法》修订的具体建议

根据《公约》《1994年执行协定》以及国际海洋法法庭海底争端分庭发布的第17号咨询意见，深海海底资源勘探开发过程中，担保国有义务确保承包者遵守其同国际海底管理局签订的合同、《公约》以及国际海底管理局出台的其他规则。但是此种担保义务不是绝对的，担保国只需要尽到最大注意义务，需要采取最合理的措施来保证承包者遵守相关规定即可。这些措施包括担保国制定相关的法律来规范接受其担保的承包者从事深海活动,并采取相关的行政措施来确保这些法律被贯彻和实施。根据上位法《深海法》第7条的规定,中华人民共和国的公民、法人或者其他组织在向国际海底管理局申请从事深海海底区域资源勘探、开发活动前,应当向国务院海洋主管部门提出申请,获得勘探开发许可。我国所采用的许可证制度实际上是我国履行国家担保义务的手段。

国际层面的开发规章正在谈判制订过程中,国际海底管理局通过颁布规章、指南和标准等法律规范不断完善和丰富国际海底制度。相应地,构建中国国内的深海法律体系应当持有一个开放的态度,这是一个渐进的、不断完善的过程。因此,修订后的许可办法应当强调管理办法的流程属性(procedure-oriented),新《许可管理办法》的主体部分主要是关于国际海底区域资源勘探、开发许可实施流程的规定,辅之以附件的形式将申请人申请勘探、开发许可的相关材料附在新《许可管理办法》正文之后。如此的架构安排之目的在于保持许可管理办法的灵活性:国务院海洋主管部门可以在正文内容不变的情况下,通过灵活修改附件的内容使《许可管理办法》同国际层面有关资源的勘探、开发规章接轨,反映出国际层面相关规则的最新发展。

在国内主管机关(国务院海洋主管部门,即自然资源部)具体实施许可过程中,建议构建"自然资源部—中国大洋事务管理局"的深海资源勘探、开发活动的"两阶式"管理体制。在2018年国务院大部制改革之后,自然资源部成为国家海洋主管部门,也负责对我国深海海底区域资源勘探、开发和资源调查活动的监督管理。[①]

[①] Yen-Chiang Chang and Nannan Wang, The Restructuring of the State Oceanic Administration in China: Moving Toward a More Integrated Governance Approach, *The International Journal of Marine and Coastal Law*, 2015, 30, 795-807.

但自然资源部需要确定具体实施上述职能的部门或单位。在这方面,中国大洋事务管理局成为最佳选择。在国家管辖范围外深海资源勘探、开发领域,中国大洋事务管理局无论在理论还是实践层面都是最专业的机构,由中国大洋事务管理局凭借其专业能力受理、审查申请人提交的材料以及制定、修订新《许可管理办法》的附件具有一定的正当性。在国际层面,国际海底管理局的运作模式可以提供一定的指引:法律和技术委员会作为专业机构负责具体的审查申请人申请材料的工作,法律和技术委员会有权力向理事会建议授予申请人勘探、开发合同,但是最终决定是否授予申请人勘探、开发合同的主体是理事会。同样,域外的一些国家亦采用了类似的管制模式,比如库克群岛,其具体受理审查申请人申请材料的机构是其国内设立的具有专业技能的"库克群岛大洋管理局",但是最终准予发放许可(或者国家担保证书)的主体是矿业部部长。①

但通过何种形式使得中国大洋事务管理局负责具体实施深海海底区域资源勘探、开发活动的行政许可以及相关监督检查,值得思考。一方面不能违反相关法律(如《行政许可法》)规定;另一方面又要注意真正赋权给中国大洋事务管理局,不能使得此种赋权缺乏可操作性而流于形式。基于以上因素的考量,笔者认为可供考虑的方案大致有以下两种。

第一种方案是通过行政委托的形式使得中国大洋事务管理局进入实质运作。也就是说,国务院海洋主管部门委托中国大洋事务管理局实施勘探、开发的行政许可。此外,国务院海洋主管部门

---

① See Cook Islands Seabed Minerals Act 2019; https://static1.squarespace.com/static/5cca30fab2cf793ec6d94096/t/5d3f683993ea3f0001b7379c/1564436729995/Seabed+Minerals+Act+2019, last visited 2020/6/1.

应当委托中国大洋事务管理局制定、修改《许可管理办法》附件,经国务院海洋主管部门批准后公布。

此种行政委托具有充足的法律依据,它是出于管理上的需要,某一行政主体(委托人)委托另一行政主体或其他组织及个人(被委托人)以委托人的名义代行职权或其他事务,其行为效果归属于委托人的法律制度。[①]《行政许可法》第24条规定:

"行政机关在其法定职权范围内,依照法律、法规、规章的规定,可以委托其他行政机关实施行政许可。……委托行政机关对受委托行政机关实施行政许可的行为应当负责监督,并对该行为的后果承担法律责任。"……

《行政许可法》第24条所规定的委托许可是行政许可机关依照法律、法规、规章的规定,将其行使的行政许可权委托给其他行政机关行使。其委托事项是行政许可权,即最终决定是否批准、发放许可的权力,或行政许可决定权。受托机关以委托机关的名义实施行政许可,委托行政机关对受委托行政机关实施行政许可的行为应当监督,并对该行为的后果承担法律责任。与授权组织实施行政许可不同,委托实施行政许可不是行政许可权的重新配置,行政许可权还属于法律、法规规定的主管机关,规章规定委托没有违背职权法定原则。

实施行政许可是法律、法规赋予行政机关的权力,是法定职权,除非有法律、法规或规章作为依据,行政机关不得自行委托。如果没有法律、法规或者规章作为依据,行政机关可以自行委托,可能会使实施行政许可的主体混乱,从而导致乱许可,妨碍设立行政许可制度的目的实现。行政许可主要是法律、法规设定的,对于

---

① 黄娟:《行政委托内涵之重述》,载《政治与法律》2016年第10期。

需要委托其他行政机关实施的,法律、法规在设定时一并作出规定,符合行政许可法定的原则;除省级政府的规章外,规章一般没有行政许可设定权。为什么规章也可以规定委托许可呢?这是考虑到:第一,与授权组织实施行政许可不同,委托实施行政许可不是行政许可权的重新配置,行政许可权还属于法律、法规规定的主管机关,规章规定委托没有违背职权法定原则;第二,委托许可是委托给其他行政机关,不是其他组织,也不是个人,其他行政机关如果能够履行好其主管的职权,也应当能够履行好委托给它的职权;第三,除了法律、法规或者规章的规定外,具体还要由实施行政许可的行政机关来委托,由其对受委托的行政机关实施的行政许可进行监督,并对后果承担法律责任,可以防止受委托许可出现混乱的问题。因此,《行政许可法》规定规章也可以规定委托许可,这是委托许可与授权许可的区别所在。根据《行政许可法》的规定,规章不能授权具有管理社会公共职能的组织实施行政许可。

但是通过行政委托的形式需要面临一个问题,即中国大洋事务管理局并非行政机关,而是公益事业单位,其能否成为被委托的对象尚存疑问。笔者认为,2018年大部制改革确立了自然资源部海洋主管部门的法律地位,但是深海海底区域资源勘探开发活动的管理体制改革仍在继续,其中大洋协会/大洋事务管理局的改革成为核心内容。无论如何,从国家以及国务院海洋主管部门相关层面看,加快我国大洋管理职能部门从项目管理向事务管理转型,已经成为共识,改革后的大洋事务管理局应当具有一定深海海底区域资源勘探开发活动管理的行政职能。因此,在相关改革仍在进行、大洋事务管理局/大洋协会办公室相关三定方案尚未出台的情况下,如能通过修订原《许可管理办法》,促进大洋事务管理局从公益事业单位向行政事业单位(参公管理单位)转变,确立大洋事务管理局是具体实施我国深海活动管理的部门的法律地位，这对我国深海管理体制以及大洋事务管理局本身来说都是具有相当意义的。

如果实施第一种方案的形式条件尚不成熟，也可以退而求其次，通过第二种方案来实现大洋事务管理局的实质运作，即直接在正文中写清中国大洋事务管理局负责的事项，例如"中国大洋事务管理局负责受理、审查申请人提交的深海海底区域资源勘探、开发许可申请，并提出相关建议"。这种方式实际上也是一种委托，但是此种委托不同于《行政许可法》第 24 条中所规定的行政许可委托。《行政许可法》第 24 条中的委托对象（即受委托方）必须是根据我国相关组织法成立的行政机关，且委托的事项是行政许可权。但是在此方案的委托中，自然资源部所委托的事项实际上只是中国大洋事务管理局受理、审查许可申请材料的具体工作并提出相关建议，最终批准或不批准许可的机关仍然属于国务院海洋主管部门，即自然资源部。类似可以参考的立法例有《南极考察活动行政许可管理规定》，该管理规定的第 9 条就有类似的规定："国家海洋行政主管部门负责本规定第三条所列考察活动的审批，国家海洋局极地考察办公室承担具体工作。"

此种形式的委托避免了中国大洋事务管理局法律地位不明确或瑕疵所带来的合法性上的问题。实际上，从实务角度来观察，自然资源部于 2019 年 7 月公布的《深海海底区域资源勘探开发许可审批事项服务指南》[1]中所构建的管理体制实际上已经承认了中国大洋事务管理局受理、审查深海海底区域资源勘探开发许可申请人材料的权力。例如，该指南的"办理基本流程"规定，政务大厅

---

[1] 参见《深海海底区域资源勘探开发许可审批事项服务指南》，http://search.mnr.gov.cn/axis2/download/P020190729378297974028.pdf，最后访问：2020 年 6 月 2 日。

接受申请材料后送自然资源部大洋办(中国大洋事务管理局)。自然资源部大洋办(中国大洋事务管理局)对申请材料予以审查,决定接受受理申请或者审查不通过请申请单位补证或者不予以受理。按程序报处长、司长审核和部办公会审核审议,并作出批准决定。

因此笔者建议,新《许可管理办法》可明确规定中国大洋事务管理局负责实施相关深海管理工作。关于如何具体阐述清楚中国大洋事务管理局的职能工作,有两种方法可供考量：一种是直接在新《许可管理办法》中写清楚中国大洋事务管理局具体负责的工作;另一种是笼统地规定中国大洋事务管理局负责实施相关深海管理工作,而具体工作的描述留待未来出台新《许可管理办法》的细则或以其他合适法律文件为载体进行规定。鉴于深海海底区域的特殊法律地位、不断发展的深海海底区域资源勘探、开发活动所处的国际环境,以及中国大洋事务管理局的特殊作用,建议直接在新《许可管理办法》中写清楚中国大洋事务管理局具体负责的工作。

②《深海法》的环境保护配套管理办法制订思路之探讨

《深海法》中有关环境保护的强调固然是值得肯定的,但是囿于法律篇幅的限制,《深海法》并没有就承包者如何采取具体环境保护措施作出细致的规定。立法者在起草《深海法》的过程意识到,国际层面有关国际海底区域资源开发的规章正在制订中,开发规章的草案中设有专章对海洋环境保护事项作出规定,诸多环境保护制度尚在讨论中。因此在环境保护这一议题还在不断发展、国际上的制度也在慢慢形成的背景下,立法者细致地对承包者环境保护义务作出规定是不合实际的,尤其考虑到环境议题涉及诸多科学层面的因素,在深海环境保护方面的决策也存在着诸多的不确定和未知。①

因此,《深海法》中有关环境保护的原则性条款有待于配套的实施办法(或细则)作出进一步地规定。通过环保配套制度的构建来进一步完善资源勘探开发中的海洋环境保护制度是立法者下一步工作的重点之一。《深海法》中包含数条"授权性"的条款,授予国务院海洋主管部门对有关事项作出进一步的规定:我国《立法法》规定,法律规定明确要求有关国家机关对专门事项作出配套的具体规定的,有关国家机关应当自法律施行之日起一年内作出规定,法律对配套的具体规定制定期限另有规定的,从其规定。根据《深海法》第13条的规定,作出如下解释:国务院海洋主管部门应就勘探开发环境保护措施作出具体的配套规定。② 因此,这为下一步制定相关的配套规定留下了一定的空间。

根据我国《深海法》所制定的深海海底区域资源勘探开发环境保护配套实施办法,应当对承包者所需要采取的环境保护措施进行规范,明确承包者在深海海底资源勘探开发过程中环境保护方面的各项义务,并指导其采取环境保护措施,履行环境保护义务。制定环境保护配套实施办法同我国制定《深海法》的目的是一致的,主要目的在于"管控",这也是我国履行国家担保义务所需。

配套实施办法应当明确规定深海海底资源勘探开发的整个过程中承包者和政府管制机构在环境保护方面的义务。深海海底资源勘探开发的技术是发展的,但是流程应当不变。配套实施办法

---

① Hao Shen, International Deep Seabed Mining and China's Legislative Commitment to Marine Environmental Protection, *Journal of East Asia and International Law*, 2017, 10(2), 489-509.
② 《深海法》第13条规定:"承包者应当按照勘探、开发合同的约定和要求,国务院海洋主管部门规定,调查研究勘探、开发区域的海洋状况,确定环境基线,评估勘探、开发活动可能对海洋环境的影响;制定和执行环境监测方案,监测勘探、开发活动对勘探、开发区域海洋环境的影响,并保证监测设备正常运行,保存原始监测记录。"

的制定应当采取一种"程序强化"(procedural-oriented)的模式：从程序上来说，可以将整个深海海底资源勘探开发的过程分成申请前、申请阶段、勘探开发阶段，配套实施办法应当明确在各个阶段承包者在环境保护方面应当采取何种措施或者提交何种资料，以及国内的行政管制机关（国务院海洋主管部门）在整个过程中应当承担何种义务。[1]

a. 申请前的环境和资源调查

潜在申请者从事深海资源方面的调查，获取相关海域资源和环境的资料是其提出勘探和开发申请的前提。《深海法》规定，国家制定有关深海海底区域资源勘探、开发规划，并采取经济、技术政策和措施，鼓励我国公民、法人和其他组织积极从事深海科学技术研究和资源调查，提升资源勘探开发和海洋环境保护的能力。潜在申请人应当充分利用这些经济、技术政策和措施，积极从事深海海底区域资源的调查，获取充分的深海海底区域环境和资源的资讯，为下一步申请打好基础。

b. 申请阶段相关主体采取的环境保护措施

在申请阶段，申请人所需要采取的环境保护措施主要体现在其提交给国务院海洋主管部门的环境保护相关材料，而国务院海洋主管部门在这个阶段的义务就是负责审查申请者所提交的材料，对符合要求的申请人核发勘探、开发许可证。

需要注意的是，深海海底区域资源的勘探和开发对环境的影响必然会有较大的差异，因此申请勘探许可证和开发许可证所需要提交的环境方面的资料也应当有所区别。申请勘探许可证时，

---

[1] Hao Shen, The Next Step of Devising China's Legal Regime for Deep Seabed Mining — The Environmental Regulation under China's Deep Seabed Mining Law, *Coastal Management*, 2018, 46(3), 210-221.

申请人应当提交：(a) 对海洋学和环境基线研究方案的说明，以便评估拟议勘探活动对环境的潜在影响；(b) 关于为防止、减少和控制对海洋环境的污染和其他危害，以及可能造成的影响而提议的措施；(c) 拟议勘探活动可能对海洋环境造成影响的初步评估；(d) 对于拟议勘探活动可能对海洋环境造成的严重损害，申请人应当提交应急预案。①

而申请开发许可证时，申请人应当提交：(a) 拟议开发活动对海洋环境可能造成影响的评估；(b) 对拟议开发活动的环境监测计划；(c) 对于拟议开发活动可能对海洋环境造成的严重损害，申请人应当提交应急预案；(d) 拟议开发活动的终止作业计划。②

c. 勘探开发阶段相关主体采取的环境保护措施

在勘探开发阶段，承包者应当采取具体的环境措施，而国务院海洋主管部门在这个阶段主要负责监管和检查承包者的勘探开发行为。

承包者采取的环境措施包括确立环境基线、评估环境影响、进行环境监测、报告环境监测情况、汇交环境监测资料、在发生或可能发生严重损害海洋环境的事故时启动应急预案、配合国务院海洋主管部门的监督和检查等措施。

d. 环境数据的收集、汇交和使用

深海海底资源勘探开发活动对承包者科学技术和财力上的要求非常高，承包者在从事深海资源的探矿、勘探和开发过程中会搜

---

① 参见《深海法》第7条、《指导承包者评估区域内海洋矿物勘探活动可能对环境造成影响的建议》第26段、《多金属结核规章》第18条、《多金属硫化物规章》第20条、《富钴铁锰结壳规章》第20条。
② Hao Shen, The Next Step of Devising China's Legal Regime for Deep Seabed Mining — The Environmental Regulation under China's Deep Seabed Mining Law, *Coastal Management*, 2018, 46(3), 210-221.

集到诸多海洋和海洋资源方面的信息。环境方面的信息包括环境基线的信息、环境监测过程中所获得的数据、环境影响评价过程中承包者向国务院海洋主管部门提供的相关资料和信息。除了环境方面的信息，承包者也会搜集到诸多有关勘探区域资源的信息，包括地质、生物、化学等方面的数据。承包者应当按照国务院海洋主管部门的相关规定收集和汇交以上相关数据。

我国《深海法》第3条规定，深海海底区域资源勘探开发活动应当坚持合作共享的原则。因此，本着合作共享的原则，承包者在深海活动中所获得的非机密性的数据和资料应当提交给国务院海洋主管部门，并在符合相关保密规定的情况下免费供科学分析和研究使用。

e. 技术性条款的处理

制定配套实施办法必然会涉及诸多海洋环境科学方面的事项，比如具体如何确定环境基线，应当搜集有关基线的哪些信息，环境监测过程中应当监测哪些事项，针对不同资源是否要区别对待，等等。考虑到目前国际上尚未有开发深海海底资源的实践，国际海底管理局正在制订《开发规章》，有关开发阶段所采取的技术性的环境保护措施还有待进一步讨论和研究，因此就这些科学技术层面的规定，建议在办法的附则部分规定我国的承包者直接参考国际海底管理局法律和技术委员会出台的相关指导和建议（如《环境影响评估建议》以及法律和技术委员会今后可能出台的技术性指导意见），从事相关的环境调查和环境影响评价等活动。

第二节　深海生物多样性资源利用与保育之中国立场与行动

在人类迈向海洋工业革命之际，国际海底区域矿产勘探开发、生物资源利用等活动的规模与力度逐渐扩大,尤其是大规模商业化海底采矿经过几十年的探讨与实践已越发接近现实。受此影响,国际海底区域生物多样性所面临的威胁以及该领域对系统性法律规制的需求也在与日俱增。既有的国际海底区域生物多样性相关法律规制体系不仅无法适应正处于快速变化中的国际海底区域人类活动与国际海底区域科学认知的不确定性状态等挑战,而且其自身所存在的各种局限性也严重地阻碍了保护与可持续利用国际海底区域生物多样性这一国际目标的有效达成。

与此同时,中国作为一个负责任的海洋大国,如何在处理国际海底区域生物多样性规制问题上展现与"新时代"海洋强国目标、人类命运共同体理念相匹配的因应策略至关重要。因此,本节针对目前国际海底区域生物多样性法律规制的目标,在中国已有实践与贡献的基础上,结合中国国情与基本利益诉求,提出中国未来因应国际海底区域生物多样性法律规制的相关具体路径与策略。

一、中国参与国际海底区域生物多样性开发与保护的情况

随着国家海洋实力的逐步提升,中国已经成为快速发展中的海洋大国。党的十九大报告明确提出要加快海洋强国建设,同时也要推动构建人类命运共同体。近年来,国际社会针对包括BBNJ在内的国际海底区域生物多样性问题及其新规则的制定展开了多次政府间谈判,中国高度重视并积极参与其中。值得注意的是,有关对待海洋开发利用与保护的观念从中国古代亦可寻见,并且至今已经发展出符合时代变化的新形式和新样态。在认清现实的基础上,明确符合自身利益的需求是未来中国参与相关法律规制设计、提供中国方案与智慧、争取国家合法利益的重要前提。

(一) 中国的主要实践与贡献

经过长期的发展,中国在开发国际海底区域上已经积累独特的优势。随着"天鲲号""蛟龙号"等国产深海特种装备的出现,深海生物基因资源产业在取样、实验室分离培养等部分领域取得了具有一定国际影响力的研究成果。中国目前已经在国际海底区域拥有三类重要矿产资源矿区的勘探开发授权。① 这些现实情况表明,中国未来有进一步迈向国际海底区域的迫切需求,尤其是对于此处大量的矿产资源与潜力巨大的海洋遗传资源的需求。经过梳理,中国自《公约》制定之时起在参与国际海底区域生物多样性相关事务上的情况如下。

1. 科技与开发领域

中国在过去的几十年间高度重视深海战略,在深海及海底的勘探调查能力与分析技术不断提升。诸如"蛟龙号"深潜器、矿物结核观测系统等一批高技术装备的应用,使中国对太平洋赤道水域、中太平洋海盆、东太平洋海盆,以及部分印度洋、大西洋等海区进行了50多航次的调查研究,在此过程中不仅圈探出多达30万平方公里的远景矿区,而且也对多种不同深海海底特殊生境下生存的生物资源及其生物群落结构特征进行了调查,在深海热液喷口、海山地貌、海沟地貌、深渊地貌等处获取了大量深海微生物样本。目前,针对这些从深海海底获取的生物,中国已经对超过百余个新物种进行了鉴定以及大量生物作用机制方面的研究,完成了4 000多株微生物资源的利用价值潜力评估工作,共申请专利两百余件(其中获得专利授权的达几十件),建成了中国大洋深海生物

---

① 根据从国际海底管理局网站获得的资料,截至2020年1月,中国和国际海底管理局签订的国际海底区域矿产勘探开发授权合同已达5项,占全球所有承包商的1/6,其中多金属结核矿区3项,多金属硫化物矿区1项,富钴结核矿区1项。

基因研发基地、深海微生物菌种保藏管理中心等深海基因资源库与工作平台。①

在与国际海底区域生物多样性密切相关的深海海底矿产开发领域,中国早在20世纪90年代便独立向国际海底管理局申请注册成为先驱投资者,并在东北太平洋海底多金属结核矿区得到了一块15万平方公里的开辟区。②中国大洋矿产资源研究开发协会、中国五矿集团、北京先驱高技术开发公司分别于2001年、2017年、2019年同国际海底管理局签订了多金属结核勘探合同;中国大洋矿产资源研究开发协会又分别于2011年和2014年同国际海底管理局就多金属硫化物和富钴铁锰结壳签订了矿产资源勘探合同,总共在国际海底区域获得23.474万平方公里的矿产资源专属勘探区。

2. 制度建设与外交领域

自1971年中华人民共和国恢复在联合国的合法席位之后,中国在国家管辖范围以外的海洋及海底资源上的态度一直与其他发展中国家保持一致,即原则上为世界人民所共有,对其使用应当各国共同商量,而非由个别大国所垄断。因此,在《公约》的起草和制订过程中,中国也支持适用国际海底区域及其资源"人类共同继承财产原则",并由专门国际机构进行规制。③而且,中国常驻国际海底管理局代表在国际海底管理局章程、组织机构设置与表决程序等许多问题上提供了代表中国立场的观点。不仅如此,就国际

---

① 胡学东、高岩:《深海生物基因产业 蓝色经济新希望》,载胡学东、郑苗壮编:《国家管辖范围以外区域海洋生物多样性问题研究》,中国书籍出版社2019年版,第81页。
② 金永明:《国际海底区域的法律地位与资源开发制度研究》,华东政法大学博士学位论文,2005年,第213页。
③ 杨震:《中国国际海底区域开发的现状、特征与未来战略构想》,载《东北亚论坛》2019年第3期。

海底管理局已经颁布的三部有关深海探矿的法律规则以及正在制订中的采矿规则,中国代表都提供了相应的智力支持。

进入21世纪后,随着国家管辖范围外地区海洋生物多样性议题被推上国际舞台,中国全程参与了联合国组织的相关磋商、讨论与谈判工作。而且为了促成国家管辖范围外生物多样性资源相关问题能够尽可能被各国科学地认知以及取得更多共识,中国不仅积极践行着人类命运共同体理念,朝着渐进发展、公平合理与普遍参与的方向努力推动着相关谈判进程,而且还在正式谈判之外组织筹办国际研讨会,与不同国家专家开放交流,加深共识。[1]

在国内法建设中,中国于2016年通过并实施《深海海底区域资源勘探开发法》(以下简称《深海法》),其一大亮点是对深海海底环境保护的重视。《深海法》共29条,同其他国家的国内立法相比篇幅较短,但有关环境保护的规定却相对较多。"环境"一词在《深海法》中总计出现20次。[2]《深海法》本着可持续利用深海海底资源的原则,对承包者从事深海海底资源勘探开发活动的行政许可、环境保护、监督检查等制度作了规定,其中包含诸多要求承包者在深海海底资源勘探开发中采取环境保护措施的条款。《深海法》"总则"部分第1条明确了制定该法的一个重要目的是保护海洋环境,促进深海海底区域资源的可持续利用;第3条将环境保护定位为国际海底区域资源勘探开发活动必须坚持的一项原则;第4条规定国家制订深海区域资源勘探开发计划时应采取经济的、技术的政策和措施来提升海洋环境保护能力;第6条提出国家鼓励和

---

[1] 例如,2019年10月16—17日,在厦门召开的"国家管辖范围以外区域海洋生物多样性(BBNJ)养护和可持续利用国际研讨会"吸引了15个国家的专家围绕BBNJ国际文书谈判展开对话,交换意见。

[2] 张梓太:《加强深海环境保护 可持续利用深海资源——〈深海法〉环保条款的解读》,《中国海洋报》2016年3月10日,第001版。

支持深海环境保护方面的国际合作。《深海法》第3章对环境保护制度作了专门规定,确立了环境基线、环境影响评估、环境监测等制度,要求承包者采取必要的措施来保护和保全稀有或脆弱的生态系统以及濒临衰竭、受威胁或者有灭绝危险的物种和其他海洋生物的生存环境。《深海法》的其他章节中也有关于海洋环境保护的规定。如该法第2章第7条规定申请人要向国务院海洋主管部门提交其勘探开发活动可能对海洋环境造成影响的相关资料以及海洋环境遭受严重损害时的应急预案等;第9条、第11条规定承包者的义务包括保护海洋环境,当发生或者可能发生严重损害海洋环境的事故时立即启动应急预案,采取一切实际可行且合理的措施来防止、减少、控制其活动对海洋环境造成的损害。该法第5章要求国务院海洋主管部门对海洋环境保护的落实情况进行检查,被检查者要给予配合;第6章明确了承包者违反环境保护相关规定的情况下应承担的行政责任、民事责任、刑事责任等法律责任。①

(二) 中国的海洋规制思维及其发展

1. 中国古代的海洋发展观

中国拥有着漫长的海岸线、岛屿众多,自先秦以降,沿海地区的民众世代靠海为生,经过数千年的发展开创出了灿烂的中国古代海洋文明。最早从旧石器时代开始,山顶洞人利用海蚶壳作为装饰,及至夏商周时期开始出现"祭海活动",再到战国时代齐鲁先贤提出渔盐之利为富国之本的思想等,每一个具体时代背景下古代中国的发展与沿海民众的生活都离不开海洋,即便古代中国在很长时间内仍然以陆地农耕为国家基本方略;而且,随着朝代更

---

① 沈灏:《我国深海海底资源勘探开发的环境保护制度构建》,载《中州学刊》2017年第11期。

迭,古代中国的政治中心不断迁移,这也使得海洋文化更趋多样化,但总体上呈现出较强的农业性,海洋文化的根本内涵即"籍海为活""以海为田"。①

综观中国古代海洋开发利用进程,基本离不开"衣食住行"这些基本点。在"食"之方面,夏商时期《竹书纪年》中曾记载"东狩于海,获大鱼",春秋战国时期沿海渔业已经相对成熟,秦汉之后亦开始出现水产养殖业(牡蛎),而在此后宋明清时期则进一步扩大了养殖品种范围,例如珍珠贝、蚝、蛏、蟹、鲻鱼等。此外,海盐生产也是一项重要的沿海农业活动。同样,在"住(用)"之方面,常见的包括利用海洋生物入药,或是使用货贝等。② 与此同时,为了能够指导海洋生物资源的有效开发与利用,沿海人民在与海洋的长期接触中不断积累着对海洋的认知,包括海洋生物、地貌、气象和水文等诸多方面,不同朝代均有海洋专著和思想出现,并且由此形成了独特的海洋自然观。早在春秋时期,《吕氏春秋》提出了海陆大循环学说,《管子》已经提出了有关维护生态平衡与合理开发海洋生物资源的思想,③秦汉至南北朝时期的《临海水土异物志》《博物志》《南越志》等文献中则按照传统海洋生物学的体例(种类、名称、形态、习性、分布和功能等)记载了许多海洋生物,而隋唐至宋明各种有关潮汐和水产的专著则更加丰富。④ 在"行"

---

① (明)郑洪图:《蛎蜅考》,《霞浦县志》,方志出版社,1999年,"渔业篇";(清)郁永河:《采硫日记》。
② 较早的如汉代《神农本草》曾记载海藻药性和主治疾病,及至宋代《本草衍义》则记载了更多品种。
③ 《管子·八观》:"江海虽广,池泽虽博,鱼鳖虽多,罔罟必有正。船网不可一财而成也。非私草木爱鱼鳖也,恶废民于生谷也。" https://ctext.org/guanzi/ba-guan/zh,访问时间:2019年7月28日。
④ 如春秋时期时师旷所著《禽经》、范蠡所著《养鱼经》,汉代朱仲所著《相贝经》,唐代陆龟蒙所著《蟹志》,宋代付肱所著《蟹谱》、高似孙所著《蟹略》,明朝黄省曾所著《鱼经》、杨慎所著《异鱼图赞》、郑洪图所著《蛎蜅考》,清朝孙之禄所著《晴川蟹录》等。

之方面,中国古代曾有过不少大规模远航,但主要是不脱离陆标的近海航行,技术体系与西方天文导航也并不相同,而且主要是基于政治目的的活动并非民间的商业活动,有限的海上通商也完全是朝贡性质的单向外商来华。① 这极大地限制了全国海洋经济、科学技术等相关方面的发展,与古代西方海洋国家鼓励海外贸易、发展海洋经济、拓展殖民地与维护侨民利益的开放政策形成鲜明对比。

总体上,古代中国的沿海人民在海洋发展过程中虽然积聚了一定程度的海洋文化、自然成果,形成了对利用与保护海洋的自我认识,但历朝历代的统治者始终没有将掌控海洋、大力开发海洋资源作为国家发展方向之一,而是长期轻视海洋经略,执行严格控制海洋航行的政策。② 不过从某种意义上看,这也使今日中国更加深切地认识到走向深海的重要价值,并且从几千年历史积累的有关海洋生物学说、思想中汲取海洋治理的灵感。

2. 人类命运共同体理念

中华文明一脉相承,中国古代对于海洋的认识和观念有精华亦有糟粕,对当代全球海洋治理仍然具有一定的参考价值。人类命运共同体理念作为新时代背景下中国对于中华文化"和而不同"的新诠释,是一项倡导"共商、共建、共享"理念,涵盖国际关系、经济发展、文明交流、生态建设等方面的重大理论体系。人类命运共同体最初是作为一个政治理念被提出的。从国际法角度看,人类命运共同体承载着中国在新时代的国际秩序观主张,涉及国际事务治理与国际法律规则构建,这不仅是习近平总书记外交思想的

---

① 宋正海、郭廷彬、叶龙飞等:《试论中国古代海洋文化及其农业性》,载《自然科学史研究》1991年第4期。
② 胡学东:《公海生物资源管理制度研究》,中国海洋大学博士学位论文,2012年。

核心,也是对我国在全球治理方面如何做出应有贡献而提出的一个重大理论问题。① 人类命运共同体理念首次提出是2013年习近平在俄罗斯莫斯科国际关系学院所发表的题为《顺应时代前进潮流 促进世界和平发展》的演讲中,"这个世界,各国相互联系、相互依存的程度空前加深,人类生活在同一个地球村里,生活在历史和现实交汇的同一个时空里,越来越成为你中有我、我中有你的命运共同体。"② 在经历了一系列理论完善与构建之后,人类命运共同体理论已经成为中国走向世界,推动全球治理走出困境,以及转型发展的理论支撑、创新与战略指引。

责任共担与利益共享人类命运共同体理念融入全球海洋治理运行语境的两个重要部分。海洋法律秩序是国际法律秩序的重要组成部分,参与包括国家管辖范围外生物多样性资源规则在内的新型国际海洋规则的谈判亦是中国今后外交条约、法律工作的重点方向之一。开发与利用国际海底区域生物多样性相关资源,是未来全球发展的趋势,而国际海底区域的特性,决定了实现这一进程需要各国共担责任和共享利益、成果。在该领域相关具体法律规则的构建与变革过程中,维护全人类的共同利益、关心全人类的共同命运,是中国应当承担的国际责任和长远打算。人类科学技术的不断进步,一方面促使国际海底区域中的矿产资源可能在不远的将来进入商业化开发阶段,另一方面也让各国看到了深海遗传资源所蕴含的巨大潜力。为了协调各国的海洋权益,《公约》对全球海洋作了界限划分,但海洋生物物种的迁移和栖息,却不受限

---

① 邹克渊:《人类命运共同体理念与国际海洋法的发展》,载《广西大学学报(哲学社会科学版)》2019年第4期。
② 习近平:《顺应时代前进潮流 促进世界和平发展》,《人民日报》2013年3月24日,第2版。

于这些人为边界。一国无论是在其延伸大陆架上进行破坏式的资源开发作业,还是在国际海底区域这一公共场域开采资源,都会严重影响其他国家对海洋生物与非生物资源的利用,同时也容易导致公海与国际海底区域生物资源面临短期内枯竭的风险。实践中,由一国海洋活动造成跨界污染并进而给其他国家带来损害的案例不少。换言之,人类在海洋资源的利用方面是"你中有我,我中有你"的状态,而人类活动对海洋环境的破坏却可能是"一损俱损"。任何国家在国际海底区域进行资源开发利用时,都不能因为此处不属于国家管辖范围之内便"肆无忌惮",其行为最终仍然会反作用于该国自身的海洋发展计划,而且国际海底区域独特的生物多样性一旦覆灭则难以再生。

正是认识到海洋的开发、利用关乎全人类的共同命运,《公约》在序言中便提出要将各海洋区域中的种种问题作为一个整体进行考虑,在构建海洋秩序时要充分照顾全人类的共同利益和需要。例如,设置专属经济区;将国际海底区域(矿产)资源列入人类共同继承财产;规定各国在开发海洋资源时应当承担相应的环境保护义务,同时负有养护海洋生物资源之义务;不影响其他国家正常的海洋活动;以及关注内陆国家和地理不利国家的公平公正权利等。由此可见,国际社会在制订《公约》的过程中,已经充分认识到海洋的开发与利用同全人类的命运休戚相关,海洋规则的构建也更趋符合"共赢、共享"的目标。① 同样,未来在国际海底区域生物多样性新规则的制订与实施中,人类命运共同体所蕴含的责任共担与利益共享的基本理论也应当继续发展和生长下去。这要求各国将国际海底区域生物多样性的养护与可持续利用作为关乎人类今后

---

① 陈思静:《人类命运共同体与海洋法的拓展》,载《理论探索》2018 年第 5 期。

命运的长远议题来对待,即在保护中寻求人类可持续发展,在从海底获取各类资源以满足人类需求时认真安排养护制度。一方面,各国应认识到国际海底区域矿产资源和海洋遗传资源的人类共同继承遗产的法律属性,均有义务为保护好此处生物多样性承担相应的责任,而且任何不当的国家行为或私人行为都可能对此处历经长久时间形成的生态系统与生物多样性造成不可估量的危害。另一方面,要在开发利用国际海底区域矿产资源和海洋遗传资源的过程中注重"共享"思维,避免利用自身暂时的优势形成垄断独占,在利益和技术装备方面进行适当分享,从而实现对资源更加高效的利用,加快推动人类福祉进步。

(三)国家利益诉求:生态安全与国际海底区域资源开发权利的考量

当今世界正处于海洋工业革命时代,或者说深海时代。有实力的海上强国都在加快脚步迈向深海,此处的战略形势将在很大程度上影响着今后国际海洋政治的格局。同样,深海区域对中国的主权、安全与发展而言有着极为重要的特殊意义。[1] 具体从环境与资源的角度分析,有关国际海底区域资源的开发权利和生态安全是其中两项最应该重视的内容。[2]

1. 开发权利方面

在陆地资源被人类利用至极限的今天,开发包括矿产资源、生物资源等在内的各类海洋资源,是人类继续生存和发展的必然选

---

[1] 习近平指出:21世纪,人类进入了大规模开发利用海洋的时期。海洋在国家经济发展格局和对外开放中的作用更加重要,在维护国家主权、安全、发展利益中的地位更加突出,在国家生态文明建设中的角色更加显著,在国际政治、经济、军事、科技竞争中的战略地位也明显上升。习近平:《进一步关心海洋认识海洋经略海洋 推动海洋强国建设不断取得新成就》,《人民日报》2013年8月1日,第1版。
[2] 胡波:《中国的深海战略与海洋强国建设》,载《人民论坛·学术前沿》2017年第18期。

择。国际海底区域属于国际公域,^①此处丰富的生物资源(基因资源)、油气资源、空间资源和矿产资源是维系今后人类可持续发展的物质基础,而这对于人口数量众多、相对资源承载力低、生存发展压力大的中国也同样具有重要价值。

目前,中国已成为全球第一大能源矿产与主要金属矿产(粗钢、十种有色金属、黄金等)的消费国和进口国,对于矿产品的需求也在持续增加;同时,在国际海底区域资源开发利用技术领域已经具备一定的基础,在实践方面也走在国际前列。可以说,在坚持海洋环境保护的前提下积极开发国际海底区域资源是我国成为海洋强国的基本保障和战略依托。以矿产资源开发为例,截至 2019 年 7 月,中国已累积获得 5 块国际海底区域的矿产勘探合同;^②同时,《国家安全法》(2015)、《深海海底区域资源勘探开发法》(2016)出台,在法律上明确提出了中国在国际海底区域的矿产相关利益诉求。此外,中国深海生物基因产业正处于上升期,深海生物遗传资源的获取与储备支撑着国家战略性新兴产业的发展,同样也关系到重大国家安全利益。进一步说,法律属性尚不明晰的国际海底区域海洋遗传资源是中国今后必须争取的战略要素。如何保障中国能够在国际海底区域资源相关问题上获得同自身国情、国家战略需求相匹配的开发权利,是中国当前所必须考虑的。

---

① 《公约》将总面积 3.61 亿平方公里的海洋依其法律地位分为国家管辖海域、公海和国际海底三类区域。假如所有沿海国家都主张宽度为 200 海里的专属经济区,则国际海底区域面积约 2.517 亿平方公里。而实际上,国际海底管理局管理的区域达 2.3 亿平方公里。中国常驻国际海底代表处:《国际海底概况》,http://china-isa.jm.chineseembassy.org/chn/gjhd/t218858.htm,访问日期:2019 年 7 月 29 日。
② 王立彬:《我国在国际海底区域再获专属勘探区》,http://www.xinhuanet.com/2019-07/16/c_1124761504.htm,访问日期:2019 年 7 月 29 日。

2. 生态安全方面

广袤的国际海底区域以及此处独特的生态系统作为全球海洋大生态系统中的关键部分,是一个巨大的生态调节器,影响着地球的健康与安全。由于人类在此处正在或即将开展的各类开发活动可能直接引起国际海底区域乃至更广范围的海洋环境不利变化,因此而导致的诸如生物多样性丧失、气候变化、海啸、地震、海平面上升等生态问题,关乎包括中国在内的世界各国(地区)的经济发展与国家安全。

在新时代中国特色社会主义的背景下,党的十八大提出了人类命运共同体思想,不仅提炼总结出中国对未来世界发展格局的期许,而且更为我国今后参与海洋国际治理奠定了政治理论基础。在海洋领域,可描述为以 1982 年《公约》为基础和框架继续构建更加公平、合理、开放的国际海洋法律秩序,以造福全人类。[①] 一直以来,中国都在积极推动国际海洋治理,倡导在《公约》下科学合理划分海域的国家管辖内外范围及其权益,平衡海洋资源合理开发与科学保护,通过和平与协作的方式解决国家之间的海洋争端。但随着全球资源利用形势的变化,尤其是人类对国际海底区域资源进行大规模开发的日程迫在眉睫,愈发暴露出现行国际海洋法存在的不足与缺陷,如部分条约规定偏原则性,概念模糊或不周延,对于新出现的问题无法有效解决与规范。在人类命运共同体的思想之下,没有任何国家和地区能够在日益加深的海洋危机面前独善其身。为了防范在国际海底区域范围内可能发生的污染环境、过度开采资源、破坏生境等不可持续与非理性的人类行为,保护国际海底区域生物多样性,减轻海洋生态系统的压力,需要各国

---

① 黄惠康:《国际海洋法前沿值得关注的十大问题》,载《边界与海洋研究》2019 年第 1 期。

认真对待上述议题,共同推动海洋生态文明建设,承担全球海洋治理的责任,加强国际合作,形成能够适应新形势的国际海洋法律规则。就中国而言,除了争取合法合理的海洋资源及其权益外,还应当利用自身在海洋资源利用与保护领域积累的丰富国家实践经验,在当前诸如国家管辖范围外生物多样性资源新协定的制订或者《公约》条款解释与适用中贡献中国方案,增强我国在国际海洋法律规制中的制度性话语权。

二、中国需克服的国际挑战与障碍

现阶段,中国在国际海底区域生物多样性有关问题的讨论与磋商中面临着一些外在的重大客观挑战。根据已知的科学预测,人类在国际海底区域的活动将可能成为海洋环境的重要压力来源。然而,对这些人类行为的规制并非易事,诸如深海海底采矿,目前尚处于计划阶段,规制相关开发活动以防止减损国际海底区域生物多样性的过程将面临一些独特的挑战,特别体现在不确定性方面。同样,利益博弈、规制路径等方面存在的问题也为相关规制目标与谈判共识的达成增加了难度。

(一)有限的科学认知及不确定性的影响

人类有限的科学认知导致了国际海底区域人类活动的不确定性。这些科学认知的有限包括海洋初始生态状况与人类活动可能对之造成的影响,生物多样性及其价值,人类深海活动的社会、经济成本效益等方面。然而,这些未知与不确定性恰是横亘在国际海底区域生物多样性有关立法、政策制定与规制实施中日益严重的问题。换言之,人类在国际海底区域生态系统与生物多样性领域的认知缺失在客观上阻碍正确、适当的决策作出和规制实施,这些认知缺失对于希望深入参与国际海底区域资源开发利用(尤其是深海海底采矿)有关国际规则制订的中国而言自然也是需要着力解决的问题。

1. 国际海底区域生物多样性与人类活动影响方面

首先,与陆地和沿海生态系统相比,人类对于深海生态系统及生物多样性的未知更多。就当下国际海底区域资源采掘即将成为现实的时间节点来说,① 已知相关环境信息之有限着实令人担忧,许多情况仍待进一步研究查明。例如,深海海底热液喷口(科学家认为,俾斯麦海的马努斯盆地可能包含4万多个热液喷口)及其周遭是极其恶劣和具有极大毒性的环境,人类难以接近,但同时又具有独特的生态系统与生物多样性,生活在此处的许多物种是人类以前从未见识过的,相关研究十分缺乏,诸如管状蠕虫、蛤和螃蟹等热液喷口生态系统的独特支撑物种直到1970年代才被发现。②在此背景下,由于基线信息的缺乏,若要对影响国际海底区域生物多样性的人类行为实施有效规制,难度较大。

其次,目前尚不清楚诸如国际海底区域采矿等人类活动所造成的环境损害、生物多样性损失是否会比陆地矿产开发造成的损害更少抑或是更多。此前位于巴布亚新几内亚的索尔瓦拉一号项目(Solwara 1)曾被视作世界首个海底采矿项目,巴布亚新几内亚政府向负责作业的加拿大鹦鹉螺矿业公司(Nautilus Minerals)发出了为期20年的采矿租约。鉴于美拉尼西亚地区海域的生物多

---

① 一方面,根据国际海底管理局与承包商签订的为期15年的勘探合同,一旦国际海底管理局出台正式的采矿规则,这些国家和公司便有权获得开采权或进行实际的商业开采;而且,其中一些勘探合同于2021年到期,使得有关开采作业的问题迫在眉睫。另一方面,有专家预测商业深海海底采矿可能在2025年或者更早的时间开始。

② David Dodwell, As China Leads the Hunt for Deep-sea Minerals, Environmental and Financial Concerns Come to the Surface, South China Morning Post, May 7, 2018, available at https://www.cnbc.com/2018/05/07/china-leads-hunt-for-deep-sea-minerals-environmental-concerns-surface.html, last visited 2023/2/27.

样性程度极高,国际社会深切关注在此处进行深海海底采矿作业对海洋生物的影响认识不足的问题。有科学家表示:"就我们现在对深海环境的了解而言,解决所有不确定性将花费很长时间","确实需要再进行 10 至 15 年的海洋研究,以便在着手进行深海采矿之前更好地了解深海生态系统。"①鹦鹉螺矿业公司虽然承认某些海底生境将受到深海采矿作业的破坏,但却坚持相比陆基作业而言,深海海底采矿优势明显,而且相关环境干扰主要来自水流,对当地渔业、社区并无直接影响。有专家在审查该公司环境影响声明时指出,有关洋流、潮汐和海底羽流毒性的关键信息缺失,因此许多问题仍未得到解答,如污染物从深海向外输送和转移到海洋及其食物链的可能性。此外,国际海底管理局和太平洋共同体秘书处(SOPAC)早前也提出,当前人类对深海生态的知识和了解水平无法得出任何有关大型商业海底采矿效果的结论性风险评估。② 由于人类目前对深海生态系统的结构和功能的了解有限,故而无法确定与深海海底采矿等活动有关的生物多样性丧失的严重性和可接受性。③ 总之,国际社会围绕人类在国际海底区域的开发活动及其影响所展开的争论可能只是一个开始,但却是制订相应规制必须解决的问题,而中国如果想在国际海底区域生物多

---

① Catherine Wilson, Environmental Uncertainties Halt Deep Sea Mining, Inter Press Service, Dec 17, 2012, available at http://www.ipsnews.net/2012/12/environmental-uncertainties-halt-deep-sea-mining/, last visited 2023/2/27.
② 同上注。已有报道称,关于 Solwara 1 项目,"当地村民已经报告了死鱼在岸上泛滥的事件,其中包括陌生的深海生物,这些生物是任何人都不熟悉的。"URSULA DALLMAN, The Uncertainty of Deep Sea Mining, The Student Newspaper, March 7, 2018, available at http://www.studentnewspaper.org/the-uncertainty-of-deep-sea-mining/, last visited 2023/2/28.
③ Hjalmar Thiel, Gerd Schriever, Eric J. Foell, Polymetallic Nodule Mining, Waste Disposal, And Species Extinction at the Abyssal Seafloor, Marine Georesources & Geotechnology, 2007, 23(3), 209-220.

样性有关国际规则的制订与国家权益争取方面获得影响力、说服力,则必须继续加强针对深海科学的资金投入和研究力量,用技术和数据来辅助支撑中方代表在国际舞台上所提出的观点和方案。

2. 人类国际海底区域活动的"成本-效益"方面

随着国际海底区域开发利用项目的不断推进,法律、政策制定者承受着越来越大的压力,他们需要就允许这些活动的范围和条件作出决策。决策过程的重要组成部分是对潜在国际海底区域开发活动的运营成本和收益进行准确估算。然而,这一过程却是困难的,因为已知的深海生态系统与生物多样性相关经济成本或收益方面的信息甚少,而且有关保护这些生物多样性的经济价值的确凿证据仍然极为匮乏。

以深海海底采矿活动为例,其一,对于深海海底采矿的成本和是否可能产生净收益,国际社会尚无共识。现有部分研究认为,该类开发将产生积极的经济利益;[1]但另一些研究提出,这将给社会带来高昂的经济成本,并可能对国际海底区域生物多样性造成不可逆转的破坏。[2] 其二,现有对深海海底采矿的评估局限于实际采矿区域和短期效益。从更加长远的时间和更宽广的地理空间维度看,深海海底采矿所获得的短期利益与此处生物多样性所附带的产品和服务功能方面的长期利益相比,两者的经济估值高低,以

---

[1] Christine Bertram, Anna Krätschell, Killian O'Brien, Metalliferous Sediments in the Atlantis II Deep — Assessing the Geological and Economic Resource Potential and Legal Constraints, *Resources Policy*, 2011, 36(4), 315-329.

[2] C. Van Dover, S. Arnaud-Haond, M. Gianni, Scientific Rationale and International Obligations for Protection of Active Hydrothermal vent ecosystems from Deep-sea Mining, Marine Policy, 2018, 90, 20-28.

Claire W. Armstrong, Naomi S. Foley, Rob Tinch, Services from the Deep: Steps towards Valuation of Deep Sea Goods and Services, *Ecosystem Services*, 2012, 2, 2-13.

及是否能够共存发展尚不能完全确定。① 其三,对国际海底区域生物多样性与深海生态系统进行经济价值评估的重点仍然有待明确。先前的生态系统评估研究主要集中于特定生态系统商品和服务的最终市场价值,包括有可能用货币来量化的深海市场最终产出值(例如,深海捕鱼的收入或深海海底遗传资源开发生物药品的潜在收入)。然而,深海海底生态系统与生物多样性的整体功能及其运行还未得到进一步评估,其目的在于增进国际社会对生态系统商品和服务如何影响人类福祉的理解,确定如何使深海海底的经济价值最大化,从而有效应对当前面临的深海海底环境挑战。②

可以说,有关国际海底区域资源利用的未来决策和立法应基于估值角度充分考虑社会效益和成本,即何种资源使用与保护可能产生最高的社会效益,这可以成为中国方案所追求的一个方向;而且,影响国际海底区域经济价值大小的政策、法律,以及相应的市场机制也是未来深海生态系统评估需要考虑的。

(二)达成共识的困境与中国的"两难"处境

自国际海底区域生物多样性受到国际社会广泛关注以来,围绕该议题展开的讨论也随着深海海底矿产开发活动的不断推进而愈发热烈。这些讨论既包括事实层面,如人类开发活动对国际海底区域生物多样性的影响;也包含相应的法律与政策规制层面,如当前各国为制定《公约》的新协定而正在紧张进行的"国家管辖范围外海洋生物多样性保护与可持续利用问题"谈判。无论是哪一

---

① 有推测表明,深海遗传资源若用于生物勘探和医药产品的资源利用形式每年可产生500亿美元的价值;而深海海底采矿的年产值为10亿美元,且为短期项目。同上注,C. Van Dover & et al.。
② Maja Vinde Folkersen, Christopher M. Fleming, Syezlin Hasan, Depths of Uncertainty for Deep-sea policy and Legislation, *Global Environmental Change*, 2019, 54, 1-5.

层面的问题,它们在不同主体间都存在着巨大的争议。通过观察其内容可知,这些问题中多方利益交织,而且在短期内可能难以达成新的共识,这给法律规制的制定与实施,以及中国在该领域相关议题中发挥引领作用增添了障碍。

1. 事实层面

国际社会就国际海底区域生物多样性保护与国际海底区域人类开发利用活动(当前主要是深海海底采矿)之间的关系一直存在着诸多争议,主要表现为在上文所讨论的不确定性尚未充分消除的情况下,是否有必要担负减损国际海底区域生物多样性的巨大风险进行深海海底采矿之类的开发活动。持支持态度的政府和公司认为深海海底采矿等国际海底区域资源开发利用活动对于维持高度数字化的现代社会和蓬勃发展的绿色技术(例如太阳能电池板、风力涡轮机和电动汽车)市场至关重要。不过,相比获取实际的矿物而言,也有一些政府对深海海底采矿所产生的技术进步更感兴趣。类似的观点认为,陆基矿物正变得稀缺且质量较差,再加上陆基矿物开采所产生的负面社会影响,使寻找深海海床进行矿物开采变得更加值得。[①]

然而,越来越多的学者、保护组织和一些政府对实施深海海底采矿之类的高强度海洋环境干扰活动的需求持怀疑态度。例如,有的认为:一是更高效的工业产品设计和回收政策可以减少从深海海底提取矿物的需求;二是关于深海海底采矿等活动的真正长期影响,存在科学上的不确定性,但初步证据表明,对深海生态系

---

① 例如,每辆电动汽车需要近 10 公斤的钴,仅中国就计划在未来几十年内生产超过 400 万辆混合动力汽车,因此对新型原材料的需求将激增。Erika Solimeo and Brendan Schwartz, Mining in the Deep-sea Bed: Are We Ready?, Iied, 2018, 12, available at https://www.iied.org/mining-deep-sea-bed-are-we-ready, last visited 2023/2/28.

统的干扰可能需要"数十年至数百万年"才能恢复,而完全消除负面影响的可能性较小。① 在此背景下,围绕国际海底区域资源开发活动与生物多样性保护的争论在现实层面并无缓和趋势,而且由于科学上不确定性的存在,国际上出现了越来越强烈的声音,呼吁大幅增加相关科学调查投入,或者在"迷雾"消除前充分贯彻预防原则,甚至暂停诸如深海海底采矿活动,以免因无法完全掌握这些人类活动的真实影响而损害国际海底区域生物多样性。②

2. 法律与政策规制层面

基于上述客观现实的存在,国际社会在有关国际海底区域生物多样性议题的法律、政策制定方面虽然取得了一定的成果,但就现有进度来看同样面临着不确定性与分歧。其中两个最直接关联的方面包括:一方面,国际海底管理局在对深海海底矿产勘探与开发活动进行国际监管的同时,也注意到了国际海底区域中有关环境保护与生物多样性养护的重要问题。特别是认识到国际海底区域丰富的物种以及蕴藏于这些物种之中的基因多样性作为海洋生物多样性谱系中不可或缺的组成,而人类对它们的了解却十分有限。根据《公约》的规定(第137条,第145条,第153条),国际海底管理局有义务建立国际管理规则、法规和程序,以防止、减少和控制国际海底区域内活动对海洋环境的污染,并保护和养护国际海底区域内的自然资源,防止对国际海底区域中的动植物(即生物多样性)的破坏。为此,国际海底管理局也确实颁布了一系列国

---

① Adrian G. Glover, Craig R. Smith, The Deep-sea Floor Ecosystem: Current Status and Prospects of Anthropogenic Change by the Year 2025, *Environmental Conservation*, 2003, 30(3), 219-241.
② 类似的观点还包括,由于国际海底区域环境的脆弱性,加上目前最小化人类活动损害的技术能力有限和生态知识方面的重大差距,以及深海生态系统恢复潜力的不确定性,现阶段降低人类活动造成的生物多样性损失的唯一可行方法便是避免和最大限度地减少人为影响。

际海底区域矿产勘探规则,并正在着手制定采矿规则;但是仍有部分人认为当前国际海底管理局制定的国际规则、扮演的角色和采取的一些措施不足以①或无法支撑起保护国际海底区域生物多样性的目标。② 另一方面,围绕国家管辖范围外生物多样性资源展开的磋商是国际社会为弥补《合约》的历史缺陷所作的最新国际努力,③其目的在于解决当初《公约》未给予充分关注的国际海底区域生物多样性问题,并制定一项新的具有法律约束力的国际文书(ILBT)。然而,在历经数轮政府间国际磋商讨论后,因各国对其中所涉多项核心议题分歧巨大,达成的共识相对有限,故仍然无法形成比较完整的国际文书草案。虽然按照最初计划,新的协定原定于2020年第四次政府间会议结束后完成,但从目前的进度看,这一目标能否实现尚无法保证。④ 事实上,第四次和第五次政府间会议已经分别于2022年3月7—18日和2022年8月15—26日举行。造成上述现象的重要原因之一,便是国际海底区域资源开发利用与生物多样性保护所涉及的各种利益问题,例如前文所

---

① 例如,有学者提出国际海底管理局的角色定位应重新明确,不是注重开发矿产资源,而是更偏向保护各类国际海底区域自然资源。Kim, and E. Rakhyun, Should Deep Seabed Mining be Allowed? Marine Policy,2017,82,134-137.
② 美国由于不是《公约》的缔约国,因此也不属于国际海底管理局成员国,在处理国际海底区域相关事务时依照的是其国内法、与他国缔结的双边文书以及国际习惯法规则,而这对于构建统一的国际海底区域生物多样性国际法律规制体系而言也是一大挑战。
③ Waseem Ahmad Qureshi, Marine Biodiversity Conservation: The International Legal Framework and Challenges, *Houston Journal of International Law*, 2018, 40 (3), 845.
④ Tallash Kantai & et al., Summary of the Second Session of the Intergovernmental Conference on an International Legally Binding Instrument under the UN Convention on the Law of the Sea on the Conservation and Sustainable Use of Marine Biodiversity of Areas Beyond National Jurisdiction, Earth Negotiations Bulletin, 2019, 25(208), available at http://enb.iisd.org/oceans/bbnj/igc3/, last visited 2023/2/28.

述的国际海底区域生物资源适用"公海自由"原则或者"人类共同继承财产"原则不仅是历届政府间会议讨论重点,而且其最终决定也意味着完全不同的资源利益分配模式。

3. 中国面临的"两难"国际处境

结合中国国情与长期的外交态度看,中国在应对国际生物多样性治理问题上正面临着"左右为难"的处境。

一方面,自1971年在联合国合法恢复席位以来,中国处理国家管辖范围以外地区的海洋资源问题的态度一直与其他发展中国家保持基本一致,包括支持国际海底区域及其资源适用"人类共同继承财产"原则。在当前国家管辖范围外生物多样性资源的政府间大会上,中国同样与77国集团等大多数发展中国家站在一起,主张要在维护各国共同利益、全人类整体利益的同时,也要特别顾及发展中国家的利益。另一方面,作为崛起中的海洋利用大国,中国在全球"海洋工业革命"浪潮中逐渐成长,深海矿产开发、生物基因技术等日渐成熟。在地球存量资源愈发紧缺和国内资源需求不断提升的背景下,具备资金和技术实力的中国实际上迫切需要在拥有丰富生物与非生物资源的深海海底找到一条相对宽松的资源开发利用路径,以获取更多支撑国家未来发展的战略资源利益,而该思路在制度设计方案上与发达国家所提主张更为接近。

发展中国家是中国外交的基础,也是长期以来中国在处理全球治理事务方面最重要的伙伴。同时,国内的资源现状与发展需求又迫使中国必须从有利于自身的角度出发,为开发利用深海海底各类资源创造更便利的条件。这与发展中国家所强调的诸如人类共同继承财产原则以及强制性货币惠益分享、强制技术转让等主张存在冲突。如何跳出当前"两难"困境,处理好自身角色问题,是未来中国参与深海生物多样性治理的关键。

（三）全球合作规制的路径障碍

国际海底区域生物多样性保护作为全人类的共同问题需要依靠各方合作规制，然而涉及多元主体的规制并非易事。

其一，在制定和实施国际海洋环境保护措施方面，南北国家因文化、经济、社会发展等方面存在巨大鸿沟，长期以来处于一种矛盾与依合并存的状态，这使得以往的诸多海洋环境规制面临着合作不畅、各自管辖的情况。[①] 这一现象从当初"人类共同继承财产"原则写入《公约》第十一部分有关国际海底区域内容时便可窥见。自该原则于1967年被正式提出以来，主要的发达国家与发展中国家对其含义的理解就表现出极大的不同，前者认为后者赋予这一原则超出其本身应有的意涵。例如，以77国集团为代表的发展中国家将该原则作为一个具有具体法律含义的概念，而美国则认为这是发展中国家试图控制海洋活动的表现，这也是其拒绝加入《公约》的潜在原因之一。虽然《公约》最终成功达成，而且许多发展中国家在过去的25年间经济增长也十分迅速，但南北国家之间的发展差距仍然明显，并仍在持续拉大，尤其体现在基础设施、就业和数字化建设等领域。[②] 南北国家长期以来存在的隔阂使得它们在应对国际海底区域生物多样性保护等国际议题上，难以高

[①] 最典型的情形之一即各类区域性法律机制的管辖效力通常仅限于签订相应条约的成员国，无法及于非成员国；类似地，由于美国不是《公约》的缔约国，因此可不适用《公约》第十一部分国际海底区域开发利用与环境保护的相关规定，而美国的实践亦证明，其通过先于《公约》制定的国内法和相关双边条约、备忘录从事着国际海底区域资源开发活动。具体内容还将在下节继续展开。

[②] 例如，中国的数字化产业虽然近年来发展迅速，但从2017年的信息通信技术发展指数排名来看，中国第80位的排名表明它与发达国家的差距仍十分巨大。UNCTAD, From Development to Differentiation: Just How Much has the World Changed? UNCTAD Research Paper No. 33, June, 2019, available at https://unctad.org/publication/development-differentiation-just-how-much-has-world-changed, last visited 2023/3/1.

效地展开对话、制定法律与政策、实施规制等,类似景况从《公约》及其相关协定的制定历程,以及近几年 BBNJ 的国际谈判过程中可以发现。

其二,现阶段围绕国际海底区域生物多样性相关问题所构建的制度体系和展开的具体法律规制大多数是通过"多边协议"(multi-lateral agreement)来实现的,如《公约》及其协定、《与贸易有关的知识产权协定》(TRIPS)、国际海底管理局制定的一系列勘探规则和《保护东北大西洋海洋环境公约》。而欲就特定问题,尤其是各方争议较大、利益博弈紧张的问题,达成统一性的多边协议往往需要耗费大量时间、金钱和人力物力。《公约》及其协定与国际海底管理局正在制订的采矿规则便是最好的例证。虽然,国际社会普遍认为制订新的有法律约束力的国际海底区域多边协定是解决该问题的关键模式,但公约、条约等多边协议自身制订过程漫长、有效实施与监督手段缺乏的弊端,使其在解决国际海底区域生物多样性保护问题方面恐难以跟上当前的紧迫的规制需求。[1] 目前,一些区域性的法律机制对特定范围内的深海生物多样性提供规制保护,其进程先于全球统一的法律规制,但由于这些机制的法律效力不超过其成员国,因而规制效能相对有限。

其三,能否突破"不损害现有机制"原则?在海洋环境保护方面,国际海底管理局、联合国粮农组织(FAO)、国际海事组织(IMO)、联合国教科文组织(UNESCO)和生物多样性公约(CBD)等机构已经实施了许多法律规制。只是它们所提供的规制的形式、力度和范围各有不同,例如,《生物多样性公约》仅提出了识别"具有生态或生物学重要意义的海域"(EBSAs)的标准,却无实际

---

[1] 前文已述,诸如海底采矿项目的试验性商业开采已经开始,而国际海底区域矿产资源的正式商业开采很可能将于 5 年内成为现实。

保护行动,国际海底管理局引入了"影响参照区"和"保全参照区"的设置,并要求各成员国在识别区域的基础上,采取相应的管理措施。而"不损害现有机制"原则要求未来新制定的公约、条约不推翻现有国际机制对相应人类活动所形成的一套正在运行的管理体制;同时,现有机制与新机制之间的规制进程应相互协调、共存,并非前者可被后者取代或者成为其附属。该原则已经成为目前BBNJ谈判中的重点内容,正在商议中的新协定是否可能突破这一原则,代表全人类对区域/行业组织起到监督和指导的作用还未可知。从第三次政府间会议谈判进展来看,各国对"不损害现有机制"原则在新协定中的适用仍存在相当的争议,而且还有国家反对"现有机制"的表述,因为其无法涵盖未来各类机制中的可能与BBNJ新协定相抵触的内容。①

对中国而言,如果想在BBNJ国际谈判中崭露头角,将具有中国特色的治理思想和模式传递给世界,则必须提供有利于解决以上技术性难题的设想或方案,而这也对国内相关研究者和智库团队提出了更高的要求,即如何将人类命运共同体、人海和谐等理念,以各国能够普遍接受或认可的形式具体运用到BBNJ各项治理议题之中。

三、中国应对国际海底区域生物多样性法律规制的策略

近年来,中国政府以生态文明建设为统领,积极倡导人类命运共同体思想,践行"创新、协调、绿色、开放、共享"五大理

---

① 例如,非洲集团建议删除新协定中的"不损害《公约》所规定的国家的权利,管辖权和义务",并质疑如何在不与若干权利相抵触的情况下执行新协议,特别是在海洋保护区和区域管理工具方面。欧盟、加拿大、澳大利亚和日本则反对删除。参见"关于国家管辖范围外区域海洋生物多样性第三次政府间会议(IGC-3)"。

念,使中国海洋生态环境保护工作由"开发与保护并重"向"生态保护优先"转变。① 在保护国际海底区域生物多样性这一新兴海洋问题上,由于目前缺乏有效的法律规制和治理体系,因此国际社会正开展着紧张而激烈的谈判。面对这项全球性的"治理赤字"(deficit of governance),中国未来的应对思路为何？如何在维护自身合法利益的同时,发挥大国应有作为,引领海洋法新领域相关国际规则和机制的变迁与进步。笔者认为,具体可从以下几个方面展开。

（一）"新时代"②中国的自身立场与角色定位

1. 基于国家利益需求明确自身定位

中国作为发展中的海洋大国,在全球"海洋工业革命"浪潮中逐渐成长,深海采矿、海底资源勘探、生物技术等方面日渐成熟,2018年全国海洋生产总值已达8万亿元。③ 这些基本国情的变化使得未来中国在国际海底区域生物多样性的谈判中不能单纯地站在发展中国家的角度,而是需要根据情势和需求作出符合自身利益的安排。

基于本章第二节有关中国在国际海底区域生物多样性问题上的利益诉求,中国参与该国际事务的中心点应该是通过积极参与有关商议进程、提出建设性意见、开展针对性实践等多种方式,影响相关国际制度设计以争取自身权益的最大化,从而争取有限的

---

① 霍传林:《携手合作共促全球海洋可持续发展——联合国海洋大会7场伙伴关系对话会纵览》,自然资源部（中国政府网）, http://hyj.gxzf.gov.cn/gzdt/gjdt_66844/t3194587.shtml,最后访问：2023年3月1日。
② 中共十九大报告提出了中国发展新的历史方位——中国特色社会主义进入了新时代。其中,在处理国际环境事务领域,中国倡导"人类命运共同体"理念以追求作为整体的"共同利益",维护生态系统完整,关注人类代际公平。
③ 自然资源部海洋战略规划与经济司:《2018年中国海洋经济统计公报》, http://gi.mnr.gov.cn/201904/t20190411_2404774.html,最后访问：2019年5月5日。

地球存量资源,保障中国在国际海底区域的权益。同时,国际海底区域矿产资源和生物多样性资源的形成都需历经数百万年,一旦遭到来自外界的破坏则难以在短期内恢复。为了能够从国际海底区域获得持续性的自然资源供给,并向世界展现新时代的生态文明思想,中国在重点关注开发利用国际海底区域自然资源的同时,也需要着力推动国际海底区域的生物多样性保护工作,实现养护与可持续利用的双重规制目标。

2. 发挥既有角色优势,化被动两难为主动进取

国际海底区域生物多样性以及 BBNJ 是有着强烈的现实紧迫性、与全人类命运密切相关的国际议题。中国是《联合国海洋公约》和《生物多样性公约》两大公约的首批缔约国,十分重视 BBNJ 和国际海底区域生物多样性议题的发展及自身角色塑造,一直不遗余力地参与其中的各项任务,包括全程参与新文书的制订、谈判工作。回顾过去几次海洋法的编撰过程,中国因自身原因未能在其中扮演关键角色,但这种状况已经随着中国国际影响力和深度参与国际海洋治理决心的增强而出现改观。[①] 概言之,如今中国在全球环境治理活动中的角色已逐渐从被动寡言、跟踪国际动向的参与者转变为积极的建设者与引领者,在利益交织的激烈博弈进程中发挥着愈发主动的推进作用。

在对待和处理深海生物多样性相关问题上,中国既要追求自身利益,又要讲求道义和公平正义;在南北国家围绕 BBNJ 谈判存有诸多分歧的背景下,中国应主动站出、调和立场,展现新形势下的独特领导能力。具体而言,中国今后要继续强化发展中国家在

---

① 国务院于 2003 年在《全国海洋经济发展规划纲要》中首次提出"海洋强国",并将其列为今后海洋经济发展的总体目标,而中共十八大、十九大又分别对实施"海洋强国"战略作了更加全面的部署。

本国深海外交事务中的基础性地位,把握和利用好自己在发展中国家阵营中长期积累下来的口碑与声望。首先,在形式上与发展中国家抱团取暖、互壮声势,争取发展中国家成为中国推动公平正义的深海生物多样性治理的稳固战略盟友。其次,在当前仍然由西方主导的海洋治理领域,中国需要摆正"利与义"的位置,主动承担起调和南北国家阵营不同利益诉求的重任,在此过程中将更多有利于中国开发深海生物资源与非生物资源的治理方案推向国际磋商舞台,获取国际认同。而中国早前在气候变化问题谈判上的行动也为此积累了一定经验,不仅让国际社会看到中国负责任的态度与作为,而且有助于中国继续以"负责任的利益攸关者"[①]的形象参与到深海生物多样性的新规则的制定之中。最后应强调的是,中国未来更应注重通过深度参与国际海底区域生物多样性议题进而提升本国在海洋治理方面的影响力,即真正有能力影响该领域国际秩序的建构,获得开发和分配深海资源利益的主动权。

(二)积极参与国际法律规制体系建设

1. 倡导适合的路径选择

国际海底区域生物多样性保护不是针对某单一或几个要素,而是必须基于生态系统思维将其作为整体予以考虑的。目前,有关国际海底区域生物多样性保护有两种不同声音:其一是建立一套生态系统导向的、完整的、科学的国际法律规制体系,该观点已经获得国际社会的普遍认可,正处于国际谈判中的国家管辖范围外生物多样性资源政府间会议便是以达成一份新的相关协定书为最终目标;其二是进一步整合并扩展现有相关领域的国际规制,使其能够适应新需求、新变化与新挑战,优势便是可以节约时间与谈

[①] Qi Ye、邬桐:《应对气候变化 中国担起新角色》,《中国日报(欧洲版)》2015年12月4日,第14版。

判成本,给已经受到巨大威胁的国际海底区域生物多样性尽快提供法律规制保护。[①] 中国应当充分把握住这次国际海洋规则新修的机会,在科技、军事、经济、政治等硬实力方面都已做好准备的情况下,在国际海底区域这一新的海洋规则领域融入更多符合中国自身以及大多数国家利益的制度设计。综合观之,在国际海底区域生物多样性问题上制定一项新的具有法律约束力的国际文书,有助于从根本上按照生态系统的理念设计该国际法律规制体系,打破多头管理但效果不佳的局面,(目前管理关系见图4)虽然耗费的人力和时间成本较高,但却可创造相对长久和稳定的规制供给;而期冀通过整合、改进已有文书和规制方式的设想看似成本较低,其中需要解决的规制协调、制度配套等问题难度很大,而且由于受制于既有框架和规定,可能难以作出有利于国际海底区域生物多样性保护但对现行制度具有颠覆性的调整。例如,关于国际海底区域生物资源的法律属性。

2. 新法律规制体系的设计思路

在存在科学未知性以及各国利益冲突明显的情况下,国际社会欲制定并通过能够针对性保护国际海底区域生物多样性的新国际法律规制体系并非易事。自2015年联合国大会决定在《公约》框架下就国家管辖范围外区域海洋生物多样性保护与可持续利用拟订一份具有法律约束力的国际文书以来,其间经过2年的政府间正式会议谈判,2019年第三次政府间会议召开之前终于形成了新文书的初稿。[②] 虽然,该版本的草案整体还显粗糙,存在大量较

[①] 国内持类似观点的如,"规制公海海洋保护区并不一定要依靠普遍性的国际公约,只要各利益相关国家和企业就有关问题自行商讨、制定协议或达成条约即可"。
[②] 《根据〈联合国海洋法公约〉的规定就国家管辖范围以外区域海洋生物多样性的养护和可持续利用问题拟订的协定案文草案》(A/CONF.232/2019/6)。

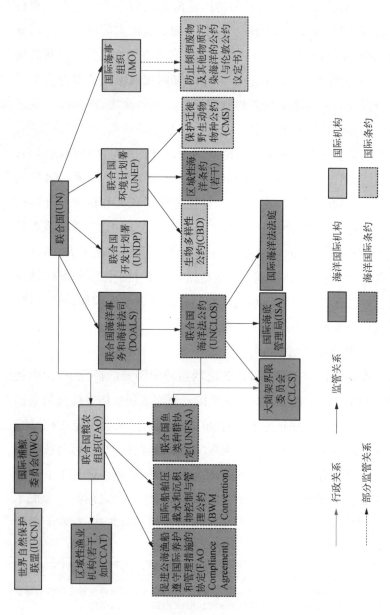

图 4 BBNJ 现行相关国际规制体系

模糊的立法用语,而且有关具体议题的主要分歧仍未消除;[①]但其作为首份具有法律语言的草案,已将"一揽子"计划中的核心要素纳入,使与会代表能够更具针对性地讨论,促进了 BBNJ 的协商进程。下文结合前面章节所得分析结果,为中国在国际谈判建言设计保护国际海底区域生物多样性的国际法律规制体系及 BBNJ 新文书时提供一些思路。

首先,应遵循的基本原则。国际海底区域生物多样性保护作为一项《公约》制定之后才逐渐受国际社会关注的议题,其法律规制体系的设计思路必须充分体现与国际海底区域相适应的基本原则,但同时也需要与其他文书不相冲突。这其中最重要的是生态系统方法和预防措施/原则,其余可供选择的还包括人类的共同继承财产原则、污染者付费原则、公平原则、利用现有的最佳科学和传统知识原则、公开透明原则、惠益分享原则、保护和维护海洋环境的义务原则、代内和代际公平原则等。上述各原则虽然均十分重要,但并非必须逐一纳入未来的国际海底区域生物多样性法律规制体系,实际适用情况可能需结合政治层面的国家间谈判决定。其中,在《联合国海洋法公约》和《生物多样性公约》的推动下,生态系统方法已经成为当前国际法律与政策框架解决生物多样性这项具有多维度、复杂影响问题的首选原则。[②] 由于生态系统方法中

---

① 例如,草案中许多条款使用了"酌定",而且在部分条款处设置了多个备选表述以供讨论。同333页注2。
② 需注意的是,生态系统方法已经体现在《公约》《1994 年执行协定》《生物多样性公约》、区域渔业管理计划等之中。例如,《公约》规定:"各海洋区域的种种问题都是彼此密切相关的,有必要作为一个整体来加以考虑";"各国保护海洋所有区域,使其免遭一切退化来源的损害,并采取特别措施,保护稀有或脆弱的生态系统,以及衰竭、受威胁或有灭绝危险的物种和其他形式海洋生物的生存环境";"国际海底管理局保护和养护国际海底区域的自然资源,并防止国际海底区域内的采矿活动对海洋环境中的动植物造成损害"。但是,科学地阐明该方法,并确保其对国家管辖范围以外地区的海洋生物多样性治理发挥效用是新的法律规制体系应予重点关注的。

的一些要素仍处于国际谈判之中,且该方法在具体问题上适用的程度也不同,所以在未来国际海底区域生物多样性法律规则制定时,可能不容易使用一种清晰的、具体的方式于正文中来描述该方法。例如,环境影响评价和基线数据研究对生态系统方法需求较高。因此,将该方法真正融入新的国际立法中的一种方式是通过附录来设定评价标准和更进一步的实施规则。而为了保证附录中设定的细节具有可操作性,就必须掌握充分的科学基础,能够了解、保护和监测相关生态系统。同样,诸如惠益分享原则、预防原则,不仅仅以修辞性立法用语出现在条文中,还可通过类似方法将其具体体现出来。

其次,在系统性国际立法的结构内容方面,国际海底区域生物多样性的国际立法应该包含实体性规则和程序性制度。前者主要是指国际海底区域生物多样性养护与可持续利用规则,具体除立法用语表述、适用范围、宗旨、与其他文书/部门机构的关系和上述基本原则等一般规定外,还主要包括"一揽子计划"所确定的四类重要事项:① 海洋生物遗传资源的保护和可持续利用(含惠益分享问题),② 包括海洋保护区在内的划区管理工具等措施,③ 环境影响评估,④ 能力建设和海洋技术转让。而后者作为服务于实体规则的内容,包括决策机制、争议解决机制、监测与审查、执行与监督机制等。这些程序性内容在设计时可与上述重要的几类实体规则配套出现,以提供相应针对性保障,提升实体规则的可操作性。具体以前述生态系统方法为例,新的规则体系需为该方法设计具体的程序性规则,以确保其自适应管理的迭代需求得到满足,即相关实体规定是可以随着科学认知和实际需求的变化而不断得到更新。同样,对国际海底区域生物多样性保护具有关键意义的环境影响评价,其程序事项至关重要。相应的程序规则需要明确评估范围筛选,进程公告及利益相关方参与协商,报告编制、发布、专业机构审议,决策使用,后续监测、报告及审查程序等。

最后,倡导构建双重互补的法律规制体系。国际社会应当采取双管齐下的问题解决思路——扩展现有区域性规制＋发展新的全球法律框架,从而建立一个能够充分涵盖国际海底区域生物多样性各项议题的完备的全球法律机制。就进行中的国家管辖范围外生物多样性资源的新协定谈判而言,其中仍存在诸多复杂、有争议的问题有待国际社会协商跟进、求得共识,这一过程可能是漫长的。而在新文书最终形成之前,可以通过扩展与利用区域协定、加强跨界协作的方式在一定程度上填补海洋生物多样性治理的大面积空白。相应地,全球法律框架最终亦可"得到区域协议的支持,从全球维度对划区管理工具在区域层面的进展实施整合,实现全球和区域互补,加强趋同和联系"。① 例如,《奥斯陆巴黎保护东北大西洋海洋环境公约》的缔约国于 2010 年起在东北大西洋海域设立了 7 个公海保护区,用以保护一系列的海山和部分中大西洋海脊,以及诸多脆弱的深海栖息地和物种。这些区域协定虽然留下了巨大的海洋空间缺口未能覆盖,但其作为一种务实的问题解决方案,在对特定区域及时供给规制工具给予保护的同时,也为未来的全球框架提供了原型参考。综上,应对国际海底区域生物多样性问题时可能需要一种组合方法,即在短期内支持现有的区域机制,同时在中长期内寻求一项具有法律约束力的新的全球执行协定。此外,亦有学者提出,可以在一些特别领域先达成一个有关深海渔业的国际条款,并将其作为未来国家管辖范

---

① 《凝聚共识 加强合作 推动进程——国家管辖范围以外区域海洋生物多样性养护与可持续利用国际研讨会专家观点集萃》,《中国海洋报》,2018 年 10 月 24 日,第 004 版。

围外生物多样性资源新文书的制度参考。①

(三) 透过内生制度创新引领和推动国际海底区域生物多样性规则发展

全球治理中的制度规则"事关各国在国际秩序和国际体系长远制度性安排中的地位和作用"②。以国际海底区域生物多样性法律规制为代表的新兴海洋治理问题,因大量人类行为规则仍属空白而逐渐成为今后海洋国家博弈的主要战场。新时代海洋秩序构建的核心要素无外乎自由、公平与安全,有关这一点从国际社会关于国家管辖范围外生物多样性资源问题谈判的具体争议中亦可看出,如遗传资源惠益的分配、人类活动的自由和国际海底区域生态安全等。为了推动国际海底区域生物多样性领域形成相应秩序,中国需要通过制度创新"在维护自身利益的同时,引领国际机制或规则的变迁与进步"。

这种创新首先来自国内制度,即符合发展潮流的国内法既可能引领、塑造国际海底区域生物多样性的国际规则走向,也可以是直接实现保护与可持续利用目标的工具。例如,当下国际海底区域生物多样性议题中一项重要制度——环境影响评价(EIA)便是由美国《国家环境政策法》(1969)率先确立的,③并成为如今不可或缺的环境规制工具。④ 同样,中国于 2016 年根据《公约》和国际海底管理局规则的要求,制定《深海海底区域资源勘探开发法》,迈

---

① Gabriela A. Oanta, International Organizations and Deep-sea Fisheries: Current Status and Future Prospects. *Marine Policy*, 2018, 87, 51-59.
② 习近平:《推动全球治理体制更加公正更加合理 为我国发展和世界和平创造有利条件》,载《紫光阁》2015 年第 11 期。
③ National Environmental Policy Act, 42 USC § 4332.
④ 类似的还有美国《海洋哺乳动物保护法》中与海洋哺乳动物保护标准挂钩的贸易规制条款等。

出了国内国际海底区域立法的第一步,其中超过半数的条款涉及环境保护内容,且设专章规定国际海底区域环境保护。虽然条文尚显笼统,但已为今后具体制度的设计与创新铺平了道路。

其次,有关区域合作亦是制度创新的孕育平台。中国作为上海合作组织、21世纪海上丝绸之路的发起国、倡议国,可与其他成员国共同就有关国家管辖范围外生物多样性资源和国际海底区域生物多样性保护与可持续利用进一步展开区域性制度探索,同时借助上述合作机制增加伙伴间对议题解决思路的认同,最终为全球规则的制定提供区域模式经验。

(四)加强深海科学研究,依靠但不依赖科学技术

当下国际海底区域生物多样性法律规制所面临的挑战之一是科学上的不确定性。欲解决这一问题唯有包括中国在内的国际社会进一步加强对科研活动的各项投入和探索,最终拨开层层"迷雾"。但也应注意避免在设计和实施国际海底区域生物多样性法律规制时单纯的科学技术主义倾向,即认为科学技术是决策、制定与实施规制的绝对依赖因素。

1. 加快深海科技研发,确保法律规制有效性

无论是国家管辖范围外生物多样性资源问题还是本节重点论述的国际海底区域生物多样性问题,它们与海洋科学研究具有非常密切的实质性关联,主要可以从以下几个方面来认识:其一,海洋科学研究是有效确定国际海底区域生物多样性基线数据、开展环境影响评价等一系列规制活动的基础。没有充分的科学研究便无法获取足够的数据以支撑决策行动。这些决策行动的具体内容包括,是否要对人类在国际海底区域的开发行为进行规制,实施保护规制措施的海底区域的界限划定,以及应对该地区采取何种保护和维持措施。其二,科学技术是检测国际海底区域生物多样性

保护成效的重要标准。制定规则和设置标准是规制的第一步,而在规制实施过程中和结束后,需要依靠科学技术所提供的信息数据对规制实施前后的状况进行对照分析,以判断当前所适用的制度是否合适,能否发挥预期功效,如何开展后续工作;如果前序规制安排效果不佳,如何进行相应调整。此前在国际渔业规制、建设海洋保护区之中便已出现由于科学信息不足,或企业与规制者信息不对称而难以判断实施效果的情况。其三,国际海底区域生物多样性保护工作应支持开展纯粹的科学技术研究,拒绝借助科研名号实施其他获利目的的行为。实际上,国际海底区域生物资源开发与科研活动所开展的工作及其对生物多样性的影响较为相似,因此在实施相应规制的过程中需对其间的科学技术研究活动有所甄别。

为了推进我国深海科技发展,应从以下方面入手。

(1) 整合人文科学与自然科学的研究力量,加强跨学科深海研究。国际海底区域位于国家管辖范围之外的深海地区,无论人类在此处进行资源开发利用,还是养护活动,都离不开先进技术装备的支持和规章制度的保障。由于这两项内容分别属于自然科学与人文科学的研究领域,且有关国际海底区域生物多样性可持续利用与养护属于跨学科的交叉问题,因此需要促进两类研究的相互贯通,尤其是在有关法律规则、政策的制订中充分重视来自自然科学的研究成果,适当减少政治与利益博弈中的非理性因素对国际海底区域生物多样性各项法律、决策的影响。为此,中国需要整合国内深海生物学(及海洋科学其他分支)、环境法、政治学、经济学等研究领域的力量,组成我国深海科学一体化研究的核心优势团队,使中国能够提出让国际社会认可,具有可参考价值的公共物品。同时,该公共物品不仅要顺应国际海洋规制发展的趋势,而且也要符合中国自身的国家利益。

(2)重视薄弱领域的重点研发。近十年间,原国家海洋局和大洋办已经在深海生物勘探、深海微生物资源库规范化建设、深海生物学基础研究、生物资源应用潜力评估与开发利用等方面取得了重要成果。相比于深海探索、开发利用领域而言,我国在深海生态修复与生物多样性养护方面所取得的研究成果还较为有限。一旦今后深海商业化矿产开采和大规模生物资源采集等行为出现,国际海底区域的生态系统和生物多样性将处于随时被严重破坏的风险之中。事前预防措施固然能够起到降低风险的作用,但却无法完全消除风险;而且,随着海洋环境愈发受到国际社会的重视,有关深海环境保护技术能力的瓶颈也很可能成为今后制约各国踏入国际海底区域的一道门槛。此时,针对深海生态的修复技术至关重要。因而,一方面,中国需要从国家长远战略需求出发做好顶层设计,如十年或十五年的中长期研究规划,以加强相关薄弱领域的前瞻性布局;另一方面,要推动实施关键领域的专项研究,在探索完成深海资源勘探、获取和开发环节的基础上,重点辐射深海环境保护、生态安全等领域,促进深海科学迈向全面发展。

2. 避免过度依赖科学技术

虽然,有关国际海底区域生物多样性与生态系统的问题对科学研究工作的要求很高,但中国在处理具体问题时也不能陷入依赖科学的陷阱,将法律、政策制订视作"翻译"科学结论的过程。换言之,需要厘清自然科学与人文科学,以及自然与社会之间的关系。在生态学的语境下,若要判断一个生态系在何种地理水平上是"连贯的"并非易事,因为生态系统的概念可以在任何层面上使用(全球性、区域性、当地甚至微生物群落都可以算作生态系统)。同时,在人类生存与发展的世界里,所有制度的核心关注和服务目标都应当是人类,环境保护也是一样,环境伦理学家提出的生态中心主义、大地伦理在观念上具有反思强势人类中心主义的启示意义,但并不能够作为环境制度的出发点和设定目标。在这一点上,"可持续发展"的理念仍然是非常重要的,也就是说,即使是在环境和资源的问题上,最终的关怀也必须是人类的利益、人类的幸福、人类的发展,仅仅是因为人类发展的需要,环境和资源才有了意义和价值,才需要被保护。因而,仅仅考虑生态环境的要求固然是善意的,但由于没有充分考虑经济与社会的需求,相关规制措施也很有可能根本无法得到有效的实施。如果没有社会认可度,这些法律规则、政策规则很可能仅仅停留在纸面上。围绕国际海底区域生物多样性保护所展开的各项规制,必须兼顾生态学上的意义和人类经济与社会生活的要求,要认真考虑利益相关方在传统上的生产与生活模式,而不能完全依照自然科学研究所确定的生物多样性保护需求进行法律规制设计与实施。

(五) 探索多样化的替代解决机制

1. 基本设想

保护处于人类活动威胁之中的国际海底区域生物多样性是国际社会正在努力实现的目标,而上述针对该议题所直接展开的规制设计与实施仅为路径之一。如果将研究视野拓宽,可以发现还有一些替代性机制可以间接帮助实现对国际海底区域生物多样性的保护。

国际海底区域生物多样性所面临的威胁来自人类近些年来在深海的各项开发活动,其中尤以深海海底矿产勘探与开发业务为重——一项许多国家趋之若鹜,且被部分采矿业者认为相比陆基采矿作业更加清洁、高效的矿产资源获取方式。① 而目前特别针对国际海底区域环境的法律规制主要来自国际海底管理局制定的海底矿产资源勘探规则，以及正在制订中的采矿规则。因此，若从问题出现的根源上思考，可考虑适当阻断或限制这一对国际海底区域生物多样性造成威胁和破坏的人类行为。中国作为未来潜在的深海矿产资源利用大国，且仍有较大的发展潜力，可以率先在国内资源消耗的源头及过程中完善和落实具有全球效应的典型替代性措施。通过自身规则设计，在国内实施替代性解决机制的同时，通过"一带一路"等途径辐射影响其他国家并使其作出相应改变。

2. 以循环经济的方式为例

基于此，实施循环经济便是途径之一，即通过技术升级等多种方式提升金属再利用率，并从中获益，这便包括直接的经济利益和潜在的环境利益。有学者分析了最近一个多世纪以来全球铜、铝、水泥和钢铁的消费模式，并指出随着一个国家的消费水平达到饱和阶段后，未来对资源的需求可能会低于预期水平。国际海底区域采矿可能造成的危害毋须赘言，但对全球金属使用量与后续"命运"进行评估可以更好地为国际海底区域矿产开采的决策提供依据。选择循环经济策略同样也将是复杂的，因为它涉及诸如废弃金属管理、资源节约使用和全球行为改变等许多过程，不过这些挑战并不应妨碍国际社会考虑和采用该策略。而当前需要解决的是更广泛地梳理实施循环经济的环境成本与风险、社会与经济驱动因素、科学界与利益相关方的对话，以及强化部门间与地区间的协调。

---

① The Economist, Undersea Mining: Race to the Bottom, *Economist* (Technology quarterly special), March 10, 2018, available at https://www.economist.com/technology-quarterly/2018/03/19/race-to-the-bottom, last visited 2023/3/2.

当然,对于循环经济的方式,也有人提出质疑,各国是否可以在全球资源可持续使用的水平上满足基本的人类需求。[1] 不过,减少总体金属消费量并实施循环经济将对新制造技术的产生和减少废物产生重大影响。具体而言,一方面,改进回收技术和重视产品设计将有助于最大限度地高效利用资源。需注意的是,成功的循环经济要随着消费方式的不断变化而进行相应调整,这将给全球社会带来巨大但并非不可承受的挑战。另一方面,法律与政策、定价和需求转移等措施组合可以在实现经济增长的同时,降低全球金属材料使用量。例如,通过制定相应的法律与政策可要求企业必须使用在产品使用寿命结束时可完全回收的技术,从而延长产品寿命。[2] 同时,特定的法律与政策的引导还可能有助于在全球范围内鼓励金属回收和再利用。目前,全球电子垃圾的数量正在不断增加,但是回收某些组件在技术和可行性上都还极具挑战性。不过,有研究表明,金属具有"几近无限的回收和再利用"的潜力,只是一旦回收过程涉及先前已在垃圾填埋场中处理过的金属时,则难度会变得很大。因此,现阶段需要相关法律、政策指导可回收金属的收集、追踪、安全处理、回收和再使用等过程。此外,除了加大已有金属的循环回收率,还可加快寻找可用于绿色技术的替代金属,以便摆脱仅依赖使用几种关键金属的局面。

---

[1] Daniel W. O'Neill, Andrew L. Fanning, William F. Lamb, A Good Life for All within Planetary Boundaries, *Nature Sustainability*, 2018, 1, 88-95.
[2] 此外,通过改善公共交通(包括设计自行车道、汽车共享业务),大型家电共享使用,以及降低私人产品(如手机)的更新频率等方式,也可以激励全球消费行为的改变,为循环经济助力。

第五章
总结与展望

深海海底区域是我国未来战略新疆域的重中之重，在民族伟大复兴过程中将发挥重要作用。深海海底资源的勘探开发关乎中国的能源安全和生态环境安全。

在能源安全方面，我国是能源消费大国，当前的能源消费总量已居世界第一位。我国主要的能源消费类型是煤炭、石油和天然气，同时石油、天然气的对外依存度很高。我国石油需求的增长量预计在21世纪30年代初达到顶峰，我国在2040年之前将成为世界最大的石油消费国。因此，我国的能源安全问题集中在油气能源的供应安全上。"可燃冰"被认为是天然气和石油的最佳替代品，我国目前已经在"可燃冰"的开采方面实现了技术上的突破。深海海底区域所储存的大量"可燃冰"对中国回应能源安全问题的重要性不言而喻。

在生态环境安全方面，由于资源禀赋的制约，以煤炭为主的高碳能源在我国能源消费结构中的比重最大，而且我国的能源消费结构在相当长一段时间内都将以煤炭为主，这就意味着我国将不可避免地面临着严峻的环境问题：煤炭燃烧的过程将产生大量的有毒有害气体；煤炭开采的过程将对自然环境造成严重的影响。

这些环境问题对我国的生态环境安全提出了严峻的挑战。"可燃冰"作为一种清洁能源,在燃烧使用之后,仅仅产生二氧化碳和水,不会有其他任何的污染。深海海底区域所储存的大量"可燃冰"无疑为我国回应生态环境安全问题提供了契机。

因此,实现对国家管辖范围外深海资源的共享无疑对我国具有重要的战略意义。本书在对国家管辖范围外深海资源的法律属性进行定位的基础上(即在论证无论是深海矿产资源抑或生物多样性资源都是可以被全人类共享的基础上),梳理和论述国际层面为了实现共享这两大类资源的法律制度支撑。具体而言,国家管辖范围外深海矿产资源的法律属性在国际法层面已经有了明确的规定,《公约》明确将其定性为人类共同继承财产,并授权国际海底管理局代表全人类(当代人和未来世代)去管理深海矿产资源的勘探和开发。就深海生物多样性资源的法律属性而言,有关生物多样性资源保育与利用的国际谈判正在如火如荼地进行中,各国对此种生物资源的保育和利用所适用的原则存在不同的观点,主要分为公海自由原则和人类公共继承财产原则。为了避免谈判陷入僵局,国际社会对此问题采取了避而不谈的态度,并打算以更加务实的态度将如何共享此类资源写入拟订的协议文本中。

如本书的引言部分所述,本书采取的是一种"二+二"的叙述模式,第一个"二"是将国家管辖范围外的深海资源分为矿产资源和生物多样性资源,对这两类资源的共享构成了共享机制的两翼;第二个"二"是指从国际法和国内法这两个面向去论述有何种法律制度为全人类共享国家管辖范围外深海资源提供具体的制度支撑。具体而言,国际海底管理局作为管理深海矿产资源勘探开发的国际机构,具有独特的国际立法权力,管理局通过制定有关资源勘探开发的规章、规则和程序来不断型塑和完善国际海底制度。

值得注意的是,为了回应不断发展的海洋科学以及不断出现的新挑战,国际海底管理局采取了一种"适应式"的管理方式,比如通过定期审查(periodic review)勘探开发规章,出台建议、标准和指南,以及审查修订承包者工作计划等方式,来灵活应对管制中的不断浮现的新挑战,避免了管制的僵硬。因此,应当用"发展式""渐进式"的眼光审视国际海底制度。国际海底管理局的这些规范所规定的一系列制度都为实现共享深海矿产资源提供了制度支撑。

我国作为发展中深海大国、资源勘探大国、资源利用大国,应该为实现深海矿产资源的共享提出中国方案,贡献中国智慧。我国于2016年2月26日通过了《深海海底区域资源勘探开发法》,这是我国承担深海海底区域资源勘探开发的国家担保义务的第一步,也是重要的一步。但是《深海法》中的诸多条款都是较为原则性的规定,需要进一步细化和落实、执行。为此,我国应遵循科学性原则、协调性原则和开放性原则,构建以该法为基石的深海法律体系。这是我国履行国际义务、回应现实需求的举措。深海法律体系中应当对勘探开发许可证、海洋环境保护、资料汇交和利用、应急预案、深海公共平台建设等制度作进一步系统、具体的安排。法律规范中所规定的目的的实现,有赖于下一步法律的执行,因此与深海法律规范体系的构建同等重要的是厘清我国深海管理体制。自然资源部是我国《深海法》中所规定的国务院海洋主管部门,中国大洋事务管理局长期致力于统筹国内各领域、各专业优势力量开展国际海域工作,维护我国国际海域权益、开发国际海底资源、发展深海高新技术、参与国际海域事务,是国内深海行业最为专业的部门。因此在管理体制方面,应当建立"自然资源部—中国大洋事务管理局"此种"两阶式"的决策和管理模式。2018年国务院大部制改革前,原国家海洋管理局于2017年就出台了有关行政许可、资料和样本汇交等《深海法》的配套管理办法。但是在新时代下,这三种管理办法有诸多值得检讨的地方。自然资源部作为国务院海洋主管部门应当积极推动深海法律体系的构建,修订现存的管理办法,并依据管理事项的轻重缓急适时出台新的配套管理办法,完善我国内的深海制度,从国内法层面为实现深海资源的共享提供有力的制度支撑。

从历史的维度上看,以《联合国海洋法公约》和《生物多样性公约》为核心的国际海底区域生物多样性相关国际规则体系经历了一个从无到有、逐渐成熟的发展过程,以至于国际社会现今也只能在《联合国海洋法公约》之下制定新的文书以解决上述问题。但是,通过分析国际海底区域生物多样性保护的法律规制现状可以明显发现,由于缺少系统的、明确的国际法律框架,相关国际规则之间缺少衔接与连贯性,机构/组织合作与协调不畅,以及规制手段与保障不足等原因,国际社会现阶段为国际海底区域生物多样性提供的法律规制存在着较大的局限性,无法避免国际海底区域生物多样性受到人类活动的不利影响。

保护与开发利用作为国际海底区域生物多样性议题中的两个面向,是法律规制体系设计的关键入口。开发利用面向主要涉及国际海底区域海洋遗传资源的获取与惠益分享,以及未来该区域独特物种潜在价值和独特生态系统服务的再认识。其中需要首先解决国际海底区域生物资源的法律属性问题,这也是决定后续国际法律规制如何设计的前置条件之一。鉴于国际社会在该问题上的利益分歧,在公海自由原则与人类共同继承遗产原则之间寻求调适,采取分阶段的原则适用方法是较现实的途径,而有关国际海底区域海洋遗传资源的获取与惠益分享机制的设计均必须围绕该设定展开。有关国际海底区域生物多样性保护的法律规制体系则应基于充分认识此处自然和科学的特性,形成以生态系统方法、预防方法(原则)、环境影响评价等为代表的规则管理工具和以"具有特别环境意义的区域"、海洋保护区、海洋空间规划等代表的划区管理工具两大主要规制类型。这些规制的实施需要合理选择规制机构与设计协调机制。

目前,国际上对于制订全新的、系统的国际海底区域生物多样性法律文书已经达成共识,并正朝此目标努力。中国作为"负责任的利益相关者"(responsible stakeholder),未来在该领域的重点方向是进一步积极参与国际海底区域生物多样性保护国际事务,充分利用我国在国际海底区域生物多样性和深海研究中取得的成果,发挥既有的角色优势,引领海洋法新领域相关国际规则和机制的变迁与进步。必须注意的是,中国古代富有哲理思考的海洋观与新时代人类命运共同体理念将为全球贡献属于中国的独特智慧。中国在具体应对与参与国际海底区域生物多样性法律规制过程中,需要明确国家利益诉求,克服客观存在的国际挑战。在此基础上,找准自身国际定位与角色,积极参与国际海底区域生物多样性国际规则体系的制订,透过内生制度创新引领和推动国际海底区域生物多样性规则发展,正确处理科技与法律规制的关系和探索多样化的替代解决机制。

参考文献

一、中文文献
（一）著作类
[1] 张梓太,沈灏,张闻昭.深海海底资源勘探开发法研究[M].上海：复旦大学出版社,2015.

[2] 金永明.国际海底制度研究[M].北京：新华出版社,2006.

[3] 薛桂芳,张国斌.我国深海法律体系的构建研究[M].上海：上海交通大学出版社,2019.

[4] 刘岩,郑苗壮.国家管辖外海域生物多样性养护与可持续利用[M].北京：经济科学出版社,2018.

[5] 胡学东,郑苗壮.国家管辖范围以外区域海洋生物多样性问题研究[M].北京：中国书籍出版社,2019.

[6] 沈国英,黄凌风,郭丰,等.海洋生态学[M].北京：科学出版社,2010.

[7] 刘国金,舒国滢.法理学教科书[M].北京：中国政法大学出版社,1999.

[8] 张风春,李俊生,刘文慧.生物多样性基础知识[M].北京：中国环境出版社,2015.

[9] 秦天宝.生物多样性国际法原理[M].北京：中国政法大学出

版社,2014.

[10] 张文显.法理学[M].北京：高等教育出版社,2018.

[11] 黄异.国际海洋法[M].台北：渤海堂文化事业有限公司,2002.

[12] 林灿铃等.国际环境法理论与实践[M].北京：知识产权出版社,2008.

[13] [英]弗里德利希·冯·哈耶克.自由秩序原理[M].邓正来译.北京：生活·读书·新知三联书店,1997.

[14] [英]霍布斯.利维坦[M].黎思复,黎廷弼译.北京：商务印书馆,1985.

[15] [美]埃德加·博登海默.法理学——法律哲学与法律方法[M].邓正来译.北京：中国政法大学出版社,1999.

[16] [美]约翰·罗尔斯.正义论[M].何怀宏等译.北京：中国社会科学出版社,2001.

[17] [法]亚历山大·基斯.国际环境法[M].张若思编译.北京：法律出版社,2000.

[18] [美]丹尼尔·科尔.污染与财产权[M].严厚福,王社坤译.北京：北京大学出版社,2009.

(二) 论文类

[1] 王勇.国际海底区域开发规章草案的发展演变与中国的因应[J].当代法学,2019(4).

[2] 魏妩媚.国际海底区域担保国责任的可能发展及其对中国的启示[J].当代法学,2018(2).

[3] 杨华.海洋法权论[J].中国社会科学,2017(9).

[4] 薛桂芳,徐向欣.国际海底管理局适应性管理办法的推行及中国的应对[J].中国海商法研究,2017(2).

[5] 张梓太.构建我国深海海底资源勘探开发法律体系的思考[J].中州学刊,2017(11).

[6] 张辉.国际海底区域开发国之担保义务研究[J].中国地质大学学报(社会科学版),2014(3).

[7] 张善宝.国际海底区域科研活动对生物资源的损害及其规制[J].西部法学评论,2017(4).

[8] 张弛.国家管辖范围外深海遗传资源法律问题研究[J].中州学刊,2009(3).

[9] 刘乃忠,高莹莹.国家管辖范围外海洋生物多样性养护与可持续利用国际协定重点问题评析与中国应对策略[J].海洋开发与管理,2018(7).

[10] 林新珍.国家管辖范围以外区域海洋生物多样性的保护与管理[J].太平洋学报,2011(10).

[11] 金永明.国家管辖范围外区域海洋生物多样性养护和可持续利用问题[J].社会科学,2018(9).

[12] 郑苗壮,刘岩,徐靖.《生物多样性公约》与国家管辖范围以外海洋生物多样性问题研究[J].中国海洋大学学报(社会科学版),2015(2).

[13] 张春风,刘文慧.生物多样性保护多方利益相关者参与现状与机制构建研究[J].环境保护,2015(5).

[14] 林家骏,李志文.深海技术商业化机制初探[J].太平洋学报,2018(7).

[15] 王岚.国际海底区域开发中的环境保护立法——域外经验及中国策略[J].湖南师范大学社会科学学报,2016(4).

[16] 叶泉.国家管辖范围外区域海洋遗传资源管理机制探究[J].中国海商法研究,2013(4).

[17] 刘芳明,刘大海.国际海底区域的全球治理和中国参与策略[J].海洋开发与管理,2017(12).

[18] 李晓静.国家管辖范围外海洋遗传资源的定义及其法律地位探析[J].中国海商法研究,2017(2).

[19] 金建才.深海底生物多样性与基因资源管理问题[J].地球科学进展,2005(1).

[20] 孙松.我国海洋资源的合理开发与保护[J].中国科学院院刊,2013(2).

[21] 于文轩.生态法基本原则体系之构建[J].吉首大学学报(社会科学版),2019(5).

[22] 沈雅梅.美国与《联合国海洋法公约》的较量[J].美国问题研究,2014(1).

[23] 王社坤,苗振华.环境保护优先原则内涵探析[J].中国矿业大学学报(社会科学版),2018(1).

[24] 高之国.论国际海底制度的几个问题[J].中国政法大学学报,1984(1).

[25] 张磊.论国家管辖范围以外区域海洋遗传资源的法律地位[J].法商研究,2018(3).

[26] 王勇.论国家管辖范围内遗传资源的法律属性[J].政治与法律,2011(1).

[27] 杨震,刘丹.中国国际海底区域开发的现状、特征与未来战略构想[J].东北亚论坛,2019(3).

[28] 任秋娟.国家管辖范围外区域生物采探环境影响评估[J].山东理工大学学报(社会科学版),2017(4).

[29] 张湘兰,李洁.国家管辖外海域遗传资源惠益分享机制的构建——以知识产权保护为视角[J].武大国际法评论,2017(4).

[30] 江伟钰.深海底资源开发与国际海洋环境保护[J].甘肃政法学院学报,1995(2).

[31] 胡波.中国的深海战略与海洋强国建设[J].人民论坛·学术前沿,2017(18).

[32] 黄惠康.国际海洋法前沿值得关注的十大问题[J].边界与海洋研究,2019(1).

[33] 刘惠荣,纪晓昕.国家管辖外深海遗传资源的归属与利用——兼析以知识产权为基础的惠益分享制度[J].法学论坛,2009(4).

[34] 宿涛,刘兰.海洋环境保护：国际法趋势与国内法发展[J].海洋开发与管理,2002(2).

[35] 王斌,杨振姣.基于生态系统的海洋管理理论与实践分析[J].太平洋学报,2018(6).

[36] 翟勇.各国深海海底资源勘探开发立法情况[J].中国人大,2016(5).

[37] 沈灏.我国深海海底资源勘探开发的环境保护制度构建[J].中州学刊,2017(11).

[38] 邢望望.划区管理工具与公海保护区在国际法上的耦合关系[J].上海政法学院学报,2019(1).

[39] 桂静,范晓婷,公衍芬,等.国际现有公海保护区及其管理机制概览[J].环境与可持续发展,2013(5).

[40] 张晓.国际海洋生态环境保护新视角：海洋保护区空间规划的功效[J].国外社会科学,2016(5).

[41] 张丹.浅析国际海底区域的环境保护机制[J].海洋开发与管理,2014(9).

[42] 孙雪妍.国际海底矿产资源法的价值追求与制度模式[J].中

国政法大学学报,2019(3).

[43] 刘海江.国家管辖外生物保护的国际立法研究[J].社会科学战线,2018(1).

[44] 习近平.推动全球治理体制更加公正更加合理为我国发展和世界和平创造有利条件[J].紫光阁,2015(11).

[45] 何志鹏.在国家管辖外海域推进海洋保护区的制度反思与发展前瞻[J].社会科学,2016(5).

[46] 王勇.论"公海保护区"对公海自由的合理限制——基于实证的视角[J].法学,2019(1).

[47] 李晓静.国家管辖范围外海洋遗传资源的定义及其法律地位探析[J].中国海商法研究,2017(2).

[48] 李汉玉.人类共同继承财产原则在国际海底区域法律制度的适用和发展[J].海洋开发与管理,2018(4).

[49] 李志文.国际海底资源之人类共同继承财产的证成[J].社会科学,2017(6).

[50] 许健.国际海底区域生物资源的法律属性探析[J].东南学术,2017(4).

[51] 范金民.郑和下西洋动因初探[J].南京大学学报(哲学·人文科学·社会科学),1984(4).

[52] 张光耀.《海洋法公约》的法律价值与实效分析[J].武大国际法评论,2017(3).

[53] 杨泽伟.国家主权平等原则的法律效果[J].法商研究,2002(5).

[54] 丁德文,徐惠民,丁永生,等.关于"国家海洋生态环境安全"问题的思考[J].太平洋学报,2005(10).

[55] 杨振姣,唐莉敏,战琪.国际海洋生态安全存在的问题及其原因分析[J].中国渔业经济,2010(5).

[56] 王印红,刘旭.我国海洋治理范式转变:特征及动因[J].中国海洋大学学报(社会科学版),2017(6).

二、英文文献
(一) 著作类

[1] Klaas Willaert. *Regulating Deep Sea Mining: A Myriad of Legal Frameworks*[M]. Germany: Springer, 2021.

[2] Jonna Dingwall. *International Law and Corporate Actors in Deep Seabed Mining*[M]. Oxford: Oxford University Press, 2021.

[3] Xu Xiangxin. *Responsibility to Ensure: Sponsoring States' Environmental Legislation for Deep Seabed Mining and China's Practice*[M]. Leiden: Brill Nijhoff, 2021.

[4] Jack N. Barkenbus. *Deep Seabed Resource: Politics and Technology*[M]. New York: The Free Press, 1979.

[5] Zou Keyan. *China's Marine Legal System and the Law of the Sea*[M]. Leiden: Martinus Nijhoff, 2005.

[6] John Copeland Nagle, J. B. Ruhl. *The Law of the Biodiversity and Ecological Management*[M]. New York: Foundation Press, 2002.

[7] James Harrison. *Making the Law of the Sea: A Study in the Development of International Law*[M]. Cambridge: Cambridge University Press, 2011.

[8] C. L. Van Dover. *The Ecology of Deep-sea Hydrothermal Vents*[M]. Princeton: Princeton University Press, 2000.

(二) 论文类

[1] Klaas Willaert. Under Pressure: The Impact of Invoking the Two Year Rule Within the Context of Deep Sea Mining in the Area[J]. *The International Journal of Marine and Coastal Law*, 2021, 36(3).

[2] Klaas Willaert. Effective Protection of the Marine Environment and Equitable Benefit Sharing in the Area: Empty Promises or Feasible Goals? [J]. *Ocean Development & International Law*, 2020, 51(2).

[3] Klaas Willaert. Transparency in the Field of Deep Sea Mining: Filtering the Murky Waters[J]. *Marine Policy*, 2022, 135.

[4] Hao Shen. Developing China's Legal Regime for International Deep Seabed Mining—the Present and Future [J]. *Ocean Development and International Law*, 2021, 52(1).

[5] Hao Shen. The Next Step of Devising China's Legal Regime for Deep Seabed Mining—The Environmental Regulation under China's Deep Seabed Mining Law [J]. *Coastal Management*, 2018, 46(3).

[6] Hao Shen. International Deep Seabed Mining and China's Legislative Commitment to Marine Environmental Protection[J]. *Journal of East Asia and International Law*, 2017, 10(2).

[7] Aline Jaeckel. Deep Seabed Mining and Adaptive Management: The Procedural Challenges for the International Seabed Authority[J]. *Marine Policy*, 2016, 70.

[8] Aline Jaeckel. An Environmental Management Strategy for the International Seabed Authority? — The Legal Basis[J]. *International Journal of Marine and Coastal Law*, 2015, 3.

[9] Zhenhao Duan, Ding Li, Yali Chen, Rui Sun. The Influence of Temperature, Pressure, Salinity and Capillary Force on the Formation of Methane Hydrate[J]. *Geoscience Frontiers*, 2011, 2.

[10] Kerstin Kretschmer, Arne Biastoch, Lars Rüpke, Ewa Burwicz. Modeling the Fate of Methane Hydrates under Global Warming[J]. *Global Biogeochemical Cycles*, 2015, 29.

[11] Craig Allen. Protecting the Oceanic Gardens of Eden: International Law Issues in Deep-sea Vent Resource Conservation and Management [J]. *Georgetown International Environmental Law Review*, 2001, 13.

[12] C. L. Van Dover, J. A. Ardron, E. Escobar, et al. Biodiversity Loss from Deep-sea Mining [J]. *Nature Geoscience*, 2017, 10(7).

[13] David Freestone. International Governance, Responsibility and Management of Areas Beyond National Jurisdiction[J]. *International Journal of Marine and Coastal Law*, 2012, 27.

[14] Edward B. Barbier, David Moreno-Mateos, Alex D. Rogers, et al. Protect the Deep Sea[J]. *Nature*, 2014, 505 (7484).

[15] L. M. Wedding, S. M. Reiter, C. R. Smith, et al. Managing Mining of the Deep Seabed[J]. *Science*, 2015, 349.

[16] R. E. Boschen, A. A. Rowden, M. R. Clark, et al. Mining of Deep-sea Seafloor Massive Sulfides: A Review of the

Deposits, Their Benthic Communities, Impacts from Mining, Regulatory Frameworks and Management Strategies[J]. *Ocean & Coastal Management*, 2013, 84.

[17] Holly J. Niner, Jeff A. Ardron, Elva G. Escobar, et al. Deep-sea Mining with No Net Loss of Biodiversity — An Impossible Aim[J]. *Frontiers in Marine Science*, 2018, 5.

[18] Don K. Anton and Rak E. Kim. Current Legal Developments New Zealand: The Application of the Precautionary and Adaptive Management Approaches in the Seabed Mining Context: Trans-Tasman Resources Ltd Marine Consent Decision under New Zealand's Exclusive Economic Zone and Continental Shelf (Environmental Effects) Act 2012 [J]. *The International Journal of Marine and Coastal Law*, 2015, 30.

[19] K. M. Gjerde. The Environmental Provisions of the LOSC for the High Seas and Seabed Area Beyond National Jurisdiction[J]. *The International Journal of Marine and Coastal Law*, 2012, 27.

[20] Tim Poisel. Deep Seabed Mining: Implications of Seabed Disputes Chamber's Advisory Opinion [J]. *Australian International Law Journal*, 2012, 19.

[21] Piers K. Dunstan, Nicholas J. Bax, Jeffrey M. Dambacher, et al. Using Ecologically or Biologically Significant Marine Areas (EBSAs) to Implement Marine Spatial Planning[J]. *Ocean & Coastal Management*, 2016, 121.

[22] James Crawford. The ILC's Articles on Responsibility of

States for International Wrongful Acts: A Retrospect[J]. *American Journal of International Law*, 2002, 96.

[23] Guobin Zhang, Pai Zheng. A New Step Forward: Review of China's 2016 Legislation on International Seabed Area Exploration and Exploitation[J]. *Marine Policy*, 2016, 73.

[24] Aline Jaeckel, et. al. Conserving the Common Heritage of Humankind — Options for the Deep-seabed Mining Regime [J]. *Marine Policy*, 2017, 78.

[25] Daniel O. B. Jones, Jennifer M. Durden, Kevin Murphy, et al. Existing Environmental Management Approaches Relevant to Deep-sea Mining[J]. *Marine Policy*, 2019, 103.

[26] Jeff A. Ardron, Henry A. Ruhl, Daniel O. B. Jones. Incorporating Transparency into the Governance of Deep-Seabed Mining in the Area beyond National Jurisdiction[J]. *Marine Policy*, 2018, 89.

[27] J. I. Ellis, M. R. Clark, H. L. Rouse, et al. Environmental Management Frameworks for Offshore Mining: The New Zealand Approach[J]. *Marine Policy*, 2017, 84.

[28] Jennifer M. Durden, Laura E. Lallier, et al. Environmental Impact Assessment Process for Deep-sea Mining in 'the Area'[J]. *Marine Policy*, 2018, 87.

[29] Alan Boyle. The Environmental Jurisprudence of the International Tribunal for the Law of the Sea [J]. *The International Journal of Marine and Coastal Law*, 2007, 22.

[30] Christine Bertram, Anna Krätschell, et al. Metalliferous Sediments in the Atlantis II Deep—Assessing the

Geological and Economic Resource Potential and Legal Constraints[J]. *Resources Policy*, 2011, 36.

[31] C. L. Van Dover, S. Arnaud-Haond, M. Gianni, et al. Scientific Rationale and International Obligations for Protection of Active Hydrothermal Vent Ecosystems from Deep-sea Mining[J]. *Marine Policy*, 2018, 90.

[32] Linda B. Burlington. Valuing Natural Resource Damages: A Transatlantic Lesson[J]. *Environmental Law Review*, 2004, 6.

[33] Neil Craik. Implementing Adaptive Management in Deep Seabed Mining: Legal and Institutional Challenges[J]. *Marine Policy*, 2020, 114.

[34] Adrian G. Glover, Craig R. Smith. The Deep-sea Floor Ecosystem: Current Status and Prospects of Anthropogenic Change by the Year 2025[J]. *Environmental Conservation*, 2003, 30(3).

[35] Rakhyun E. Kim. Should Deep Seabed Mining be Allowed? [J]. *Marine Policy*, 2017, 82.

[36] Robin Warner. Oceans beyond Boundaries: Environmental Assessment Frameworks[J]. *The International Journal of Marine and Coastal Law*, 2012, 27.

图书在版编目(CIP)数据

国家管辖范围外深海资源共享机制研究/张梓太,沈灏,吴惟予著. —上海：复旦大学出版社,2023.8
ISBN 978-7-309-16877-8

Ⅰ.①国… Ⅱ.①张… ②沈… ③吴… Ⅲ.①深海-海底矿物资源-资源开发-法律-研究-中国 Ⅳ.①D922.674

中国国家版本馆 CIP 数据核字(2023)第 105366 号

国家管辖范围外深海资源共享机制研究
张梓太　沈　灏　吴惟予　著
责任编辑/张　炼

复旦大学出版社有限公司出版发行
上海市国权路 579 号　邮编：200433
网址：fupnet@fudanpress.com　http://www.fudanpress.com
门市零售：86-21-65102580　团体订购：86-21-65104505
出版部电话：86-21-65642845
江阴市机关印刷服务有限公司

开本 890×1240　1/32　印张 11.625　字数 271 千
2023 年 8 月第 1 版
2023 年 8 月第 1 版第 1 次印刷

ISBN 978-7-309-16877-8/D・1163
定价：48.00 元

如有印装质量问题，请向复旦大学出版社有限公司出版部调换。
版权所有　侵权必究